Theoretical and Empirical Study on the Impacts
of the Development of Producer Service
Industry on the Price of Agricultural Product

生产性服务业发展影响农产品价格的理论与实证研究

彭新宇 ◎著

中国财经出版传媒集团

经济科学出版社
Economic Science Press

前 言

Preface

近年来，受国内外多重因素影响，我国大宗农产品国内外价格全面倒挂，大蒜、生姜、土豆等鲜活农产品的市场价格经常出现暴涨暴跌的异常波动。据农业农村部监测，2017年7月到2019年5月，我国"菜篮子"产品批发价格200指数从92.59增长到116.24，增长了23.65，期间呈现了大起大落的"过山车"波动。具体来看，自2017年7月起，该指数一路上扬至2018年2月达到高点，为117.24；此后逐月锐减到2018年7月的低谷，为96.48。自2018年8月起，该指数又呈波动上升趋势，到2019年2月达到了样本期最高点为118.90，其后又开始了新一轮下落态势。另外，我国农村第一、第二、第三产业融合发展趋势明显，生产性服务业深度嵌入农业并对农业生产经营的影响日趋显著，农业领域出现了服务型规模经营新形式。那么，生产性服务业发展对农产品价格是否有影响？有什么影响？这有待学术界开展深入系统的研究。

本书借鉴劳动价值论、供求均衡论这两大价格理论学派的思想，将生产性服务纳入农产品价格研究框架，从价格构成和供求均衡两个视角，运用多种方法全面系统地研究生产性服务业嵌入农业生产经营各环节后对农产品价格"为什么能影响""影响机理""是否影响""影响方向""影响程度"等内容，并提出发展生产性服务业调控农产品价格的对策建议。主要研究内容有如下五个方面。

第一，嵌入农业的生产性服务业，即农业生产性服务业，是指为农业生产者生产经营市场化提供各类生产性服务的行业部门。由于服务产品具有特定的使用价值和价值特征，服务业具有鲍莫尔"成本病"意义上的价格特征，加之生产性服务业嵌入农产品价值链，具有服务内容明确、服务成本清晰、服务成果可计量的特点，而且还具有规模经济效应、范围经济效应和知识外溢效应，因此生产性服务业具有影响农产品价格的内在属性。从价格构成视角来看，生产性服务业对农产品价格的影响方向，取决于由于外包服务而产生的生产流通成本及内部管理费用降低程度和市场交易成本提高程度的比较。从供求均衡视角来看，生产性服务业对农产品价格波动的影响方向，取决于由于中间服务投入导致的供给价格弹性提高程度和需求价格弹性提高程度的比较。

第二，价格构成视角的研究有宏观和微观两个维度。一是从全球价值链的视角宏观测算我国农业最终产品价值构成和服务业等行业对其的价值贡献。行业指数的研究表明：制造业贡献在样本期内较为稳定，占比大约不超过15%的水平，而服务业贡献提升明显，占比已达到13%的水平；从行业要素密集度划分来看，占比最大的是资本密集型制造业，其次是知识密集型制造业，而服务业中的劳动密集型服务业、资本密集型服务业、知识密集型服务业三者创造的增加值在农业最终产品价值构成中大致相仿，再次是劳动密集型制造业，占比最小的是公共服务业。从行业与地域交叉指数分析来看，价值贡献从大到小依次是来自本国农业、本国制造业、本国服务业、外国制造业、外国服务业以及外国农业。二是从供应链的视角，微观研究生产性服务投入对农产品成本及价格的贡献。研究发现，在农业产中环节，外包生产模式相对于常规生产模式，生产性服务投入对农产品成本与价格的贡献相对较高。但是，在政府对服务外包费用进行补贴的情况下，这种贡献显著地降低了；在产后环节，农超对接模式相对于传统供应链，中间投入服务的费用规模以及对农产品零售价格的占比，都相对较低。

第三，供求均衡视角的研究主要是实证研究加入生产性服务变量后农产品供求和供求价格弹性的变化。研究表明：生产性服务业发展对农产品供给存在正向的影响，其中西部地区作用最大，而东部地区次之，中部地区的作用最小；生产性服务业发展对农产品需求存在显著的正向影响，西部地区估计系数最大，接近东部和中部地区之和。研究发现：在考虑生产性服务业影响后，农产品供给价格弹性的绝对量出现了上升，农产品长期供给价格弹性的绝对值要高于短期供给价格弹性的绝对值；分区域来看，在考虑生产性服务业影响后，中部地区农产品供给价格弹性的绝对值最大，东部次之，西部最小。生产性服务业在一定程度上降低了农产品消费支出弹性和需求价格弹性。分区域来看，中部地区的消费支出弹性为负，其他地区为正，三大区域该弹性的绝对值都较高，最大区域是东部，中部最小；中部和西部的农产品需求价格弹性均为负，而东部地区的该系数为正，绝对值最大区域是中部地区，最小区域是西部。对比农产品供求两方面弹性表明，因为生产性服务业的嵌入，三大区域农产品需求价格弹性的绝对值均要高于农产品短期供给价格弹性，但要低于农产品长期供给价格弹性。

第四，关于金融业、商贸服务业、物流服务业发展影响农产品价格波动的实证研究均表明，这三个产业发展与农产品价格之间存在高度整合关系，前者是后者的格兰杰原因，反之则不成立。从脉冲响应图分析与方差分解表来看，这三个产业的发展对农产品价格波动是正向效应。

第五，美国、德国、日本、荷兰四个国家在农产品价格调控方面有很多好的做法，尽管均是从各国自身的国情农情出发制定的，但也有一些共同的、规律性的经验。一是重视市场定价基本规律，但从来不反对使用政府干预手段，但是政府干预出现了由直接干预向间接调控的思路转变；二是重视农产品流通服务尤其是冷链物流服务的发展；三是投标拍卖是大宗农产品价格形成的可行机制；四是高度重视农业信息服务的发展；五是注重对农业中间服务的嵌入支持和农户费用分摊。

基于上述结论，本书提出发展农业生产性服务业调控农产品价格的对策建议。第一，支持农业生产性服务业经营主体在机械化、集约化、信息化、标准化等方面的技术创新，提高生产经营效率。第二，建立面向中间投入服务业的分环节、分区域的价格调控思路。分环节调控是指实施农业产前、产中、产后不同环节的服务业规制与价格调控。供给侧的价格调控要加强农资供应、农业信贷等产前环节服务业规制，以及田间作业外包、农机服务、农技服务等产中环节服务业规制。需求侧的价格调控要加强农产品商贸流通、市场信息、仓储物流、电子商务等产后环节的生产性服务业规制。分区域调控是指东中西不同区域实施不同的价格调控思路。东部地区要通过对产后环节服务业的规制，加强需求侧调控。中部地区既可以实施产后环节服务业的规制，也可以实施产前、产中环节的服务业规制。

但相对来说，中部地区供给侧调控会更有效果。西部地区侧重通过产后环节服务业的规制来调控。第三，加大对农业生产性服务业的支持和农户外包费用补贴。第四，加强农业金融、农业商贸、农业物流等敏感行业的管理。第五，探索基于信息平台和投标拍卖方式的农产品价格形成机制。第六，一些农业公益性服务可以采取政府购买的方式提供。

本书在如下三个方面有所创新。第一，从生产性服务业嵌入的视角研究农产品价格。现有文献一般是从成本因素、供求因素、国际市场因素、能源价格因素、货币金融因素、外部冲击等视角展开研究。本书突破了以价格论价格、从农业谈农产品价格的思想藩篱，从嵌入农业生产经营各环节的生产性服务业视角来研究农产品价格。第二，从价格构成和供求均衡两方面构建了一个系统性框架。此前，学术界和政府部门关于服务业影响农产品价格的认识，几乎都停留在流通环节溢价层面，而一些农产品供应链价格纵向传导的文献对中间投入服务缺少关注。本书构建起了一个基于价格构成、供求均衡两方面机理的系统性研究框架。第三，提出了基于中间投入服务业规制的分环节、分区域的价格调控思路。本书提出以中间投入服务业为政策靶点，区分农业生产经营的产前、产中、产后不同环节，区分东部、中部和西部不同区域，通过对嵌入农业的生产性服务业的规制手段来开展农产品价格的供给侧和需求侧的调控。这是一种通过对中间产业规制而实现末端产品价格调控的思路，不同于一般的就价格调价格的做法。

本书研究存在两方面的遗憾。一是在金融业、商贸服务业和物流服务业对农产品价格波动影响的实证研究中，时间序列计量经济模型对数据质量及其匹配性要求高，由于数据可获得性问题，这部分的研究无论是变量选择还是实证模型构建上均略显粗糙。二是关于生产性服务投入对农产品成本与价格贡献的微观实证中，由于研究条件和时间的约束，本书只分析了产中、产后两个环节，在产后环节只考虑了农产品传统供应链和农超对接模式这两种情况。这里既省略了产前环节的实证分析，又没有对产后环节的农产品电子商务模式做研究，这样处理使得这个内容的研究有失系统性和时代感。这些缺憾只能在后续的研究工作中进一步补充和完善。

目 录
CONTENTS

第1章

绪　论

1.1　研究背景与意义

1.1.1　研究背景

十余年来，受农产品供需、原油价格、投机资本炒作等多种因素影响，国际主要农产品价格呈现出大起大落、总体下行的态势。20 世纪 60 年代以来，国际主要农产品价格周期性波动基本上处于一个平缓期，价格暴涨的持续期缩短，平稳期延长。但是，从 2006 年底开始至今，农产品价格波动进入了一个异常波动的长波期，大致可以分成四个阶段。[①] 第一阶段为 2006 年底至 2008 年中期。不利气候导致农产品供需失衡，加之原油价格高位运行、投机资本炒作，以及农业生产资料成本上涨，世界农产品价格进入暴涨期，一些大宗农产品价格已达到历史峰值。大米、小麦、玉米三大谷物价格分别在 2008 年 5 月前后达到最高点，比 2007 年 1 月分别上涨 2.0 倍、1.3 倍和 0.8 倍。[②] 第二阶段为 2008 年中期至 2009 年初。由于美国严厉打击投机行为，投机 "热钱" 撤离商品市场，加之原油价格狂跌，美元指数大幅度攀升，导致世界农产品价格进入 "断崖式" 下跌期。以大米为例，其国际价格在 2008 年 5 月达 962.6 美元/吨的峰值后迅速下

---

①② 杨静，赵军华. 近 10 年国际农产品市场价格分析及展望 [J]. 农业展望，2017 (5).

跌，12 月为 583 美元/吨，短短半年内跌幅达 39.4%，月均下跌 6.9%。小麦、玉米分别在 2008 年 11 月、2008 年 12 月达到价格低点，与最高点相比，分别下跌 51.1%、47.9%，月均分别下跌 8.5%、10.3%。① 第三阶段为 2009 年初至 2011 年。俄罗斯等主要粮食出口国减产，生物能源快速发展，俄罗斯和印度等国限制出口，美元贬值，导致世界主要农产品价格在 2009 年初触底反弹，进入了一个反弹期。大米价格在 2009 年 5 月以556.2 美元/吨触底后小幅反弹，12 月涨至 624.8 美元/吨。小麦和玉米的2011 年 2 月国际价格较 2009 年 9 月的低点分别上涨 84.2% 和 1.1 倍。② 第四阶段为 2011 年至今。全球各国农产品产量恢复性增长，加之原油价格下跌，世界主要农产品价格总体步入波动下行期。2018 年，美国政府执意发动对中国的贸易战，农产品贸易成为两个大国之间贸易摩擦的重要方面，这为国际主要农产品价格波动带来了极大的不确定性。

我国主要农产品产量保持高位增长态势，一些农产品出现了阶段性的供给不足和供过于求并存的结构性矛盾现象。自 2004 年以来，我国农业生产领域取得巨大成就，粮食产量到 2015 年达到 62143 万吨，实现"十二连增"。2016 年，在国家主动调控下，粮食产量略降为 61624 万吨，比上年减少 520 万吨，减产 0.8%。但是，2017 年我国粮食总产量又攀升至 61791 万吨，比 2016 年增加 166 万吨，增长 0.3%。③ 要引起注意的是，由于农业综合效益不高、国际竞争力不强等，近年来我国一些农产品出现了供给不足和供过于求并存的结构性矛盾。以大豆为例，2017 年我国大豆产量1440 万吨，较上年增加 11.3%；进口量 9553 万吨，较上年增加 13.8%；而大豆总需求量达到 11079 万吨，较上年增加 4.2%，其中国内总消费高达 11059 万吨，出口消费只有 20 万吨。大豆的国内供给远远无法适应需求，大量依赖进口，对外依存度高达 87% 以上。④ 再以玉米为例，在取消玉米临储政策以前的 2015 年，我国玉米产量高达 22458 万吨，年末库存消费比为 172.35%，行业产能严重过剩，国储玉米霉变严重，但在同时，玉米以及酒糟、高粱、木薯等玉米替代品的进口量却仍在逐年增加。可喜的

①② 杨静，赵军华．近 10 年国际农产品市场价格分析及展望［J］．农业展望，2017（5）．

③ 国家统计局．2017 年全国粮食总产量 61791 万吨．国家统计局官网，2017 年 12 月 8 日．

④ http://www.chinabaogao.com/data/20180202/8916049.html.

是，2016 年我国取消玉米临储政策后，玉米产量出现减产趋势，进口量也在逐渐减少，国产玉米竞争力增强。2016 年，我国玉米产量为 21955 万吨，环比减产 2.3%；玉米进口量为 317 万吨，环比减少 33%。2017 年，玉米总产量 21589.1 万吨，环比下降 1.7%；玉米进口量为 283 万吨，环比下降 10.8%，创下 2014 年以来的最低进口水平。[①]

我国农村第一、第二、第三产业融合发展趋势明显，农业服务型规模经营形式悄然而生，生产性服务业发展对农业生产经营的影响日趋显著。目前，服务业已经成为我国经济发展的主动力。2017 年，我国第三产业增加值 427032 亿元，占 GDP 比重为 51.6%，超过第二产业增加值占比 11.1%。服务业增加值比上年增长 8.0%，高于全国 GDP 增长 1.1 个百分点，连续 5 年增速高于第二产业。服务业对经济增长的贡献率为 58.8%，比上年提高了 1.3 个百分点。[②] 同时，农村第一、第二、第三产业融合发展呈现纵深化态势，农业生产环节外包服务、农产品加工业、农产品流通业、休闲农业和乡村旅游等产业发展迅速。尤其是，随着种养大户、家庭农场、农业合作社、农业龙头企业等农业新型经营主体增多，农业生产经营产前、产中、产后各环节中间服务的外包需求日趋旺盛，专业化的服务供应商越来越多，农资供应服务、农业市场信息服务、土地托管服务、农机作业及维修服务、农业绿色生产技术服务、农业废弃物资源化利用服务、农产品初加工服务、农产品营销服务等农业生产性服务业飞速发展。在此基础上，我国农业领域出现了有别于土地集中型规模经营形式的另一种形式，即服务型规模经营形式。无论是小农户还是农业新型经营主体，都出现了将产前、产中、产后的各类中间服务单独或全部外包给第三方服务供应商的现象。目前，农业服务规模经营方兴未艾，既有单个或多个环节服务的规模经营，还有"土地托管"全程式服务的规模经营，甚至还出现了一些农业产业服务平台和第三方集成服务商，以及农业共营制、现代农业综合体等区域服务体系。根据《全国农产品成本收益资料汇编 2016》的数据，2015 年我国稻谷的每亩中间性服务费用（仅计算租赁作业费和技

① https：//baijiahao. baidu. com/s？id = 1562535253824257&wfr = spider&for = pc.

② 国家统计局. 服务业已成为我国经济发展的主动力. 国家统计局官网，2018 年 4 月 14 日.

术服务费）占每亩全部物质与服务费用的比重达到42.89%，比2010年增长了3.93个百分点；2015年小麦的该项指标达到38.80%，比2010年增长了0.87个百分点；2015年玉米的指标达到37.11%，比2010年增长了6.72个百分点；2015年大豆的指标达到41.66%，比2010年增长了3.1个百分点。可以预见，随着农业服务型规模经营形式的发展，农产品中间性服务成本占比将越来越高。总之，生产性服务业的深度嵌入必然会影响到农业效率、农产品产量及价格和农民收入，对农业生产经营的组织模式和产业体系均会产生重大革命性影响。

近年来，受国内外多重因素影响，我国大宗农产品国内外价格全面倒挂，大蒜、生姜、土豆等鲜活农产品的市场价格经常出现异常波动。在国际大宗农产品价格持续下行的态势下，由于我国劳动力、土地等要素成本上涨，农产品生产成本上升，加之受到汇率和国际能源价格的影响，我国农产品尤其是大宗农产品出现国内外价格全面倒挂现象，国内农产品价格高于国际农产品价格，进口保持较高水平。从2010年开始，我国粮食价格已经全面高于国际市场离岸价格，到目前，价差扩大态势仍在延续。另外，受到自然灾害、供需失衡、能源价格、游资炒作、流通环节溢价等因素的影响，我国鲜活农产品价格经常性地出现暴涨暴跌的"过山车"式的异常波动。据农业农村部监测，2017年7月到2019年5月，我国"菜篮子"产品批发价格200指数从92.59增长到116.24，增长了23.65，期间呈现了一段大起大落的"过山车"波动。具体来看，自2017年7月开始，该指数一路上扬至2018年2月达到高点，为117.24；此后逐月锐减到2018年7月的低谷，为96.48。自2018年8月开始，该指数又呈波动上升趋势，到2019年2月达到了样本期最高点为118.90，其后又开始了新一轮下落态势。①

1.1.2 研究意义

1. 理论意义

本书借鉴劳动价值论、供求均衡论这两大价格理论学派的思想，将

① 农业农村部官网。

生产性服务纳入农产品价格研究框架，从价格构成、供求均衡两个视角研究生产性服务业嵌入农业生产经营产前、产中、产后各环节，进而影响农产品价格构成和价格波动的客观规律性，这对农产品价格理论是一种有益的探索。同时，本书也研究了农村第一、第三产业融合发展的经济效应尤其是价格效应，这有利于拓展对产业融合理论和服务经济理论的认识。

2. 现实意义

首先，我国农产品价格经常性异常波动以及国内外价格全面倒挂等问题，是农产品价格管理领域的现实难题。农产品价格调控是一个多因素联动的复杂系统工程，涉及供求、成本、能源价格、国际农产品价格、货币因素、外部冲击、宏观政策等多方面因素。本书从中间投入的生产性服务的视角，研究其对农产品价格的影响，有利于从全新的视角去解决农产品价格的各类现实问题，有助于解决因农产品价格异常波动而引致的农户利益受损、消费者福利下降等问题。其次，本书实质上分析了作为供给方的农业生产性服务供应商和作为需求方的农户二者之间的利益均衡问题，既要鼓励发展农业生产性服务业以提升农业效率，又不能因此给农户带来过高的服务外包成本进而导致农产品过高定价。鉴于此，本成果对于农业生产性服务业的健康持续发展具有重要的指导意义。最后，小农现代化问题是我国农业现代化的现实困境。发展农业生产性服务业，健全农业社会化服务体系，这是小规模农户和现代农业有机衔接的重要方式。本书研究生产性服务业发展对农产品价格的影响，实际上是探讨了小农现代化过程中的利益问题，具有很强的现实意义。

3. 政策意义

一方面，调控农产品价格是我国政府宏观调控的重要内容。"十二五"以来，我国坚持市场化改革取向和保护农民利益并重的原则，采取"分品种施策、渐进式推进"的方法，着力完善农产品价格形成机制和收储制度。主要的政策手段包括粮食最低收购价政策、完善粮食临时收储政策、政策性粮食竞价交易、目标价格补贴政策、进出口调控政策、生猪价格调控预案，以及改革完善中央储备粮管理体制、深化国有粮食企业改革等。这些政策措施产生了极好的政策效果。但是，除了那些促进农产品流通市场化的政策手段外，其他大部分政策均将发力点放在终端的价格调控上，忽视了对中间投入产业的产业管理。本书研究生产性服务嵌入对农产品价格的影响，提出发展生产性服务业以调控农产品价格的政策手段，具有重要的政策启示意义。另一方面，2017 年 8 月，农业部、国家发展和改革委员会、财政部三部委联合颁发了《关于加快发展农业生产性服务业的指导意见》，明确提出要培育农业生产性服务战略性产业，形成服务结构合理、专业水平较高、服务能力较强、服务行为规范、覆盖全产业链的农业生产性服务业，进一步增强生产性服务业对现代农业的全产业链支撑作用。2018 年 1 月，中共中央、国务院颁发了《关于实施乡村振兴战略的意见》，提出要培育各类专业化市场化服务组织，推进农业生产全程社会化服务。本成果对于科学发展农业生产性服务业、实施乡村振兴战略具有政策借鉴意义。

1.2　核心概念界定

1.2.1　生产性服务业与农业生产性服务业

1. 生产性服务业

生产性服务业这一概念源自对服务与服务业类别的划分。经济学意义上的"服务"和"服务业"的概念有很多，在此不做赘述。一般而言，服务是指通过提供劳动形式满足他人需求而取得有偿或无偿的活动；服务业是指从事服务产品生产的部门和企业的集合。

美国学者格林菲尔德[①]（Greenfield，1966）最早提出了"生产者服务

---

① 本书外文姓名的翻译参考的是新华通讯社译名室 1993 年 10 月编撰出版的《世界人名翻译大辞典》。另外，外文参考文献的引注是参照 American Journal of Agricultural Economics 文献体例编写的。

业"（producer services）的概念。他指出，生产者服务业是指市场化的可用于商品和服务的进一步生产，而不是最终消费的服务。布朗宁和辛格曼（Browning and Singelmann，1975）将服务按功能分类为流通服务、生产者服务、社会服务、个人服务。其中，生产者服务主要是作为商品生产的中间投入，当然也有很少的一部分是为最终消费者服务的。具体来说，生产者服务行业包括：银行、信托及其他金融业、保险业、房地产、工程和建筑服务业、会计和出版业、法律服务、其他营业服务。格鲁伯和沃克（Gruble and Walker，1993）将服务业划分为生产者服务、消费者服务和政府服务。其中，生产者服务是指生产者在私营市场购买的服务，用于商品和服务的进一步生产，也称为中间（投入）服务。具体来说，生产者服务包括：交通物流、批发、信息服务、金融保险、研发设计和技术咨询、会计、法律、工程和建筑服务、广告。我国学者黄少军（2000）将服务分为经济网络型服务、最终需求型服务、生产者服务和交易成本型服务。其中，生产者服务包括工程和建筑服务、研发设计与信息处理等其他"经营服务"；经济网络型服务包括物资网络（流通服务）、资本网络（金融业）、信息网络（通信业、出版业）；最终需求型服务包括个人服务（家政服务等）、社会服务（医疗、教育、宗教、邮政等）；交易成本型服务包括政府服务、会计、法律服务等。

在我国的政策文件中，较多地使用"生产性服务业"的提法，如《关于加快发展生产性服务业促进产业结构调整升级的指导意见》（2014）等。国家统计局2015年颁发的《生产性服务业分类》对生产性服务业的内涵界定为生产活动提供的研发设计与其他技术服务、货物运输仓储和邮政快递服务、信息服务、金融服务、节能与环保服务、生产性租赁服务、商务服务、人力资源管理与培训服务、批发经纪代理服务、生产性支持服务。《服务经济创新发展大纲（2017－2025）》采用布朗宁和辛格曼的分类法，将服务业分为生产服务、流通服务、社会服务、居民服务四类。在该文件中，生产服务主要包括信息服务、科创服务、金融服务、商务服务（工程设计、咨询评估、法律、会计审计、信用中介、检验检测认证等）、人力资源服务、节能环保服务。《国民经济和社会发展第十三个五年规划纲要》（2016）使用"生产性服务业"的提法，在具体论述中包括工业设计与创意、工程咨询、商务咨询、法律会计、现代保险、信用评级、售后服务、检验检测认证、人力资源服务、现代流通、物流、高技术服务、服务外包等行业。

显然，生产者服务业和生产性服务业两种提法只是英文译法上的不同而已，内在含义是相同的。本书采用"生产性服务业"的提法，认为生产性服务业是为生产者市场化提供中间投入服务的行业部门，借以区别于为最终消费者提供最终消费产品的消费性服务业。理解这个定义，要注意三点：首先，生产性服务业是产业门类，因此，仅指市场化提供生产性服务的产业部门，不包括生产者自己生产提供的内部化生产性服务；其次，作为生产性服务业的服务对象，生产者是按其功能界定的一个概念，既可以是企业和其他生产组织，也可以是从事生产活动的个人或家庭；最后，就一个具体的服务业部门来看，其服务内容通常既有生产性部分，又有消费性部分。如金融业，既有为企业提供融资服务的生产性服务，又有为个人消费提供信贷的消费性服务。金融业通常都是划归生产性服务部门，事实上，金融网点开展的个人储贷业务就很难说是生产性服务内容。因此，要界定一个服务业部门是属于生产性服务部门还是消费性服务部门，主要是看其服务内容中占有极大比重的部分是属于生产性还是消费性。

要特别指出的是，在一般的研究文献和政策文件中，商贸服务业都是划归在消费性服务业的范畴，因为商贸服务的主体是批发和零售业，主要是为消费者的最终消费提供服务的。但是，就农业生产而言，商贸服务业还可以为农业生产者提供农业生产资料的流通服务。而且，即使是农产品的销售，也不全是消费者的最终消费，也可能是农产品加工企业的原料供应。显然，在这种情况下，商贸服务业又属于生产性服务业的范畴。在本书的实证研究中，将商贸服务业作为生产性服务业来处理。

2. 农业生产性服务业

对农业生产性服务及其产业部门的研究是 20 世纪 90 年代开始的，至今方兴未艾。赖纳特（Reinert，1998）认为农业生产性服务主要包括农资配送服务、农技推广服务、农业信息服务、农机作业服务、农产品质量与安全服务、疫病防控服务、农产品营销服务、基础设施管护服务、劳动力转移服务以及金融保险服务等。我国学者姜长云（2011，2016）提出农业生产性服务业是面向农业的生产性服务业。本书认为，农业生产性服务业是为农业生产者的生产经营市场化提供中间投入服务的行业部门。在此，农业生产者既包括分散小农户，又包括专业大户、农民专业合作经济组织、家庭农场、农业龙头企业等新型农业经营主体。同样，农业生产者自己内部提供的生产性服务，不属于农业生产性服务业的范畴，充其量只是"农业生产性服务"而已。

农业生产性服务业的行业门类众多。2017年，我国农业部颁发《关于加快发展农业生产性服务业的指导意见》，提出农业生产性服务是指贯穿农业生产作业链条，直接完成或协助完成农业产前、产中、产后各环节作业的社会化服务。该文件明确指出，需要积极拓展的服务领域包括农业市场信息服务、农资供应服务、农业绿色生产技术服务、农业废弃物资源化利用服务、农机作业及维修服务、农产品初加工服务、农产品营销服务等。本书认为，按照农业生产经营链条的不同环节划分，农业生产性服务业包括：产前环节的农资供应服务业、土地流转服务业、金融保险服务业、人力资源服务业等；产中环节的农机作业服务业、植保服务业、农业科技服务业、生产环节外包服务业等；产后环节的污染治理及废弃物循环利用服务业、仓储物流服务业、营销广告服务业、市场信息服务业、农产品流通服务业、食品安全服务业等。

1.2.2　农产品价格和农产品价格波动

1. 农产品价格

通常认为，农产品价格是指农产品与货币交换比例指数，是农产品价值的货币表现形式。农产品价格的构成基础是农产品价值，而农产品价值是由农产品生产中消耗的生产资料价值（C）、维持和再生产活劳动的价值（V）和剩余价值（M）三部分构成。农产品价格是一个复杂的经济学范畴。按照农产品类别划分，农产品价格有农、林、畜、牧、渔等各业农产品价格之分，也有粮食等大宗农产品价格和猪肉等鲜活农产品价格之分。按照农产品流通环节划分，农产品价格可以分为生产价格、收购价格、批发价格、零售价格。农产品生产价格是指农产品生产者（农户或农业新型经营主体）直接出售其产品时实际获得的单位产品价格。农产品收购价格是指农产品收购商（经营企业）向农产品生产者直接收购农产品时的结算价格。农产品批发价格是指农产品批发商在批发市场上销售农产品的结算价格，通常分为产地批发价格和销地批发价格。农产品零售价格是指农产品零售商向消费者出售农产品的价格。按照农产品市场的不同，农产品价格可以分为现货价格和期货价格。另外，我国按照价格管理形式划分，农产品价格可以分为国家定价、国家指导价和市场调节价格。

本书所研究的农产品价格，是一般意义上的界定，没有特指某种（类）农产品在某个市场的某个环节的价格。但是在具体的研究任务中，考虑到数据的可获得性，会用农产品生产价格指数或批发价格指数作为农产品价格的代理变量，或采用某一种农产品的生产价格、收购价格、批发价格、零售价格来研究农产品价格纵向传导机理及生产性服务贡献。

2. 农产品价格波动

农产品价格波动是农产品价格围绕价值上下波动的一种运动状态，是市场经济条件下农产品价格的一种必然存在状态。本书认为，农产品价格波动有正常波动和异常波动之分。正常波动是指在某一时空范围内，农产品价格波动处于与经济增长水平波动总体一致的临界值范围之内，是一种轻度涨跌的状态。异常波动是指在某一时空范围内，农产品价格波动幅度超出临界值，是一种中度甚至是重度涨跌状态，会对经济社会发展产生连锁畸形影响。要说明的是，这里指的"农产品价格波动"，是不同于农产品价格形成的概念。价格形成是构成价格的价值结构；而价格波动是价格形成后的变动状态。本书提出的"调控农产品价格"，是指对农产品价格异常波动进行适度的调控和平抑，以达到正常波动的状态，而并不是使农产品价格达到固定状态。实际上，在一定时期内，农产品价格也不可能被固定在某一特定水平。

🔲 1.3　国内外研究述评

农产品价格一直以来都是学术界的热门研究议题。国内外关于农产品价格的研究文献很多，研究视角、研究内容、研究方法、数据变量和研究结论各有不同。这里聚焦农产品价格波动的影响因素、服务业尤其是生产性服务业对农产品价格的影响这两个主题来开展文献综述工作。

1.3.1　国外研究综述

1. 农产品价格波动影响因素的实证研究

正如冯·布劳恩和托雷诺（Von Braun and Torero，2009）强调的那样，农产品价格上涨是多种因素共同作用的结果。国外学者已经证实的因素包括供求因素、能源因素、国内政策、金融因素等。

（1）供求因素。冯·布劳恩（Von Braun，2007）对 2006～2008 年国际市场粮食价格进行分析，得出中国和印度等发展中国家的经济快速增长导致对粮食需求增加，继而导致粮食价格大涨这一结论。米特拉和布萨尔（Mitra and Boussard，2008）采用具有内生价格波动性的非线性蛛网模型进行研究，发现库存会影响到粮食价格波动。特罗斯特（Trostle，2008）研究了国际农产品市场供求两方面的影响因素，发现农产品库存减少、生产成本上升、自然灾害等影响粮食价格。蒂默（Timmer，2009）认为，中国和印度等国家随着经济发展水平的提高，居民对动物性蛋白需求会逐渐增长，进而导致饲料需求提高和农产品价格上涨。特罗斯特（Trostle，2008）指出粮食需求显著地受到经济增长、人口增长和肉类消费增长三个因素的影响，进而会引起粮食价格变化。

（2）能源因素。班泽等（Banse et al.，2008）研究了 2006～2008 年国际市场粮食价格上涨情况，表明石油价格上涨导致粮食生产成本提高，进而导致粮价上涨。卡塔利奥格鲁和索伊塔什（Kaltalioglu and Soytas，2009）认为在短期内，国际原油价格不存在对国际农产品价格和农业原材料价格的显著影响。乌比拉瓦和霍尔特（Ubilava and Holt，2010）运用时间序列模型测算了美国2006年10月至2009年6月每日期货数据的周均值，研究表明，能源价格与农产品价格联系紧密。泰纳（Tyner，2009）研究2006~2008年能源价格和农产品动态走向时发现，能源价格与农产品价格联系日益紧密，能源价格波动对农产品价格有明显的溢出效应。戈安和尚特雷（Gohin and Chantret，2010）发现，因为存在成本推动机制，国际主要农产品价格和能源价格之间存在正相关关系。塞拉等（Serra et al.，2011）采用平滑的过渡向量误差修正模型来评估美国乙醇行业内的价格关系，实证分析中运用1990~2008年的乙醇、玉米、石油和汽油价格数据，结果表明能源和粮食价格之间存在长期的正向关系。恰伊恩和坎斯（Ciaian and Kancs，2011）基于1994~2008年的月度时序数据实证研究发现，原油价格每桶上涨1美元将导致农产品价格每吨将上升1美元左右。纳兹勒奥卢（Nazlioglu，2011）的研究发现，国际原油价格与玉米、小麦和大豆价格存在一个持续单向的非线性关系，没有线性关系。纳兹勒奥卢等（Nazlioglu et al.，2013）采用1986~2011年的日度时序数据进行实证检验发现，在2006年后出现的三年粮食价格危机后，原油价格对农产品价格存在波动溢出效应。王和麦克费尔（Wang and Mcphail，2014）采用SVAR模型实证分析得出，能源冲击对大部分（大约15%）农产品价格波动具有长期且持久的影响。柯伊拉腊等（Koirala et al.，2015）对2011年3月至2012年9月高频数据运用Copula模型实证分析得到能源价格对农产品的价格具有滞后的正向影响。福沃乌（Fowowe，2016）实证研究了2003年1月2日至2014年1月31日南非的石油价格对农产品价格的影响，得出了南非农产品价格对全球油价是中性的，南非的石油价格和农产品价格之间没有长期的关系。帕里斯（Paris，2018）实证研究了石油和农产品价格之间的关系，发现生物燃料的发展导致了石油价格上涨，从而影响农产品价格上涨。张和里德（Zhang and Reed，2008）采用VARMA模型和Granger因果关系分析等方法，运用2000年1月到2007年10月数据，研究了世界原油价格对中国饲料粮价格和猪肉价格的影响，研究表明原油价格不是影响中国饲料粮价格和猪肉价格持续上涨的最主要因素。

（3）国内政策。道（Dawe，2008）对亚洲市场2006~2008年大米价格上涨分析中得出，印度尼西亚的国内政策对大米价格有破坏作用，还指出中国对农业价格支持和出口补贴的减少，同样引起了国内大米价格波动。戈安和特雷盖（Gohin and Treguer，2010）研究发现生物燃料政策通过减少农业政策的约束频率，继而加剧玉米价格波动。巴布科克（Babcock，2011）运用 2005～2009 年年度数据，实证研究了美国生物燃料政策对农业和粮食价格上涨的贡献程度，得出了美国乙醇政策对作物和粮食价格的影响相当小。恩西索等（Enciso et al.，2016）采用递归动态农业多商品模型，研究了取消生物燃料的税收抵免和进出口关税等政策对农产品价格水平和价格波动的影响，得出了生物燃料政策的取消将对农产品价格的波动性只会产生一些边际影响。

（4）金融因素。一是货币供给因素。权和具（Kwon and Koo，2009）研究了中国农产品价格长期上涨现象，认为这一态势是与货币供给增长是一致的，但是短期内的异常波动是与小宗农产品市场特征相关的。雷纳和特韦尔德梅津（Rena and Teweldemedhin，2010）利用南非和纳米比亚的 72 个月度的月度数据，建立 VEC 模型，实证证明了南非的货币供给改变 1% 将会引起纳米比亚的牛肉价格正向变动 2%。坤德拉帕姆和达斯（Khundrakpam and Das，2011）采用 2001～2010 年的印度季度数据，建立 VEC 模型研究表明，长期货币供给能够引起价格上涨，货币不存在中性特征；在短期，长期均衡下货币冲击将导致食品价格超调。宜（Yi，2015）采用 1999～2012 年的月度数据，建立 VAR 和 VECM 模型研究得出中国货币供应量中 M0、M1 和 M2 对农产品价格有不同的影响程度。二是汇率因素。萨加伊恩等（Saghaian et al.，2002）基于美国 1975～1999 年的月度时序数据研究发现，长期来看，汇率、货币供给与农产品价格之间具有稳定关系。贝纳维德斯（Benavides，2009）以玉米和小麦为例，采用 ARCH 模型等方法对 1975 年 1 月 1 日至 1999 年 10 月 1 日的日度期货价格研究表明，汇率和库存的波动是影响这两种农产品价格变化的主要因素。阿沃库什（Awokuse，2005）对美国的研究表明，货币供给量并不存在对农产品价格的超调效应，但是汇率通过利率机制影响了农产品价格。贝利厄等（Bailliu et al.，2007）建立了一个新的制度转换模型，用一个阈值变量来增加一个标准的马尔可夫转换框架，研究得出汇率变动较好地解释了农产品价格波动。哈里等（Harri et al.，2009）利用美国 2000 年 1 月至 2008

年 9 月间美元汇率、原油价格和部分农产品价格数据，采用误差修正模型等方法，发现原油价格和玉米、棉花和大豆价格间存在协整关系，汇率在其中发挥了重要作用，但原油与小麦价格间没有关联。伯和具（Baek and Koo，2010）采取 VEC 模型，运用 1989～2008 年的月度价格数据，研究了影响美国食品价格上涨的因素，认为汇率对农产品价格和食品价格有相当大的影响。罗彻（Roache，2010）采用 spline - GARCH 方法测度美国食品商品现货价格的低频波动率，研究结果表明美元汇率和通货膨胀率是自 20 世纪 90 年代中期以来农产品价格波动幅度上升的重要原因。纳兹勒奥卢和索伊塔什（Nazlioglu and Soytas，2011）实证研究了土耳其小麦、玉米、棉花、大豆和向日葵等农产品和世界石油价格、里拉汇率之间的长短期相互依存关系，发现土耳其农产品价格在短期内对油价和汇率冲击没有显著的反应。三是通货膨胀。芬德利和沃森（Findlay and Watson，1999）研究发现通货膨胀上升引致农户通胀预期，农户的投机性存粮上升从而导致粮价上涨。四是期货投机因素。伊斯沃兰和拉玛桑达拉姆（Easwaran and Ramasundaram，2008）运用巴特莱特检验等方法研究 4 种农产品期货交易价格、收益率、波动率之间的关系，结果表明农产品期货和现货市场没有整合，农产品期货市场不存在价格发现作用。桑德斯和欧文（Sanders and Irwin，2010）在研究商品指数基金进入农产品期货市场造成的影响中，指出商品指数基金的进入不仅给市场造成了更多的波动，同时也使得农产品价格处于高位。科尔布兰（Colbran，2011）通过对 2006～2008 年农产品价格分析得出，由于全球金融体系监管不够完善，农产品期货交易的金融化促使全球粮价飞速上涨，导致了在 2006～2008 年全球粮食危机。艾蒂安（Etienne，2013）系统研究了农产品期货市场的价格泡沫问题。

2. 生产性服务业发展对农业生产和农产品价格的影响研究

一些学者关注农业生产性服务业发展影响农业生产效率提升的中介机制，主要结论包括农业集群化发展（Goe.，2002）、农业技术进步（Moser and Barrett，2003；Alston et al.，2010）和知识外溢效应（Coelli and Rao，2005）。莫科乔和卡卢索帕（Mokotjo and Kalusopa，2010）对莱索托马塞卢地区的农民实地调查中发现，农业信息服务（AIS）促进了农业生产力的提高。巴尤尔特和耶尔马兹（Bayyurt and Yilmaz，2012）运用数据包络分析（DEA）、固定效应面板数据分析等方法研究教育与农业效率之间的相互关系，认为农业效率与教育之间存在负相关关系，这可能是因为受教育程度越高的人越是远离农业活动。乌格沃凯（Ugwoke，2013）在研究农业信息在促进尼日利亚粮食和经济作物生产中的作用时发现，尽管在向该国农民传播信息存在一些问题，但是，通过向农民提供有关的农业信息，可以在国内实现更好的农业实践和高产量。徐和廖（Xu and Liao，2014）基于 Ramsey – Cass – Koopmans（RCK）模型，从经济增长的角度研究农业保险对农业产出的影响，证明了作物保险对农业产出有明显的促进作用。孔达卡尔和库瓦（Khandker and Koolwal，2016）研究发现农业金融服务可以使农民通过采用改进技术实现更高的作物产量。尚迪乌和蒋（Chandio and Jiang，2017）运用 180 名水稻种植者的问卷调查数据，采用随机生产前沿技术以及最大似然估计法（MLE），得出了农业信贷对巴基斯坦信德省的稻米生产力具有显著影响。伊拉希等（Elahi et al.，2018）使用巴基斯坦旁遮普省 Sargodha 地区 48 个村庄的 240 名样本农民的问卷调查数据，分析了农民获得、使用农业咨询与金融服务对小麦生产力的影响，研究发现获得农业咨询服务可提高小麦生产力，但是，使用农业信贷的生产力收益主要与农业用途的适当利用有关。

　　遗憾的是，前述研究都只触及了对农业生产力和生产量影响的层面，都没有深入到对农产品价格的影响。赖纳特（Reinert，1998）将投入农业的生产性服务变量引入农产品产出模型，研究发现生产性服务对农产品价格政策存在影响。文斯米勒和桑切斯（Wilmsmeier and Sanchez，2009）研究南美洲进口运输成本及其对食品价格的影响，实证结果表明国际运输业对食品价格的稳定作用。明滕等（Minten et al.，2010）对德里一个具体案例的实证研究表明，现代零售业对食品价格有稳定作用。

1.3.2　国内研究综述

1. 农产品价格波动因素及特征

已被国内学者证实的因素包括成本因素、供求因素、国际农产品价格因素、金融因素、能源因素、外部冲击因素，等等。

（1）成本因素。杨宇和陆奇岸（2010）运用1978～2008年时间序列数据，采用格兰杰因果检验等方法，研究了农业生产资料价格与农产品生产价格之间的关系，研究表明农业生产资料价格较大程度上影响了农产品价格。李国祥（2011）对我国农产品2003～2008年波动呈现上涨特征分析后，发现粮食价格上涨与生产成本上升存在相关性，尤其是农业政策以及国家宏观经济政策对农产品价格波动都有显著影响。宋洪远（2012）基于2000～2010年主要农产品集市实际价格数据，采用固定效应模型研究农产品价格波动形成机理，表明农产品生产成本上升将推动农产品价格上涨。魏振香和徐菲（2013）通过构建VEC模型，探究了劳动力、生产资料、土地成本对农产品价格波动的影响，实证表明劳动力、土地、生产资料成本上升会导致农产品价格上涨。肖皓等（2014）构建基于利润率与成本转嫁关联特征的成本传导能力投入产出价格模型，实证研究了劳动力、土地、石油价格变动对农产品价格的影响。实证表明，劳动力价格变动对农产品价格的影响最为显著。孔维升等（2015）运用面板向量自回归模型，采用2003～2013年省际面板数据，实证研究得出我国农产品价格与农业生产成本之间双向影响，农产品市场价格、劳动力成本和生产资料成本三个变量之间的影响存在显著滞后效应。李丹和黄海平（2017）采用2003年第一季度至2015年第三季度的时间序列数据，运用VAR模型进行实证研究发现，农业生产资料价格对我国农产品价格波动有显著影响。

（2）供求因素。孙希芳和牟春胜（2004）研究认为，稻谷减产造成粮价猛涨，粮价上涨导致通货膨胀。刘晓雪和徐振宇（2008）基于全球视角，研析2006～2008年我国粮食价格上涨的原因，认为我国主要农产品价格上涨的原因是国际农产品供求不平衡、国内"供弱需强"的供求关系等因素导致的。徐雪高（2008）基于我国1978～2006年的农产品价格数据，研究证实了供求关系对价格波动的长期影响。石敏俊等（2009）采用城乡投入产出模型，研究发现成本因素对粮食价格上涨的贡献度并不高，供求失衡是价格短期变化的重要原因。顾国达和方晨靓（2010）运用马尔科夫局面转移向量误差修正模型（MS－VECM）研究表明，全球农产品供需及库存情况等因素对农产品价格波动有影响。中国人民银行课题组（2011）运用农产品价格变动模型研究了我国农产品价格上涨的原因，认为总需求是决定我国农产品价格变化的最主要因素。刘汉成和夏亚华（2011）对我国主要农产品价格波动的现状分析得出农产品供求变动是导致农产品价格波动的根本原因。付莲莲等（2014）研究认为，供求关系是价格波动的长期性、趋势性和周期性因素。周明华（2014）在 SVAR 模型和方差分解基础上，利用 2003 年第一季度至 2012 年第四季度数据分析了短期供需因素对农产品价格波动的影响，表明需求因素对价格的影响要远远大于供给因素，其中来自生物能源需求的影响变强，而传统消费需求的影响在变小。赵姜等（2013）研究认为鲜活农产品人均供给量波动较大，人均需求量相对稳定，这是导致鲜活农产品价格波动的主要原因。

（3）国际农产品价格因素。一些实证研究表明，国际农产品价格无论短期还是长期，均对我国农产品价格波动有显著影响（李国祥，2008；丁守海，2009；罗锋和牛宝俊，2009；王孝松和谢申祥，2012；王少芬和赵昕东，2012）。但是，不同农产品国内价格受相同产品国际价格的影响程度存在差异。大豆受国际粮价影响最为严重，其次是玉米和稻谷（王少芬和赵昕东，2012）。罗锋（2011）运用结构向量自回归模型，采用 2001 年 8 月至 2010 年 12 月度数据，实证研究了外部冲击因素对我国农产品价格波动的影响，结果显示在众多因素中国际农产品价格影响对国内农产品价格波动影响最大。黄守坤（2015）基于比较分析相关的国际大宗商品和国内主要农产品变动情况，采用 BEKK - GARCH 模型，利用 2002 年 1 月至 2014 年 6 月月度数据，研究了国际大宗商品对我国农产品价格的波动溢出，得出了国际大宗商品对我国农产品价格具有单向的波动溢出性，方差分解结果显示我国一些农产品价格波动的近 1/3 是由国际大宗商品价格的波动贡献的。马轶群等（2017）研究表明国际农产品价格与国内农产品价格二者之间存在阈值协整关系；前者对后者的正向影响强弱取决于阈值效应大小，这是我国农产品价格暴涨暴跌的重要原因；而且这种阈值效应还会引起需求因素、成本因素等变量对农产品价格影响的变化。王耀中等（2018）采用 2005 年 1 月至 2015 年 12 月时间序列数据，以小麦、玉米、大豆为研究对象，实证研究发现这三种农产品的国际定价机制、国内价格以及传导路径之间存在长期稳定均衡关系。

（4）金融因素。一是汇率因素。吕惠明和蒋晓燕（2013）构建 SVAR 模型研究了 2001～2012 年我国大宗农产品价格波动的金融化因素。结果表明，汇率对国内农产品价格波动的影响最大，其次是国际原油价格、通货膨胀、货币供应量、国际农产品期货价格及国际资金利率水平，造成这种现象的原因可能是由于不同影响因素对大宗农产品的传导机制差异。刘艺卓（2010）运用误差修正模型等方法，采用 2005 年 1 月至 2008 年 12 月月度数据，研究发现人民币汇率变化对中国农产品进口价格存在完全的传递效应，但是对国内农产品价格的传递效应是不完全的。王阿娜（2012）通过建立汇率波动与农产品价格弹性模型，计算农产品价格的汇率弹性分析，得出农产品价格与汇率之间存在负相关关系，且汇率对农产品价格的影响具有长期效应。其中，主要贸易伙伴国的货币贸易变化对国内农产品价格影响显著。秦臻和倪艳（2013）研究显示，农产品价格对于人民币汇率贬值更加敏感。付莲莲等（2015）采用状态空间模型和卡尔曼滤波算法，运用 2001 年 1 月至 2013 年 6 月时间序列数据进行实证研究表明：汇率是影响农产品价格波动的主要因素之一，弹性系数平均值为 0.217，汇率对国内农产品价格有着显著的正向推动作用。郑燕（2018）的研究更为深入，表明人民币汇率变化对农产品进口价格存在负向传递效应，而对出口价格存在正向传递效应。而且，这两种效应均存在时变特征，将随时间推移和不同汇改期而变化。二是期货与投机因素。李天忠和丁涛（2006）采用格兰杰因果关系检验等方法，在研究我国主要农产品期货是否具有价格发现功能过程中，发现我国农产品期货市场价格与现货价格之间存在双向引导关系。张利庠等（2010）采用 H－P 滤波法研究 2002～2009 年大蒜价格时发现，游资对大蒜价格不具有太大影响。苏应蓉（2011）在分析金融化对农产品价格的影响时，指出期货价格和指数基金的投机行为推动了农产品价格波动。庞贞燕和刘磊（2013）采用 2001 年 1 月 7 日至 2012 年 10 月 26 日时间序列数据，运用 VECM－BEKK－GARCH 模型，探究农产品期货市场能否平抑现货市场价格。实证表明，农产品期货合约上市减小了现货市场的波动，期货市场对农产品现货市场价格具有持续性影响。三是货币变动因素。马龙和刘澜飚（2010）证实了货币供给影响农产品价格变化具有统计显著性，但它并不是主要影响因素，只能解释9%的价格波动。陈丹妮（2014）通过构建VAR模型研究货币政策和通胀压力对农产品价格的影响。结果表明，货币政策带来的货币供给的变化会影响农产品价格。王森和蔡维娜（2016）构建随机波动的TVP-VAR模型，研究货币流动对农产品价格影响。实证表明，农产品对货币流动具有时滞效应，且在中长期出现反方向效应。李靓等（2017）研究表明，货币政策对蔬菜和粮食等典型农产品价格波动的直接影响大，改变货币政策可以影响到农产品价格。谢卫卫和罗光强（2017）研究指出，在短期内，货币政策是经由农产品投机性需求渠道而影响农产品价格的，在这种中介机制下的农产品价格波幅大；在长期内，货币政策对农产品价格的影响是中性的，农产品价格趋于与农资价格相同的均衡水平。四是通货膨胀因素。一些实证研究表明，通货膨胀对农产品价格存在单向的格兰杰因果影响，通货膨胀会导致粮食等农产品价格上涨（赵留彦，2007；卢锋和彭凯翔，2002；李敬辉和范志勇，2005）。以消费价格指数作为通胀的代理变量进行研究表明，消费价格指数对农产品价格存在单向影响（胡冰川，2010）。从短期来看，农产品价格上涨的原因各异；但从长期来看，通货膨胀是其重要原因（农业部农村经济研究中心分析小组，2011）。相反地，一些学者关注农产品价格对通货膨胀的影响。程国强等（2008）对2006年以来中国新一轮农产品价格上涨的研究发现，猪肉价格上涨是CPI提高的重要原因，并由此带来了包括粮油在内的食品价格的全面上涨。杜两省等（2012）发现农产品价格上升是通胀的先导现象，但农产品价格变化主要受金融市场和劳动力市场的相互影响而形成的。从宏观经济来看，农产品价格上涨只是通货膨胀的一种表现形式，二者之间并无必然的联系（王小宁，2010）。但是，王进和冯梦雨（2015）的研究结论与此相反，认为通货膨胀对农产品价格的影响要大于其反向的影响。刘荣茂和常宇琛（2016）从理论上分析了通货膨胀对农产品价格的作用机理。五是多种金融因素的综合影响。张有望和李崇光（2018）基于2007年1月至2016年12月的月度数据，以大豆和食糖为例，通过ARDL模型研究表明：通货膨胀因素、国内期货价格、货币供应量和国际现货价格是影响国内大豆现货价格的主要金融化因素；国内期货价格、通货膨胀因素和国际现货价格是影响国内食糖现货价格的主要金融化因素。李京栋和李先德（2018）利用2004年1月至2016年12月大蒜和绿豆价格波动的月度数据，构建TVP－SV－VAR模型研究了大蒜和绿豆价格受金融化因素的影响，研究表明：货币流动性对两种小宗农产品价格都具有显著的拉动作用，且影响的时变性较显著；农产品期货交易额对大蒜价格的影响具有结构性突变，对绿豆价格表现出负向影响，长期中大宗农产品期货的交易活动对大蒜价格波动具有显著的溢出效应；国际热钱对两种小宗农产品价格波动的影响较小，且存在结构性突变。

（5）能源因素。大量研究表明，国际石油、生物质能源等能源价格对国内农产品价格有显著的影响，国际能源价格是引起我国农产品价格上涨的重要因素（李广众，2008；税尚楠，2008；张兵兵和朱晶，2016；宋晓薇，2013；黄季焜等，2009；仇焕广，2008）。陈宇峰等（2012）指出国际原油价格与我国农产品价格二者之间存在线性和非线性转换关系，认为前者是通过国内通胀率、货币供给、国际农产品价格等中介因素，进而影响到后者的。但是，王锐和陈倬（2011）的研究结论相反，认为国际石油价格存在对国际农产品价格波动的显著影响，但对我国农产品价格的影响有限。一些学者关注国际能源价格对我国农产品价格影响的时变特征。生物质能源发展之后，对农产品的需求提高了，国际油价对农产品价格的弹性由2005年的7%提高到其后的50%，影响非常显著（胡冰川，2009）。也有研究表明，国际油价对我国粮食价格的冲击影响在2010年之前非常剧烈，但在2010年之后的影响则较为平缓（郑燕和马骥，2018）。还有一些学者研究国际能源价格对我国不同农产品价格影响的异质性。国际油价对我国小麦价格的影响是负向的，对其他粮食作物的价格影响是显著正相关的（杨志海等，2012）。董秀良等（2014）的研究认为，我国小麦价格与国际石油价格的相关系数小，在生物质能派生需求的中介影响下，玉米价格受国际油价的影响最大。肖小勇和章胜勇（2016）的研究进一步论证了这一点，认为原油价格与玉米、大豆、生猪价格间存在双向波动的均值溢出效应，但与小麦价格之间不存在这种效应。郑燕和马骥（2018）的研究结论不尽相同，认为玉米、大豆这两种农产品价格受国际原油价格影响最大，籼米、小麦价格次之；从长期来看，大豆价格受影响相对平稳，玉米、小麦价格受影响日益加大，籼米的价格影响起伏不定。彭新宇和樊海利（2019）以大豆、棉花、花生仁和油菜籽为例，基于 2005 年 1 月至 2016 年 12 月的月度数据，采用 VAR 模型实证分析了国际原油价格对中国大宗农产品价格的影响。结果发现：国际原油价格与大豆价格、油菜籽价格存在双向的格兰杰因果关系，与棉花价格、花生仁价格存在单向的格兰杰因果关系；国际原油价格与中国大宗农产品价格之间存在长期的协整关系，且对不同大宗农产品价格波动的贡献率不同，对花生仁、棉花价格波动的贡献率较大，其次为油菜籽、大豆。

（6）外部冲击因素。这里的外部冲击因素泛指气候、自然灾害、经济政策、贸易环境等因素。外部冲击会引起农业产业链上产前、产中、产后的农产品价格波动，短期来看，可导致初级农产品价格波动放大 3 ~ 5 倍，但不同农产品产业链的不同环节的价格影响程度又有所不同（张利庠和张喜才，2011）。张俊华等（2019）构建以经济政策不确定性为影响农产品价格的可观测潜在驱动力的因子增广向量自回归（FAVAR）模型，研究 2006 年 1 月至 2017 年 9 月的经济政策不确定性对中国农产品价格的冲击效应。结果发现：中国主要农产品价格对经济政策不确定性冲击的响应具有显著的实时性、周期性和负向性，其对国内冲击的响应更迅速、更剧烈，对国际冲击的响应弹性也更强。

2. 生产性服务对农产品价格的影响研究

吴文彬和肖卫东（2013）采用 2009 年 10 月至 2012 年 3 月的农产品批发价格指数情况，指出农产品价格波动不仅与农产品特性、国际贸易度和国家宏观调控等传统因素紧密相关，而且也受到农业生产性服务业发展的滞后、农产品金融化以及能源化发展趋势等非传统因素的影响。彭新宇和李孟民（2017）从价格构成、供求均衡两个视角研究了现代服务业发展对农产品价格的影响机理。但这些研究均是一般层面上的，缺乏行业异质性和产品异质性的实证检验。

一些学者研究了不同的生产性服务（业）对农产品价格的影响。关于农业科技服务对农产品价格影响的研究。尹希果等（2003）在分析 1978 ~

2000 年的农业科技投入和农产品价格数据后发现，农业科技投入与农产品价格间有着复杂的相关关系。付莲莲等（2013）采用向量自回归模型、脉冲分析和方差分解等方法，运用 1978～2006 年年度数据，研究了农业科技投入对农产品价格的动态影响，实证分析表明农业科技投入对农产品价格存在时滞的、长期的正向影响。

关于信息服务对农产品价格影响的研究。朱信凯等（2012）证实了异质性信息对农产品价格波动的非对称性显著影响，其中负向信息的影响大于正向信息影响，而且信息对不同竞争属性的农产品价格波动的影响也存在显著差异。苗珊珊（2018）实证研究表明，生鲜农产品突发事件信息与猪肉零售价格波动具有相关性，信息冲击对猪肉零售价格波动产生杠杆效应，导致猪肉价格波动呈现集簇性、非对称性、记忆性与持续性特征。周祥军（2014）用同样的方法证实了不同果蔬农产品价格波动受信息影响差异较大且呈现非对称性特征的结论。这些文献是从信息本身的属性出发做的研究，并没有研究传递信息的信息服务或信息服务业的价格影响。

关于商贸服务对农产品价格影响的研究。农产品交易链条长、运输成本增加、损失率高、物流技术落后等流通因素是导致农产品上涨的主要原因（胡卓红和申世军，2008；韩喜艳和李锁平，2012）。翟雪玲和韩一军（2008）的研究表明，流通环节加价是肉鸡产品价格上涨的根本原因。宋则（2011）指出，商贸服务业能够有效遏制并稳定物价，应当降低流通领域的体制性成本以稳定大宗商品和农产品的价格波动。张喜才等（2011）认为运输批发环节已经形成完全竞争性而合理加价，但该环节油价或劳动力价格上涨将直接影响农产品销售价格上涨。王程和李梦薇（2014）以四川省 10 个生鲜农产品批发市场为调查对象，同时借鉴国内外农产品批发市场经验，提出加强流通基础设施建设、提高流通效率以降低农产品价格的措施。彭新宇和程琳（2016）采用向量误差修正模型等方法，运用 1980～2014 年宏观经济数据，研究表明批发零售业对农产品价格存在时滞的、长期且稳定的负向影响；交通运输业对农产品价格存在短期的负向影响，但是长期投资额的增加会推动农产品价格的上涨。朱丽萍（2011）通过对 2010～2011 年菜篮子价格走势及影响因素的研究分析，指出农产品流通成本变化直接影响农产品价格，提出农产品流通中组织、制度和技术的创新是

解决农产品波动对我国农民和城市居民负面冲击的有效途径。王冲和陈旭
（2012）指出要从政府、企业、农户三个方面创新流通环境、商业模式和
流通主体，提高农产品流通效率，应对农产品价格变化。农超对接是一种
有利于抑制农产品价格异常波动的商业模式（张立华，2010）。徐健和李
哲（2015）以大连市油菜流通渠道为研究对象，研究了流通成本对油菜价
格高涨的影响，认为批发商、零售商环节新增的流通成本费用促成了农产
品价格高涨。张有望等（2015）指出蔬菜的价格沿产业链逆向传递均具有
非对称特征：零售环节到批发环节存在正的价格非对称传递，批发环节到
生产环节存在负的价格非对称传递。赵亚丽和赵玻（2016）利用 2001～
2013 年 31 个省份的面板数据，建立模型对农产品价格与流通关联性进行
实证分析，得出在不存在资源投资过度的情况下，农产品流通效率与农产
品价格之间呈现负相关关系。潘建伟等（2018）研究了农产品生产价格、
批发价格、零售价格的正向传导和逆行反馈在农产品价格上涨和下跌状态
下传导规律。孙伟仁等（2019）基于 2008～2016 年省级面板数据的实证
研究表明：以批零相对规模势力、批零相对运营势力为代理变量的渠道势
力对生鲜类农产品价格波动有显著影响，对生鲜类和粮食类农产品流通效
率有显著影响，而且流通效率在渠道势力影响生鲜类农产品价格波动这一
过程中起完全中介作用。

　　关于物流服务对农产品价格影响的研究。杨浩雄等（2014）基于北京
鲜活农产品物流的研究表明，物流成本与鲜活农产品价格之间相关性小，
但如果流通环节多，则物流成本占农产品价格的比重就会高。周策和吴圣
样（2013）研究认为，我国低效率的物流是导致农产品价格上涨的原因之
一。陈永平（2011）认为农产品物流距离的远近、运输效率、服务水平等
因素都对农产品价格产生影响，稳定农产品价格需提高农产品物流效率，
降低物流成本。曾倩琳和孙秋碧（2016）利用 1990～2012 年我国农业和
物流业发展的时间序列数据，运用 VAR 模型对农业和物流业的产业耦合度
实证研究，得出农业与物流业之间存在长期动态关系，但彼此之间的依存
程度很低，互相拉力不足，产业融合不显著。李志博等（2013）通过模糊
综合评价法分析各因素对农产品销地价格波动的影响，指出农产品投机行
为和物流费用的损耗是影响农产品销地价格波动的重要因素，并提出加强

对农产品流通体系建设的政策支持，从而稳定农产品价格。刘哲（2018）运用系统动力学仿真模型研究表明，除了小宗农产品本身属性特征以外，冷库储存商基于价格预期的库存控制策略等人为因素是造成小宗农产品价格剧烈波动的重要原因。

1.3.3　文献评价

总体来看，关于农产品价格波动影响因素的文献已有很多，而且一直是研究热点，这是与长期以来农产品价格经常出现异常波动的现实背景相关的。而且，研究结论大同小异，主要聚焦在成本因素、农产品供求、金融因素、能源价格、国际农产品价格、外部冲击、宏观政策等方面。另外，由于农业生产性服务的外包是近年来才逐渐出现的现象，农业服务型规模经营形式方兴未艾，所以，关于生产性服务业发展影响农产品价格的研究文献还很少。

综合评价，国内外研究文献有如下几方面的不足：第一，实证研究文献很多，但缺乏系统的理论研究。已有文献在研究生产性服务影响农产品价格波动，但是，农业生产主体外包各环节的生产性服务，其影响农产品价格的微观机理是什么？农业生产性服务业"为什么能"影响农产品价格？影响农产品价格的中观机理是什么？这些都缺少理论依据。第二，仅有的少数文献关注于生产性服务业发展影响农产品价格波动，却少有文献关注生产性服务业发展影响农产品价格构成。如前面所述，价格构成和价格波动是两个不同的概念。生产性服务业的嵌入是具有影响农产品价格构成的机理的。第三，关于科技服务、信息服务、商贸服务、物流服务等不同生产性服务行业影响农产品价格的文献，都忽略了一个基本事实，即这些服务产品嵌入农业生产经营过程中是基于某个特定环节的。产前、产中、产后不同环节的不同服务嵌入，其对农产品价格形成和价格波动的影响机理与影响程度都是不同的。因此，这类研究必须要从农业产业链或农产品供应链的视角分析。但是，目前关于农产品价格纵向传导的文献没有对生产性服务的贡献给予足够的重视。本书试图在这三方面开展探索性研究。

🔲 1.4　研究思路与方法

1.4.1　研究思路

基于我国农村三次产业深度融合尤其是农业生产性服务业快速发展的现实背景，以我国农产品价格异常波动的现实问题为导向，从生产性服务业的内在规定性出发，沿着价格构成和供求均衡两条主线，全面系统地研究生产性服务业嵌入农业生产经营各环节后对农产品价格"为什么能影响""怎么影响""是否影响""影响方向""影响程度"等内容，综述国外在农产品价格调控方面的服务业管理经验，最后提出发展生产性服务业调控农产品价格的对策建议。

总体来看，研究内容分为六方面：第一，现状研究。采用统计数据进行描述性统计，论述我国农产品价格波动现状、特征和趋势，论述我国农业生产性服务业发展现状、问题和趋势。第二，理论机理研究。结合我国分散小农的基本农情，分析生产性服务业在服务技术特征、劳动生产率增长等方面的内在规定性，研究生产性服务业发展"为什么能影响"农产品价格。基于此，从价格构成和供求均衡两个视角，研究生产性服务业发展影响农产品价格的内在机理。第三，一般性实证研究。在价格构成的视角，先基于全球价值链视角，宏观测算我国农业最终产品的价值构成，反映服务业对农业最终产品价值的贡献度；然后基于农产品供应链视角，选择水稻、茄子、圆白菜作为样本，微观研究在不同生产模式和不同供应链模式下的农产品价格纵向传导尤其是中间投入服务的成本与价格贡献。在供求均衡视角，基于 Nerlove 供给反应模型和几乎理想的需求系统模型（AIDS），分别构建农产品的供给实证模型和需求实证模型，引入生产性服务自变量，实证研究加入这些变量前后的农产品供求和供求价格弹性的变化。第四，分行业专题研究。采用时间序列计量经济学方法，实证研究金融业、商贸服务业、物流服务业等行业发展对农产品价格波动的影响。第五，国际比较研究。围绕农产品价格调控的服务业管理思路，综述美国、日本、德国、荷兰四个发达国家的经验,分析其对我国的启示。第六,对策研究。提出发展生产性服务业调控农产品价格的对策。如图 1 - 1 所示。

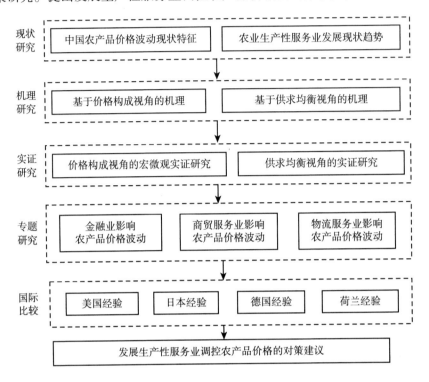

图 1 - 1　研究技术路线

1.4.2　研究方法

第一,全球价值链和农产品供应链研究。本书基于全球价值链的视角,构建了一个用以分析农业最终产品价值构成的统一框架,在此框架下测算我国农业最终产品价值构成的行业指数、地域指数以及交叉指数,借以研究服务业发展对我国农业最终产品价值构成的宏观贡献。在此基础上,从农产品供应链的视角,实证研究生产性服务业发展影响农产品价格构成的微观影响。具体来说,以水稻生产产中环节为例,基于湖南省涟源市的问卷调查数据,研究在常规生产模式和服务外包模式下的生产性服务投入对农产品成本及价格贡献。以茄子和圆白菜的产后环节为例,基于湖南省长沙市等地的问卷调查数据,研究在传统供应链和农超对接模式下的

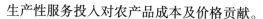

生产性服务投入对农产品成本及价格贡献。

第二，计量经济模型法。本书基于 Nerlove 供给反应模型和几乎理想的需求系统模型（AIDS），实证研究生产性服务业发展影响农产品价格的供求均衡机理。具体来说，分别构建生产性服务业影响农产品供求的供给实证模型和需求实证模型，采用动态面板数据模型进行 GMM 估计，研究生产性服务业对农产品供求和供求价格弹性的影响。另外，采用时间序列数据构建 VAR 模型，应用平稳性检验、协整检验、格兰杰因果分析、脉冲响应分析、方差分解等方法，专门研究了金融业、商贸服务业、物流服务业三个行业发展对农产品价格波动的影响。

第三，时间序列统计分析法。关于我国农产品价格波动的现状研究中，先采用 Census－X12 季节调整法对我国农产品批发价格指数的波动进行季节调整，将其序列分解成趋势循环序列（TC）、季节序列（S）和随机序列（I）。然后，运用 H－P 滤波法将趋势循环成分分解成趋势序列（T）和循环序列（C）。

第四，比较研究法。本书大量地应用了比较研究法。关于农产品价格波动和生产性服务业发展的现状研究中，描述性统计分析都是基于不同时间和东部、中部、西部不同区域的比较。实证研究生产性服务投入对农产品成本与价格的贡献时，比较了常规生产模式和服务外包模式两种产中情况，比较了农产品传统供应链和农超对接模式两种产后情况。在采用 Nerlove 供给反应模型和几乎理想的需求系统模型（AIDS）研究生产性服务业发展影响农产品供求价格弹性时，比较了加入生产性服务业变量与未加入生产性服务业变量两种情况下的影响，比较了供给和需求两方面的价格弹性影响。而且，本书比较了美国、德国、日本、荷兰四个国家在农产品价格调控尤其是服务业管理影响农产品价格的经验做法，并分析了这些经验对我国的启示。

第五，问卷调查法。本书现状研究和实证研究的数据主要来自官方统计数据。但是，从农产品供应链的视角实证研究生产性服务投入影响农产品成本及价格构成的数据，来自课题组 2017 年 6～8 月对湖南省涟源市、长沙市、岳阳县等地区的典型农户、合作社、农业经纪人、产地批发商、销地批发商、销地零售商（含连锁超市），以及政府官员等知情人的问卷调查和访谈。

1.5 创新点与不足之处

1.5.1 研究创新

第一，从生产性服务业嵌入的视角研究农产品价格。关于农产品价格的研究文献有很多，尤其是研究农产品价格波动影响因素的文献更多。现有文献一般是从成本因素、供求因素、国际市场因素、能源价格因素、货币金融因素、外部冲击等视角展开研究。本书突破了以价格论价格，从农业谈农产品价格的思想藩篱，结合农村第一、第二、第三产业融合发展和农业生产性服务业快速发展的现实背景，从嵌入农业生产经营各环节的生产性服务业视角来研究农产品价格。这对农产品价格理论和服务经济理论均是有益的探索与补充。

第二，从价格构成和供求均衡两方面构建了一个系统性框架。此前，学术界和政府部门关于服务业影响农产品价格的认识，几乎都停留在流通环节溢价层面，而一些基于农产品供应链的价格纵向传导文献对中间投入服务缺少关注。本书沿着这种思路，深化了生产性服务业发展影响农产品价格构成的研究，而且做了进一步拓展，又从供求均衡的视角研究了生产性服务业发展对农产品价格的影响。这样，本书构建起了一个基于价格构成、供求均衡两方面机理的系统性研究框架，深入全面地解析了生产性服务业发展对农产品价格的影响原因、影响机理、是否影响、影响方向、影响程度等议题。

第三，提出了基于中间投入服务业规制的分环节、分区域的价格调控思路。国内外在农产品价格调控上都有一些直接干预和间接调控的做法。本书通过理论与实证研究，提出了以中间投入服务业为政策靶点，区分农业生产经营的产前、产中、产后不同环节，区分东部、中部和西部不同区域，通过对嵌入农业的生产性服务业的规制手段来开展农产品价格的供给侧和需求侧的调控。这是一种对中间产业规制而实现末端产品价格调控的思路，不同于一般的就价格调价格的做法。

1.5.2 不足之处

本书研究主要有两个方面的遗憾。一方面，在不同生产性服务行业对农产品价格波动的实证研究中，由于时间序列计量经济模型对数据质量的要求高，不仅要求时间跨度足够长，而且因变量和自变量均要有相匹配的时序数据。这样就为研究增加了极大的难度。一是因变量农产品价格的代理变量指标数据，由于数据可获得性和时间跨度问题，本书主要采用的是农产品生产价格指数，而没有利用农产品批发价格指数和零售价格指数。二是自变量的选择，由于数据可获得性问题，农业生产性服务业的代理指标选择也受到了限制。因变量和自变量的这种处理，均难以完全吻合本书提出的理论分析框架。

另一方面，关于生产性服务投入对农产品成本与价格贡献的微观实证中，本书为了简化分析的需要，只分析了产中、产后两个环节，在产后环节只考虑了"农户（合作社）—产地批发市场—销地批发市场—销地零售市场—消费者"传统供应链和农超对接模式这两种情况。首先，这里省略了产前环节的实证分析。做这种简化处理的原因是，农业产前环节有多种农资供应服务、土地流转服务、信贷保险服务等，服务投入过于复杂，分析难度很大，而且从价格纵向传导的角度来看，它们对农产品生产价格的贡献基本都体现在产中环节的初始成本里了。其次，这里舍弃了产后环节的农产品电子商务等模式的比较分析。这是因为农产品电商模式很多，有C2B、B2C、B2B、F2C、O2O等多种，不同模式下生产性服务投入的项目、内容及价格影响均不同，而且很难找到具有可比性的样本进行问卷调查。无论如何，这些处理使得这个内容的研究有失系统性和时代感。

第 2 章

中国农产品价格波动的基本特征

农产品价格波动是一种必然的经济现象。受成本因素、农产品供求、金融因素、能源价格、国际市场、外部冲击、宏观政策等的复合影响，农产品价格波动处于与经济增长水平波动基本一致的临界值范围，这是正常的经济状态。但是，如果在特定时空范围内，农产品价格波动幅度超出临界值范围，甚至对国民经济发展产生畸形影响，这就是一种异常的状态。近年来，我国农产品价格尤其是鲜活农产品价格在短期里常有出现"过山车"式异常波动。本章讨论了农产品价格波动的国际背景，采用农产品批发价格指数和集贸市场价格，对近十年来我国不同农产品的价格波动特征进行了统计分析。这是本书的逻辑起点。

⧉ 2.1 农产品价格波动的国际背景

2.1.1 国际宏观经济形势

2017 年全球经济呈现缓慢增长的周期性复苏态势。各组织和机构对世界经济增长率的预测都持积极向好态度。国际货币基金组织（IMF）在2018 年 4 月发表的《世界经济展望》中预测：2017 年世界经济增长率为3.8%，全球经济 2018 年和 2019 年的增速预期提高至 3.9%，均比 2017 年10 月的预测水平高出 0.2%。经济合作与发展组织（OECD）在 2018 年

5 月发布经济展望报告时表示：全球经济增长前景改善，预计 2018 年和
2019 年增长率分别将达到 3.8% 和 3.9%。① 联合国经济和社会事务部 2018
年 5 月发布的《2018 年世界经济形势与展望：年中更新版》中表示 2018
年和 2019 年世界经济增长率将达到 3.2%，好于半年前的预测。世界银行
在 2018 年 6 月发布的《全球经济展望》报告中表示：尽管全球经济出现
疲软，2018 年全球经济增长仍可保持 3.1% 的强劲势头。

　　从 2018 年第一季度来看，全球经济温和复苏，但世界各个经济体经济
增速高低以及受到的压力大小存在很大的差异。2018 年美国第一季度经济
增速受到库存投资和消费者支出减少的影响而大幅放缓。根据美国商务部
发布的数据显示，2017 年美国第一季度实际 GDP 年化季环比修正值
2.2%，不及预期和初值的 2.3%。此外，由于美国服务业贡献较小，美国
第一季度个人消费支出（PCE）年化季环比修正值 1%，低于预期 1.2%，
也不及初值 1.1%，这是 2013 年第二季度以来的最低增速。② 2018 年欧元
区经济向好，增速已恢复到经济危机前。欧盟统计局发布消息称：2018 年
第一季度欧元区和欧盟 28 国的 GDP 环比增长 0.4%；2018 年第一季度，
欧元区 GDP 同比增长 2.5%，欧盟 28 国同比增长 2.4%。③ 2018 年第一季
度日本经济下滑，据日本内阁府的速报值数据显示，剔除物价变动因素
外，2018 年第一季度，日本国内生产总值（GDP）环比下滑 0.2%，同比
下滑 0.6%。这是 2015 年第四季度以来，时隔八个季度日本经济首次出现
负增长。原因在于日本民间消费支出、家庭支出增长停滞以及私人投资下
降导致内需不足。④ 2018 年中国经济持续转型升级，第一季度经济运行持
续稳中向好发展态势。根据国家统计局发布的数据显示，2018 年第一季度
国内生产总值（GDP）19.9 万亿元，同比实际增长 6.8%，较上年同期
（6.9%）小幅回落，与上季度持平。韩国 2018 年第一季度扭转态势，各
产业均呈增长态势，第一季度 GDP 同比增长 2.8%，环比增长 1%。根据

---

① http：//world. people. com. cn/n1/2018/0531/c1002 – 30024959. html.
② 数据来源：https：//www. sohu. com/a/233581129_130887.
③ 中华人民共和国商务部：http：//www. mofcom. gov. cn/article/i/jyjl/m/201805/20180502739482. shtml.
④ 数据来源：东方财富网 http：//finance. eastmoney. com/news/1354，20180516872935861. html.

南非统计局数据显示，南非 2018 年一季度经济增长率环比下降 2.2%，为近 9 年来最大季度降幅。东南亚、南亚地区经济持续增长，外部环境仍是影响区域经济发展的主要不确定性因素。越南一季度 GDP 增速高达 7.4%，为十年来同期最高水平，也是一季度东南亚国家经济增长表现最好的国家之一。另外，印度尼西亚、菲律宾、马来西亚一季度 GDP 增速均超过 5.0%。[①]

　　尽管世界经济保持了温和的增长态势，但全球经济发展环境依然复杂多变，美联储持续加息、意大利政治危机、中美贸易战等事件的发生，给世界经济发展带来诸多不确定因素。具体表现为：第一，当前全球经济环境复杂。特朗普当选美国总统，他提出的刺激计划对国际和国内的经济政策均会产生较大的影响，但新政能否持续地促进美国经济发展、对全球经济产生什么影响，这都具有极大的不确定性。英国脱欧带来的不确定性影响可能对全球金融稳定造成威胁。中东地缘政治风险进一步加剧，可能给地区稳定和区域经济带来波动，并扰动原油等大宗商品价格的走势。2018 年初，意大利政治危机暂告一段落，欧洲大选年落下帷幕，但欧洲一体化中的差异性趋势加强，欧洲政治风险仍然冲击着欧洲各国经济发展。同时，投资者的行为将受到政治局面的影响，不仅对欧元区的经济造成压力，而且对全球经济造成冲击。第二，全球各国货币政策分化趋势明显。世界主要经济体的货币政策对国际市场具有重要影响，各国政府的货币政策分化形势进一步加剧，将引发全球金融市场新一轮的平衡。美联储再次加息节奏提速的同时，欧洲央行推迟加息且日本维持超宽松的货币政策。这不仅通过跨境资本流动和汇率渠道对新兴经济体产生较强的外溢影响，使世界各经济主体间的货币政策差异不断扩大，负利率区间的国家遭受严重的资本外流风险，并使国际油价大幅上涨，推升通货膨胀效应，使社会经营环境恶化，债务问题更加凸显，进而导致社会动荡，政局不稳。因此，全球各国货币政策的分化趋势、资本流动的变化是影响世界经济发展的极大影响因素。第三，全球贸易面临挑战。2018 年年初，美国挑起中美贸易战，其后双边贸易摩擦和争端不断。7 月 17 日，欧盟和日本达成了零

---

　　① 数据来源：https://www.sohu.com/a/232810245_263888.

关税协议。7 月 26 日，美国和欧盟建立关税互让协议，并声明将争取签订自由贸易协议。2019 年 6 月，美国对墨西哥输美商品加征关税。这一系列事件将为全球贸易领域带来极大的不确定性。总之，近期全球经济发展方向的不可预测性，以及世界各个经济体在货币、财政和贸易政策等方面的不明确决策，都将对国际经济形势带来重大影响。

2.1.2　国际农产品价格基本走势

根据联合国粮农组织的相关数据统计显示：2017 年全球农产品价格呈现上升趋势。2017 年全年食品价格指数平均为 174.6 点，比 2016 年上升8.11%，但与 2011 年峰值的 229.9 点仍有差距（见图 2－1）。其中，2017年谷物、肉类、食用油价格指数分别为 151.6 点、170.1 点、168.8 点，与2016 年相比上涨幅度较小，分别为 3.2%、8.9%、3.1%；而乳制品价格指数出现较大幅度上涨，由 2016 年的 153.8 点上涨到 2017 年的 202.2 点，涨幅高达 31.5%；但食糖价格指数由 2016 年的 256.0 点下跌到 2017 年的227.3 点，跌幅 11.2%。总体来说，即使食糖价格指数存在下跌现象，但谷物、肉类、食用油以及乳制品的食品价格指数的上涨，使得 2017 年国际农产品价格指数基本维持在整体上的高水平。

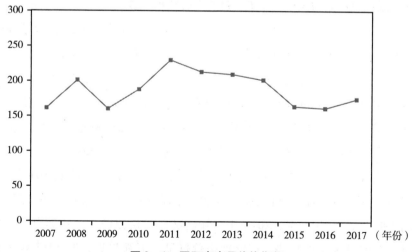

图 2－1　国际农产品价格指数

资料来源：联合国粮食及农业组织。

图 2-1 为 2007～2017 年国际农产品价格指数走势图，表明国际农产品价格呈现波动状态。从长期看，2007～2017 年全球农产品价格经过两次波动趋于平稳状态。在图 2-1 中，2007 年国际食品价格指数为 161.4 点，经历 2007～2009 年以及 2009～2016 年的两次波动后，2016 年价格指数基本与 2007 年保持平稳，为 161.5 点，而后呈现上涨趋势，在 2017 年价格指数达到 174.6 点。在此期间，2008 年和 2011 年的两次上涨创历史新高，2011 年达到 229.9 点，但在此之后，国际食品价格出现下跌趋势。从阶段来看，2007～2008 年，国际农产品价格暴涨，从 161.4 点上涨至 201.4 点，涨幅高达 24.8%。在该阶段，全球经济快速增长，消费结构的优化促使农产品需求强劲增强，同时全球大部分地区受到自然因素的影响，大量农作物减产，从而导致农产品供需失衡。另外，2007 年上半年美国的次贷危机爆发造成全球金融市场衰退，加剧国际农产品价格上涨。2008～2009 年，国际农产品价格出现"断崖式"暴跌，2009 年国际农产品价格指数下跌至 160.3 点，跌幅为 20.4%。此次下跌的主要原因在于投机资本撤离市场、原油价格下跌以及美国指数大幅攀升。2009～2011 年，库存水平过低和全球粮食供求偏紧导致国际农产品价格出现反弹，并在 2011 年出现峰值 229.9 点。但从 2011 年至今，国际农产品价格处于持续下跌状态，主要是经历 2011 年前后的价格上涨危机后，全球各国农产品产量恢复原来的增速，产量的增速高于消费量增速，全球农产品市场供大于求，最终导致价格下跌。

图 2-2 为各类农产品国际价格指数走势图。本章根据联合国粮农组织所统计的 2007～2017 年肉类、奶类、谷物、食用油和食糖价格指数，考察这五类农产品的价格走势。这五类农产品国际价格出现较大波动集中体现在 2008～2009 年以及 2010～2011 年。各类农产品国际价格走势各不相同。第一，2007～2017 年肉类价格处于波动上涨态势。肉类价格水平由 2007 年的 130.8 点上涨到 2008 年的 160.7 点。2009 年在全球经济衰退的背景下，肉类贸易量减少，价格水平受到影响下降到 141.3 点。2009 年之后的五年内，价格持续上涨，国际肉类价格指数上涨至 2014 年的 198.3 点。2015 年、2016 年国际经济持续快速增长，各类肉产品的产量呈现波动增长的趋势，国际肉类价格呈现下跌趋势，但 2017 年价格小幅度上涨。

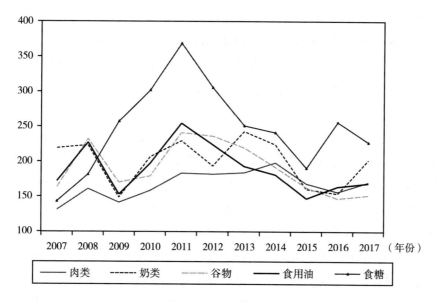

图2-2　各类农产品国际价格指数走势

第二，2007～2017年奶类价格出现不规则性的较大波动。奶类价格自2007年的219.1点上涨到2008年的223.1点后，由于受到2009年国际经济增速下降的影响，市场对奶类的需求减少，价格指数下降至148.6点，跌幅为33.4%。在2009年底奶类价格恢复上涨势态，并在两年内快速回升到2008年的相对水平。在经历2012年的小幅下跌后，奶类价格在2013年迅速上涨，全年平均价格为242.7点，涨幅高达25.4%。而后到2016年，国内外奶类产量增加，供过于求，奶类价格一直处于下跌趋势。2017年奶类价格呈现回升态势。

第三，2007～2017年谷物价格处于上涨态势。2007～2008年，谷物由于国际经济快速增长和消费结构的升级，促使对谷物的需求增加，而受不利的自然因素影响，大量农作物减产，供求关系紧张，国际库存下降，因此谷物价格一直上涨到232.1点，涨幅达到42%。2008年下半年世界谷物产量大幅度提高，2008～2009年间谷物价格下跌至170.2点，降幅达到26.7%。在经历2010～2011年间又一次的反弹，谷物价格出现峰值240.9点。随后几年中，全球谷物供应充足，并在2013年创纪录大丰收，导致其价格逐渐下跌，2016年降为146.9点。但在2017年出现小幅上涨趋势，价格指数为 151.6 点。

第四，2007～2017 年食用油价格波动较大，整体处于下跌态势。2007～2009 年期间食用油价格出现较大波动，2007～2008 年期间受到全球经济大背景的影响大幅度上升，食用油价格指数由 2007 年的 172.0 点上涨至 2008 年的 227.1 点，涨幅达 32%；而 2008～2009 年价格大幅度下跌，价格指数下降至 152.8 点，降幅达 32.7%。2010～2011 年又一次出现大幅回升，在此期间，大豆、油菜籽等油料的价格波动幅度较大，食用油价格受原材料价格波动的影响，2011 年食用油价格指数上涨达到峰值 254.5 点。在此之后，食用油价格一直呈现下跌趋势，到 2016 年和 2017 年反弹上升达到 163.8 点和 168.8 点。

第五，2007～2017 年食糖价格呈现较大幅度的涨跌。2007～2011 年食糖价格一直稳定上涨，且在出口需求增长和可供性的背景下，2011 年价格飙升至 368.9 点，4 年间上涨到 2007 年的 2.5 倍。随着世界主要食糖生产国食糖产量增产，2012～2015 年期间食糖价格持续下滑，2015 年全年食糖价格大幅下跌至 190.7 点，比 2011 年下降 48.3%。2016 年食糖价格出现反弹，全年平均为 256 点，但 2017 年价格指数呈现下跌趋势。

2.2 中国农产品价格波动的整体特征

一般地，一个经济变量的时间序列是各种因素共同作用的结果。通过统计技术分析，可将其分解为趋势、循环、季节和随机四个因素时间序列。趋势因素（T）反映经济时间序列长期的趋势特性；循环因素（C）是表示经济时间序列波动的周期特性；季节因素（S）表现为经济时间序列随着自然季节的更替而发生较有规则的增减变化；随机因素（I）的变动无规则可循，一般由偶然事件引起，如意外事故、自然灾害等。本章先采用 Census – X12 季节调整法对我国农产品批发价格指数的波动进行季节调整，将其序列分解成趋势循环序列（TC）、季节序列（S）和随机序列（I）。然后，运用 H – P 滤波法将趋势循环成分分解成趋势序列（T）和循环序列（C）。

本章采用我国 2005～2016 年农产品批发价格指数月度数据①，数据来源于全国农产品批发市场价格信息网，定基指数以 2000 年为基期。Census - X12 季节调整法中的乘数模型形式为 $Y = T \times C \times S \times I$，H - P 滤波法中 lambda 的取值为 14400（即 $\lambda = 14400$）。

2.2.1　主要特点

图 2 - 3 为 2005～2016 年我国农产品批发价格指数曲线。在整体上农产品批发价格呈现上涨趋势，但在不同的年份，农产品批发价格的波动具有不同的特征。总体来说，大致可以分为五个阶段，如表 2 - 1 所示。

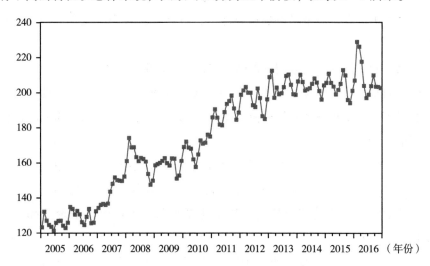

图 2 - 3　农产品批发价格指数季节调整后序列

表 2 - 1　　　　　　2005～2016 年中国农产品批发价格走势的五个阶段

阶段	阶段一	阶段二	阶段三	阶段四	阶段五
时间	2005.1 至 2007.5	2007.6 至 2008.9	2008.10 至 2009.12	2010.1 至 2013.4	2013.5 至 2016.12
类型	平稳期	暴涨期	回落调整期	螺旋上升期	平稳波动期

---

①　从 2017 年 1 月开始，农业农村部采用农产品批发价格 200 指数，其统计路径与批发价格指数不同，故本章农产品批发价格总指数以及分类农产品批发价格指数的相关数据均仅更新至 2016 年。

第一阶段是平稳期（2005 年 1 月至 2007 年 5 月）。该阶段农产品批发价格的波动幅度较为缓和，数值基本围绕 125 点上下浮动，没有出现明显的上涨或者下跌趋势。2005 年 1 月至 2007 年 5 月我国经济处于平稳运行，农产品供给和需求没有出现较大幅度的变动，故农产品批发价格在合理的区间内平稳波动。

　　第二阶段是暴涨期（2007 年 6 月至 2008 年 9 月）。该阶段的主要特征是农产品批发价格发生较大幅度上涨。该阶段的峰值为 2008 年 2 月的 174.2 点，比第一阶段的平均值上涨了 40%。从 2007 年 6 月起，农产品批发价格波动的均值不断增加，表现为走势明显上升。主要原因在于，2007 年 6 月至 2008 年 9 月期间国际经济快速增长，农产品供需失衡，再加上美国次贷危机爆发，对金融市场造成冲击，最终导致农产品批发价格呈现暴涨态势。

　　第三阶段是回落调整期（2008 年 10 月至 2009 年 12 月）。在经历过第二阶段的暴涨后，全球经济处于复苏时期，2008 年 10 月农产品批发价格开始回落，但没有下降到第一阶段水平。第三阶段平均值和波动幅度都要大于第一阶段。

　　第四阶段是螺旋上升期（2010 年 1 月至 2013 年 4 月）。该阶段的主要特征是农产品批发价格呈现螺旋上升趋势，在国内外共同因素的作用下，农产品批发价格波动较为频繁，其波动幅度和频率比前三个阶段都有所加强。

　　第五阶段是平稳波动期（2013 年 5 月至 2016 年 12 月）。在该阶段，市场供求状况趋于宽松，农产品批发价格呈现平稳波动状态，且波动幅度大小较为平均，基本围绕均值 203.8 点上下波动。上涨与下跌幅度较小，仅在 2015 年 12 月至 2016 年 7 月期间农产品批发价格出现一次较大幅度涨跌。

2.2.2　周期性特征

　　根据 2005～2016 年农产品批发价格指数月度数据，运用 Census – X12 季节调整法剔除季节成分和随机成分后得到趋势循环成分（TC），再用 H – P

滤波法将其分解成趋势成分和循环成分。在图2-4中，X_TC曲线为我国农产品批发价格指数的趋势序列和循环序列，Trend曲线表示该序列分离出来的长期趋势，Cycle曲线表示该序列分离出来的循环波动。

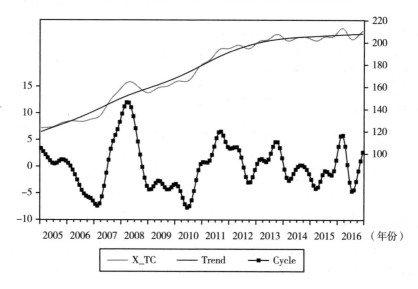

图2-4 农产品批发价格指数 H-P 分解

根据图2-4中Cycle曲线可以看出，我国农产品批发价格指数呈现周期性波动，按照"波谷—波谷"的标准对2005~2016年月度数据进行周期划分，可将其大致划分为8个周期，如表2-2所示。周期始于2005年7月，止于2016年7月。

我国农产品批发价格波动的周期表现为典型的不可重复性和非对称性。一方面，各个周期的波动时间差异较大。在8个周期中，周期长度在20个月以上的有第1个、第2个和第5个周期，周期长度在10个月以下的有第3个和第4个周期，8个波动周期的平均长度为16.62个月。最长的周期高达27个月，最短周期仅8个月，相差3.3倍。可见，周期的重复性差。另一方面，各个周期的波动振幅存在很大差异。第2周期和第8周期的波动振幅分别为16.37%和10.5%，价格波动较为剧烈。其余5个周期的波动振幅均在10%以下，价格波动较为平稳。与表2-1进行对比发现：处于价格上涨期的周期振幅较大，处于价格平稳期的周期振幅较小。

表 2 - 2   2005 ~ 2016 年中国农产品批发价格走势的周期划分

周期	周期1	周期2	周期3	周期4	周期5	周期6	周期7	周期8	平均值
起止时间	2005.7 ~ 2007.2	2007.3 ~ 2009.1	2009.2 ~ 2009.9	2009.10 ~ 2010.6	2010.7 ~ 2012.9	2012.10 ~ 2014.3	2014.4 ~ 2015.3	2015.4 ~ 2016.7	
周期长度	20	23	8	9	27	18	12	16	16.63
起点值	0.49	-7.01	-4.30	-4.31	-7.48	-2.94	-2.24	-3.89	-3.96
波峰值	1.25	11.99	-2.71	-3.29	6.53	4.60	0.22	5.83	3.05
波谷值	-7.43	-4.38	-4.34	-7.74	-3.00	-2.64	-4.18	-4.67	-4.80
扩张期	4	13	4	4	15	12	5	12	8.63
收缩期	16	10	4	5	12	6	7	4	8.00
扩张期/收缩期比率	0.25	1.30	1.00	0.80	1.25	2.00	0.71	3.00	1.29
扩张速率	0.19	1.46	0.40	0.26	0.93	0.63	0.49	0.81	0.65
收缩速率	0.54	1.64	0.41	0.49	0.79	1.21	0.63	2.63	1.04
平均速率	0.47	1.54	0.40	0.61	0.87	0.82	0.57	1.26	0.82
周期振幅	8.68	16.37	1.64	4.45	9.53	7.24	4.4	10.5	7.85

从周期的扩张期和收缩期的角度分析,除了第 1 周期、第 6 周期和第 8 周期的扩张期和收缩期相差较大,其他几个周期的扩张期和收缩期大致相等。第 2 周期、第 5 周期、第 6 周期和第 8 周期中扩张期大于收缩期,其他几个周期扩张期小于收缩期。与表 2 - 1 进行对照发现:农产品批发价格处于上涨时,其周期中的扩张期大于收缩期;反之,农产品批发价格处于下跌时,其周期中的扩张期小于收缩期。另外,从扩张速率和收缩速率分析,第 5 周期的扩张速率稍微大于收缩速率,其他几个周期的收缩速率均大于扩张速率,这表明农产品批发价格指数从高位向低位回落时比较迅速,表现为农产品批发价格大幅上涨后容易出现暴跌现象。

总而言之,农产品批发价格波动的周期特征与其趋势特征之间存在密不可分的关系。一般地,当农产品批发价格持续上涨时,其波动周期会被"拉长",波动振幅会比较大,同时扩张期会大于收缩期;反之,当农产品批发价格持续下跌时,其波动周期会被"缩短",波动振幅会比较小,其扩张期会小于收缩期。

2.2.3 季节性特征

利用 Census - X12 季节调整法乘法模型,将 2005 ~ 2016 年全国农产品批发价格指数月度数据中的季节性因子（SF）分离出来，并根据季节性因子（SF）对农产品批发价格波动进行季节性特征分析。

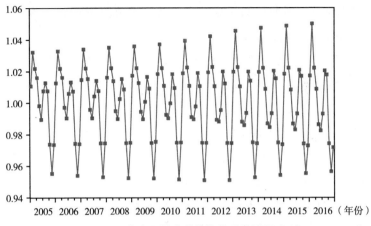

图2-5 农产品批发价格指数季节因子序列

图2-5为我国农产品批发价格指数的季节因子（SF）曲线，可以看出，农产品批发价格存在着较强的季节性波动规律。以每一年为一个完整的周期，每年1~4月、5~6月、7~9月和10~12月分别处于每个周期的"波峰""次波谷""次波峰"和"波谷"附近，并且每年2月、8月、11月、6月分别为全年的波峰、次波峰、波谷以及次波谷。具体表现为：第一季度价格逐渐上涨，第二季度价格有所回落，第三季度价格开始小幅回升，第四季度价格又开始下降。季节性因子周期性波动表明在一个周期中，不同的月份（或季度）季节性因素对农产品批发价格的影响程度不一，但是在同期中，即不同年份相同月份中相比较，季节性因素对农产品批发价格的影响大致相同。这与农产品具有固定的一年一度的播种、生长和收获季节性周期有关，这种共性使得价格波动呈现季节性涨幅规律。

根据Census-X12季节调整法乘法模型原理，季节性因子反映季节性因素对农产品批发价格波动的影响。当SF大于1时，表示季节性因素对农产品批发价格可能有正向影响即收缩波动；当SF小于1时，表示可能有负向影响即扩张波动；当SF等于1时，没有影响。根据图2-5分析可知，每年的1~4月季节性因素对农产品批发价格具有较大正向影响，表现为价格较大幅度上涨；5~6月季节性因素对农产品批发价格具有较小负向影响，表现为价格微弱下跌；7~9月季节性因素对农产品批发价格具有较小正向影响，表现为价格小幅度上涨；10～12 月季节性因素对农产品批发价格具有较大负向影响，表现为价格较大幅度下跌。就 2005～2016 年整体而言，季节性因子的周期振幅呈现扩大趋势，季节因子峰谷值落差逐年增加，且从 2010 年开始，季节性因子在 7 月由大于 1 变为小于 1，即正向影响变为负向影响。但季节性因子的极值仅为 0.1，可见，季节性因素对农产品批发价格指数的影响比较有限。

2.2.4 随机性特征

随机波动序列主要是指由于意外事故、自然灾害、政治事件等偶然因素引起的不规则且难以预测的波动。在分析和预测农产品价格时，随机波动往往会干扰到农产品价格的客观性变化，对其造成干扰。因此，在对农产品价格进行分析时需剔除随机成分。这里利用 Census – X12 季节调整法分解出随机因子（IR），并利用随机因子来探讨农产品批发价格指数中的随机性特征。

图 2 – 6 为我国农产品批发价格指数的随机因子（IR）曲线。

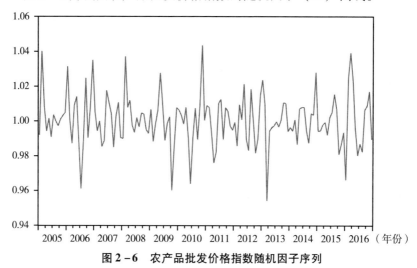

图 2 – 6 农产品批发价格指数随机因子序列

从图 2 – 6 可以看出，随机因子的变动不存在明显的规律性。在大多数月份中，随机性因子对农产品批发价格指数没有显著的影响，只有在少数月份中，随机性因子对农产品批发价格指数有较大影响。就总体而言，2006 年全年、2010 年 11 月至 2013 年 5 月、2015 年 6 月至 2016 年 12 月这三个时期随机性因子波动较大，波动现象频繁出现，表明随机性因素对农产品批发价格指数的影响呈现扩大趋势。

根据 Census – X12 季节调整法乘法模型原理，随机性因子反映季节性因素对农产品批发价格波动的影响。当 IR 大于 1 时，表示随机性因素对农产品批发价格可能有正向影响，即推高农产品批发价格指数；当 IR 小于 1 时，表示可能有负向影响，即拉低农产品批发价格指数；当 IR 等于 1 时，没有影响。根据图 2 – 6，随机因子比较大且推高农产品批发价格指数的月份为：2005 年 2 月、2006 年 1 月、2006 年 9 月、2006 年 12 月、2008 年 2 月、2009 年 5 月、2010 年 11 月、2012 年 5 月、2013 年 1 月、2014 年 12 月、2016 年 2 ~ 4 月。随机因子比较小且拉低农产品批发价格指数的月份为：2006 年 7 月、2009 年 10 月、2010 年 6 月、2011 年 4 月、2011 年 4 月、2013 年 3 月、2016 年 1 月。与季节性因素相比较，发现季节性因子与随机性因子在时间上具有较高的吻合度，说明投机者可根据农产品本身固有的季节性来分析农产品价格变动趋势。

🔲 2.3　中国农产品价格波动的分类特征

根据国家统计局发布的《中国农产品价格调查年鉴》，本章收集 2006 ~ 2016 年主要粮食品种（小麦、玉米、粳米）、主要肉禽品种（猪肉、牛肉、羊肉、活鸡、鸡蛋、草鱼）、主要蔬菜品种（大白菜、黄瓜、西红柿、菜椒、四季豆）和主要油料品种（花生仁、油菜籽、大豆）的集贸市场价格的月度数据，并分别对各个品种的集贸市场价格进行描述性统计。[①] 进一步，利用经济计量方法，得到上述品种集贸市场价格的周期性、季节性和随机性的波动特征图。

2.3.1　主要粮食品种的价格波动特征

在表 2 – 3 中，列出了主要粮食品种集贸市场价格的均值、最大值、最

---

① 目前《中国农产品价格调查年鉴》仅更新至 2017 年，2017 年各类农产品品种的集贸市场价格相关数据无法获取，故本章仅更新至 2016 年。

小值和标准差等相关数据。可见，近十年来，小麦、玉米和粳米的价格呈现不同幅度的上涨。粳米的集贸市场价格的涨幅比较大，极差达到2.44，并且波动幅度也比较大，标准差为0.91。而小麦和玉米的集贸市场价格涨幅非常小，极差为1.15和1.36，波动幅度比较小，标准差仅为0.37和0.38。

表2-3　　　　　主要粮食类品种的集贸市场价格的描述性统计　　　单位：元/千克

类别	主要粮食品种		
	小麦	玉米	粳米
均值	2.14	2.04	4.33
最大值	2.60	2.63	5.45
最小值	1.45	1.27	3.01
极值	1.15	1.36	2.44
标准差	0.37	0.38	0.91
样本数（个）	132	132	132

相应地，在图2-7中，各个品种的集贸市场价格曲线总体呈现上升趋势，但波动路径存在很大差异。粳米的集贸市场价格在2010年后开始大幅上涨，到2013年趋于平稳；小麦和玉米的集贸市场价格处于缓慢上涨态势，且玉米的集贸市场价格出现极小幅波动。

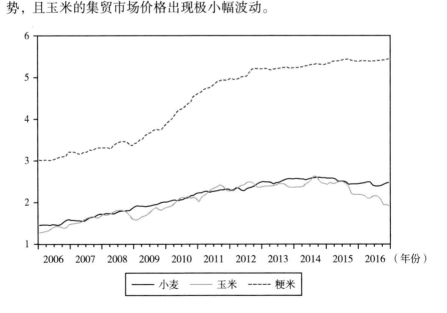

图2-7　主要粮食类品种的集贸市场价格走势

图 2 - 8 表示 2006~2016 年中国主要粮食品种（小麦、玉米、粳米）的集贸市场价格的周期性特征。小麦、玉米和粳米的集贸市场价格的周期振幅较小，没有出现较大的波峰和波谷，三者的波动路径交叠在一起。这表明在十年间，小麦、玉米和粳米的集贸市场价格基本维持稳定，没有出现较大的市场周期性波动。这说明了近年来此三种粮食品种的集贸市场价格受市场因素的干扰较小。

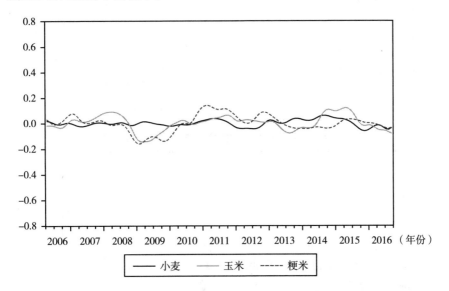

图 2 - 8　主要粮食类品种的集贸市场价格周期性特征

图 2 - 9 为三种粮食品种集贸市场价格的季节因子曲线，表示其季节性特征。小麦和粳米的集贸市场价格受季节因素影响大致相同，表现为两者路径基本相同，峰值和峰谷出现的月份相邻。随着时间增加，两者的季节因子值趋于 1，表示季节因素对两者价格影响呈递减趋势。季节因素对玉米价格具有明显的影响。玉米集贸市场价格的季节因子峰值均处于 1.03 以上水平，峰谷均处于 0.98 以下水平。总体来说，近年季节因素对玉米价格的影响程度基本保持不变。

图 2 - 10 为三种粮食品种集贸市场价格的随机因子曲线，表示其随机性特征。整体来说，小麦和粳米受外部突发因素的影响较小，玉米受外部突发因素的影响较大。2006~2009 年，外部突发因素对玉米的集贸市场价格的影响明显。

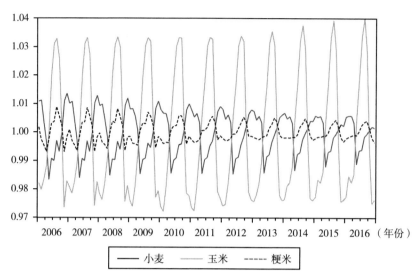

图 2 - 9　主要粮食类品种的集贸市场价格季节性特征

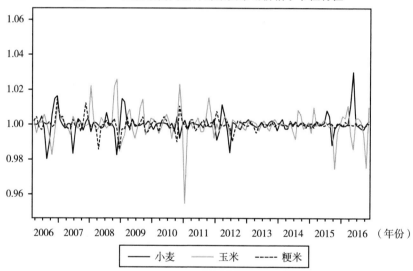

图 2 - 10　主要粮食类品种的集贸市场价格随机性特征

2.3.2　主要肉禽品种的价格波动特征

根据表 2 - 4 中的主要肉禽品种（猪肉、牛肉、羊肉、活鸡、鸡蛋、草鱼）的集贸市场价格的描述性统计，可以发现：猪肉、牛肉和羊肉的集贸市场价格的涨幅较大，其极差分别为 19.28、45.76 和 47.62。猪肉、牛肉和羊肉的价格相对于均值来说，偏离程度比较大，而活鸡、鸡蛋和草鱼的价格相对均值的偏离程度较小。同时，牛肉和羊肉的集贸市场价格波动幅度较大，其标准值高达 15.80 和 15.65，而猪肉、活鸡、鸡蛋和草鱼的标准差较小，分别为 4.82、2.79、1.40 和 2.35，这四个品种的价格波动幅度也相对较小。从图 2 - 11 所表示的主要肉禽品种的集贸市场价格曲线中进一步分析，猪肉、牛肉和羊肉的集贸市场价格出现明显的涨幅，牛肉和羊肉在 2007 年后迅速上升，直到 2014 年才呈现平稳甚至下降趋势；猪肉的集贸市场价格在 2006～2016 年期间出现多次暴涨暴跌交替现象；活鸡、鸡蛋和草鱼的集贸市场价格涨幅较小，基本保持平稳态势。

表 2 - 4　　　　主要肉禽类品种的集贸市场价格的描述性统计　　　单位：元/千克

类别	主要肉禽品种					
	猪肉	牛肉	羊肉	活鸡	鸡蛋	草鱼
均值	22.06	41.93	44.46	15.34	8.90	13.48
最大值	30.47	63.52	66.15	19.92	12.03	16.47
最小值	10.95	17.76	18.53	9.34	5.62	8.94
极值	19.28	45.76	47.62	10.58	6.41	7.53
标准差	4.82	15.80	15.65	2.79	1.40	2.35
样本数（个）	132	132	132	132	132	132

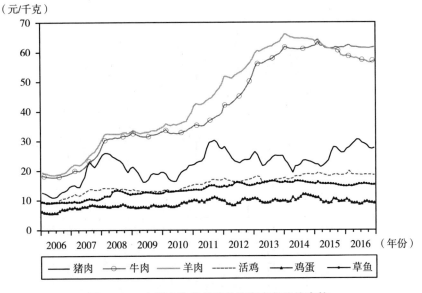

图 2 - 11　主要肉禽类品种的集贸市场价格走势

图 2-12、图 2-13 和图 2-14 分别为主要肉禽类品种的集贸市场价格的周期性特征图、季节性特征图和随机性特征图。从周期性特征来看，各个品种的周期波动路径各不相同。其中，猪肉集贸市场价格的周期波动振幅最为显著，其次是牛肉和羊肉的价格周期振幅，但牛肉和羊肉的周期

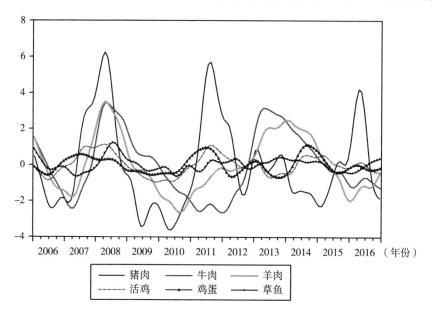

图 2-12 主要肉禽类品种的集贸市场价格周期性特征

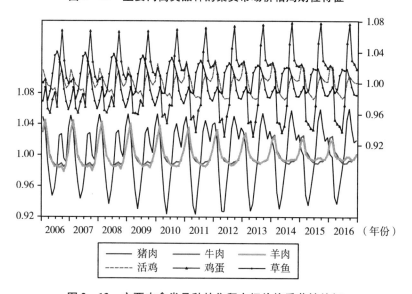

图 2-13 主要肉禽类品种的集贸市场价格季节性特征

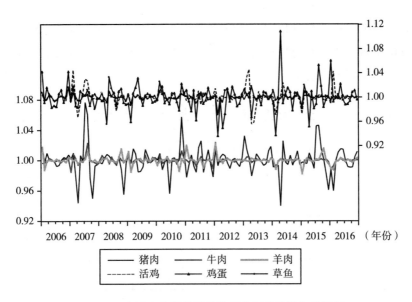

图 2 – 14 主要肉禽类品种的集贸市场价格随机性特征

长度相比猪肉的周期长度较长。活鸡、鸡蛋和草鱼的集贸市场价格的周期振幅相对比较小。从季节性特征来看，季节因素对猪肉和草鱼集贸市场价格的影响较大，且牛肉和羊肉集贸市场价格的季节因子波动路径基本相同，即在季节因素的影响下，牛肉和羊肉的价格波动趋势基本相同。从随机性特征看，猪肉和鸡蛋集贸市场价格受到外部突发因素的影响较大，猪肉在 2007 年和 2014 年受到较大冲击，鸡蛋在 2014 年受到外部突发因素的冲击作用较大。而其他四个品种受到外部突发因素的影响较小，随机性因子（IR）的值基本围绕 1 值小范围波动。

2.3.3　主要蔬菜品种的价格波动特征

根据表 2 – 5 中的主要蔬菜品种（大白菜、黄瓜、西红柿、菜椒、四季豆）的集贸市场价格的描述性统计，从均值和极值的大小来看，黄瓜、西红柿、菜椒和四季豆的极值分别为 6.80、6.13、8.48 和 10.35，表明这四类品种的集贸市场价格涨幅波动较大，均值偏离程度也较大，而大白菜的集贸市场价格的波动幅度较小。同时，在主要蔬菜品种的集贸市场价格走势图 2 – 15 中，在同一时间段上，黄瓜、西红柿、菜椒和四季豆的集贸市场价格波动走势具有相同的涨跌幅度，季节性特征表现明显，且价格波动幅度呈现逐年上涨趋势；而大白菜的集贸市场价格的波动幅度较小，但价格总体呈现上升态势。

表 2-5　　　　主要蔬菜品种的集贸市场价格的描述性统计　　　　单位：元/千克

类别	主要蔬菜品种				
	大白菜	黄瓜	西红柿	菜椒	四季豆
均值	2.03	4.01	4.37	5.10	6.14
最大值	4.05	8.17	7.71	10.36	12.57
最小值	0.80	1.37	1.58	1.88	2.22
极值	3.25	6.80	6.13	8.48	10.35
标准差	0.61	1.52	1.42	1.82	2.38
样本数（个）	132	132	132	132	132

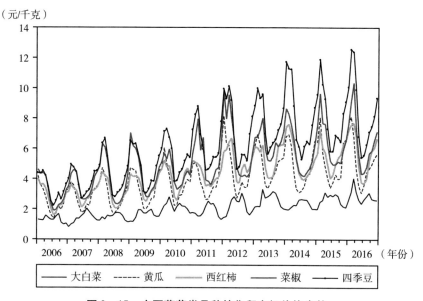

图 2-15　主要蔬菜类品种的集贸市场价格走势

图 2-16、图 2-17 和图 2-18 分别描述了主要蔬菜类品种的集贸市场价格的周期性特征、季节性特征和随机性特征。从周期性波动特征来看，五个品种的周期波动路径仅在 2006～2007 年期间大致相同。2007 年之后，各个蔬菜品种的周期振幅和波动路径出现明显不一致，大白菜、黄瓜和四季豆的集贸市场价格的周期振幅大小上下波动，而西红柿和菜椒的

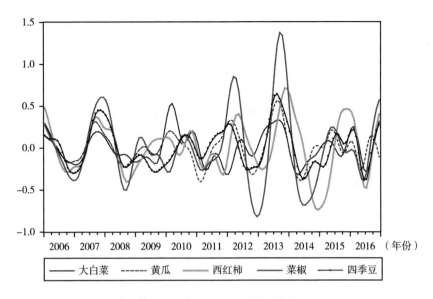

图 2 – 16　主要蔬菜类品种的集贸市场价格周期性特征

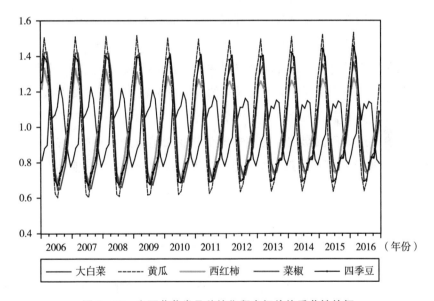

图 2 – 17　主要蔬菜类品种的集贸市场价格季节性特征

集贸市场价格的周期振幅明显呈现逐渐扩大趋势。从季节性特征来看，五个品种都表现出明显的季节性特征，除大白菜的集贸市场价格的季节性波动路径比较特殊外，其他四种蔬菜的集贸市场价格的季节性波动路径基本相同。根据季节因子（SF）的大小比较可知：季节性因素对黄瓜、西红

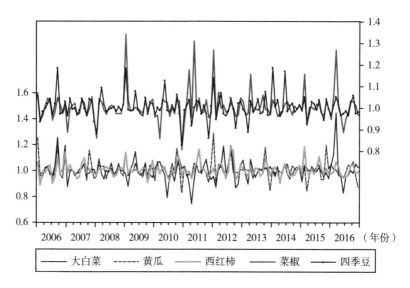

图 2-18 主要蔬菜类品种的集贸市场价格随机性特征

柿、菜椒和四季豆的影响程度比对大白菜的影响程度大。从随机性特征来看，相比于其他种类的农产品（粮食类、肉禽类、食用油类），蔬菜类农产品的集贸市场价格受到外部突发因素的冲击影响较大。其中，黄瓜和菜椒的集贸市场价格受到外部突发因素的冲击影响较大，而突发因素对大白菜、西红柿和四季豆的价格影响较小。同时，突发因素对大白菜的集贸市场价格主要造成负面影响，对菜椒的价格主要造成正面影响。总体而言，在 2010~2012 年期间外部突发因素对这五个品种的影响比其他年份的影响大得多。

2.3.4 主要油料品种的价格波动特征

根据表 2-6 中的主要油料品种（花生仁、油菜籽、大豆）的集贸市场价格的描述性统计，从极值和均值的大小来看，花生仁的极值为 8.18，标准差为 2.53，其集贸市场价格的涨幅波动和均值偏离程度相比油菜籽和大豆都较大。油菜籽和大豆的极值与标准差大小差距不大。同时，从图 2-19 主要油料类品种集贸市场价格走势可以看出，花生油集贸市场价格涨跌波动较为明显，而油菜籽和大豆的集贸市场价格具有相同走势。

2008 年，花生仁、油菜籽和大豆的集贸市场价格均出现较大幅度暴涨和回落。自 2008 年后，油菜籽和大豆的价格缓慢上涨。2009 年下半年起，花生仁集贸市场价格总体上处于回升态势，但价格涨跌起伏较为频繁。

表 2-6 主要油料品种的集贸市场价格的描述性统计　　　单位：元/千克

类别	主要油料品种		
	花生仁	油菜籽	大豆
均值	11.07	4.53	5.39
最大值	14.73	5.50	6.37
最小值	6.55	2.55	3.46
极值	8.18	2.95	2.91
标准差	2.53	0.85	0.93
样本数（个）	132	132	132

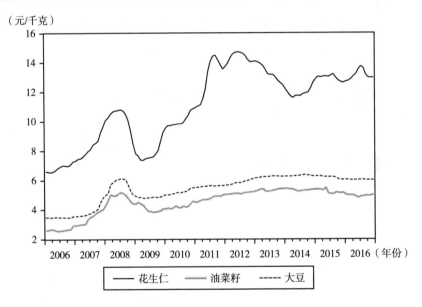

图 2-19　主要油料类品种的集贸市场价格走势

图 2-20、图 2-21 和图 2-22 分别描述了主要油料类品种的集贸市场价格的周期性特征、季节性特征和随机性特征。从周期性波动特征来看，在整个阶段，花生仁集贸市场价格的周期振幅波动较大，且出现较大的波峰和波谷。油菜籽和大豆的集贸市场价格的周期振幅走势基本一样，集贸市场价格仅在 2006~2010 年期间呈现较大的市场周期性波动，其后的

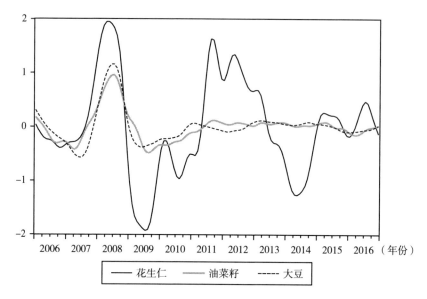

图 2 - 20 主要油料类品种的集贸市场价格周期性特征

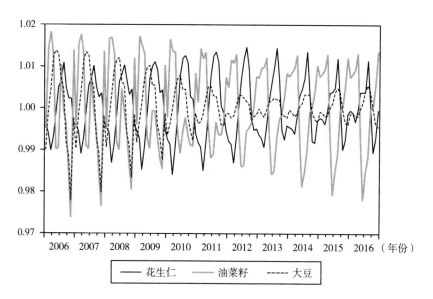

图 2 - 21 主要油料类品种的集贸市场价格季节性特征

时间段内集贸市场价格受周期性影响较小，价格出现小幅波动。从季节性
波动特征来看，三者受到不同程度的季节性因素的影响。油菜籽集贸市场
价格受到季节性因素影响最大，但影响程度总体上呈减小趋势；其次受影
响较大的是花生仁集贸市场价格，虽然影响程度呈扩大趋势，但在总体上

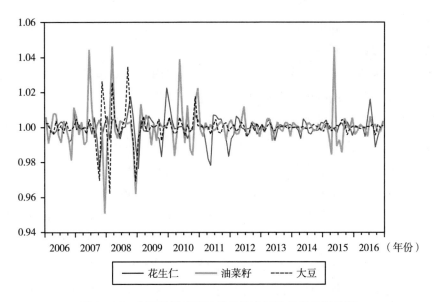

图 2－22　主要油料类品种的集贸市场价格随机性特征

仍然比油菜籽小；受影响最小的是大豆集贸市场价格，且影响程度逐年递减，到 2013 年后，季节性性因子（SF）仅在 1 附近波动，说明到 2013 年后，大豆价格几乎不受季节性因素影响。从随机性波动特征来看，油菜籽集贸市场价格在 2006～2008 年、2010 年以及 2015 年受到外部突发因素的影响较为突出，大豆的集贸市场价格在 2008 年受到外部突发因素的作用较大，其他时间受到影响较小。总体而言，外部突发因素对油菜籽和大豆的集贸市场价格的影响较大，对花生仁的集贸市场价格的影响较小。

2.4　本章结论

　　基于国际宏观经济形势的分析，本章对国际农产品价格和中国农产品价格的波动特征进行了整体分析。国际农产品价格的分析选用 2007～2017 年肉类、奶类、谷物、食用油和食糖的国际价格指数。国内农产品价格的分析选用我国 2005～2016 年农产品批发价格指数月度数据，还对 2006～2016 年主要粮食品种（小麦、玉米、粳米）、主要肉禽品种（猪肉、牛肉、羊肉、活鸡、鸡蛋、草鱼）、主要蔬菜品种（大白菜、黄瓜、西红柿、菜椒、四季豆）和主要油料品种（花生仁、油菜籽、大豆）的集贸市场价格进行了分类研究。

　　研究表明：第一，从整体上看，国际与国内农产品市场上，农产品价格不仅呈现平稳地缓慢上涨趋势，也存在暴涨期或连续波动上涨期。变动周期出现显著的不可重复性和非对称性，各周期时间跨度的长短与波动振幅的大小在价格上表现为异常上涨或下跌。随机因素的无规律性作用于农产品价格，造成波动现象频繁出现。第二，近十年来，各类农产品品种的集贸市场价格总体上呈现波动上升趋势，且每个品种的波动路径不同，其中在短时间内暴涨暴跌的现象较多。第三，基于对各个农产品品种的价格的特征分析，就周期性特征来看，仅粮食品种的价格周期振幅较小，没有出现较大的周期性波动，而肉禽类、蔬菜类和油料类品种价格波动周期振幅均较为显著，各个周期长度差异较大且少数品种出现周期振幅明显扩大的特征；就季节性特征来看，所选取的农产品品种均具有较为明显的季节性特征，大体变动趋势一致，区别仅表现为各品种受到的影响力大小不同；就随机性特征来说，农产品价格较容易受到外部突发因素而产生波动，尤其是玉米、猪肉、鸡蛋、黄瓜、菜椒、菜籽油和大豆品种，其价格容易在某一时间点受到冲击而上下浮动异常波动。总体来看，我国农产品价格呈现上升趋势，但其具体波动路径依然存在异常波动现象，频繁地在某些时间点出现异常上涨或下跌。

第 *3* 章
———————

中国农业生产性服务业
发展现状与趋势

农产品价格波动的影响源很多。直接作用于农业生产经营产前、产中、产后各环节的生产性服务业就是一个重要的影响源。近年来，我国农村第一、第二、第三产业融合趋势明显，尤其是生产性服务业深度嵌入农业后，农资供应服务、农机服务、农技服务、农业生产环节外包服务、农业物流、农产品电商、农业市场信息服务等农业生产性服务行业蓬勃发展，农业领域出现了服务规模经营新形式。在这种背景下，农业生产性服务业发展必将影响到农产品价格及其波动。虽然生产性服务业的内涵与外延非常丰富，但是与农产品价格存在相关性的主要是服务于农业生产经营的那部分。本章对我国农业生产性服务业及其典型行业的现状与问题进行了定量分析，并对未来我国农业生产性服务业的发展趋势进行了研判。

3.1 中国农业生产性服务业的发展概况

农业生产性服务业是为农业生产者的生产经营市场化提供中间投入服务的行业部门。农业生产性服务业的行业门类多，涉及面广。按照农业产前、产中、产后不同环节划分，产前环节的农业生产性服务业主要有农资供应服务业、土地流转服务业、金融保险服务业、人力资源服务业等；产中环节的农业生产性服务业主要有农机作业服务业、植保服务业、农业科技服务业、生产环节外包服务业等；产后环节的农业生产性服务业主要有污染治理及废弃物循环利用服务业、仓储物流服务业、营销广告服务业、市场信息服务业、农产品流通服务业、食品安全服务业等。

遗憾的是，我国尚没有发布农业生产性服务业增加值、从业人员数等中观层面的官方统计数据。农业农村部在 2018 年 5 月才启动农业生产性服务业的专项统计工作，至今尚没有对外公布数据。学术界通常是采用农业生产性服务各行业从业人数（或之和）占农业从业人数的比重、农业生产性服务支出占农林牧渔业总产值的比重、农林牧渔服务业增加值、农村固定资产投资投向农业生产性服务相关行业的资金数、农业生产性服务支出这些代理指标来开展实证研究工作，或者直接用投入产出表数据来做研究。但是，这些代理指标的统计口径并不能完全地反映农业生产性服务业的内涵，而且数据可得的行业数极少（如农村固定资产投向相关行业的资金数这一指标，只有交通运输、仓储和邮政业等 5 个行业的数据具有可获得性），加之一些指标缺失个别年份的数据，用它们去衡量一个产业的发展水平是有局限性的。而投入产出表数据存在连续性和时滞的问题。

本章主要采用《中国农村统计年鉴》中的农林牧渔服务业的增加值数据来说明农业生产性服务业发展水平，并利用《投入产出表》中农林牧渔服务业的中间投入数据来反映不同子行业的投入结构。

3.1.1 中国农业生产性服务业的发展现状

第一，我国农业生产性服务业规模不断扩大。先考察农林牧渔服务业增加值这个指标。如表 3 - 1 所示，农林牧渔服务业增加值由 2006 年的 558.6 亿元增加到 2016 年的 2302.7 亿元，增加了 1744.1 亿元，增幅为 312.2%，年平均增率达 15.3%。而且，农林牧渔服务业增加值占农林牧渔业增加值的比重呈现先波动上升、后平稳增加的趋势，从 2006 年的 2.3% 波动上升至 2011 年的 2.8%，此后平稳上升到 2016 年的 3.5%。再考察农林牧渔业生产服务支出指标。2006 年，我国农林牧渔业生产性服务支出为 1918.4 亿元，到 2016 年达到 7247 亿元，增加了 5328.6 亿元，涨幅高达 277.8%，年平均增率为 14.3%。而且，农林牧渔业生产性服务支出占农林牧渔业全部中间消耗的比重指标，除了在 2007 年有稍稍降低外，在 2006～2016 年这十年期间，该指标呈稳步上升的态势，从 2006 年的 10.85% 提高到 2016 年的 15.71%，增长了 4.86 个百分点。总之，从两方面指标来看，我国农业生产性服务业的规模都是呈不断扩大的态势。

表 3－1   2006～2016 年我国农林牧渔服务业增加值及其
生产服务支出情况

年份	农林牧渔服务业增加值（亿元）	占农林牧渔业增加值比重（%）	农林牧渔业生产服务支出（亿元）	占农林牧渔业中间消耗比重（%）
2006	558.6	2.3	1918.4	10.85
2007	844.0	2.9	2178.3	10.75
2008	935.0	2.8	2562.0	10.54
2009	1071.8	3.0	3180.6	12.65
2010	1179.0	2.9	3910.5	13.58
2011	1332.9	2.8	4627.7	13.68
2012	1481.0	2.8	5195.0	14.01
2013	1644.3	2.9	5750.4	14.37
2014	1821.9	3.0	6216.3	14.78
2015	2049.5	3.3	6820.5	15.45
2016	2302.7	3.5	7247.0	15.71

资料来源：根据《中国农村统计年鉴（2007～2017 年）》相关数据计算。

第二，近年来我国农业生产性服务业增长速度较快，前期有较大波动，后期保持平稳增长。考察 2006～2016 年我国农林牧渔服务业增加值的环比增速指标，如图 3－1 所示。2006 年农林牧渔服务业增加值的环比增长速度为 11.2%，到 2007 年增速剧增到 51.1%，之后迅速回落到 2008 年的 10.8%，此后增长率基本稳定在 10% 左右，2016 年增速为 12.4%，十年间年均增长率为 15.3%。同期，农林牧渔业增加值的增长速度前期上下波动，后期持续下降，到 2016 年增速下降到 4.9%，年均增长率为10.2%。对农林牧渔服务业增加值和农林牧渔业增加值的增速进行对比，发现前期两者呈此起彼伏的态势，后期农林牧渔服务业的增速明显高于农林牧渔增加值，从2012年起两者差别不断拉大。2016年，农林牧渔服务业增加值的增长速度比农林牧渔业增加值高了7.5个百分点，而且十年间前者的年均增速比后者高了5.1个百分点。① 这说明，近年来我国农业生产性服务业增加值的增速较快，超过了农业本身的增加值增速。

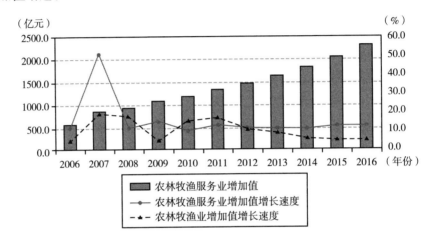

图3-1 2006~2016年我国农林牧渔服务业增长情况

资料来源：《中国农村统计年鉴》(2007~2017年)。

第三，我国农业生产性服务业行业结构不断优化。通过生产性服务业各行业对农业的中间投入数据来考察，如表3-2所示。从投入的绝对额来看，近年来我国生产性服务业各行业对农业的中间投入总体呈增长态势。其中，交通运输、仓储和邮政业的投入额由2005年的856.2亿元增长到2015年的1166.8亿元，增加了310.6亿元，增长幅度为36.3%；金融业的投入额由2005年的414.4亿元增加到2015年的1092.7亿元，增加了678.3亿元，增长幅度为163.7%；科学研究和技术服务业由2005年的243.1亿元增加到2015年的550.6亿元，增加了307.5亿元，增长幅度为126.5%。

---

① 根据2007~2017年的《中国农村统计年鉴》相关数据计算，目前《中国农村统计年鉴》仅更新到2017年，故此处数据仅更新到2016年。

表 3 - 2　　　　　　　2005 ~ 2015 年生产性服务业主要行业投入农业情况

年份	交通运输、仓储和邮政业		批发和零售业		金融业		科学研究和技术服务业		信息传输、软件和信息技术服务	
	投入额（亿元）	占比（%）	投入额（亿元）	占比（%）	投入额（亿元）	占比（%）	投入额（亿元）	占比（%）	投入额（亿元）	占比（%）
2005	856.2	36.26	790.8	33.49	414.4	17.55	243.1	10.29	57.0	2.41
2007	797.5	32.14	722.5	29.12	406.36	16.38	381.5	15.38	173.33	6.99
2010	1324.9	35.90	952.0	25.80	551.44	14.94	638.4	17.30	223.84	6.07
2012	1084.5	25.24	1318.7	30.69	1104.88	25.71	516.0	12.01	272.74	6.35
2015	1166.8	28.11	1236.8	29.80	1092.7	26.33	550.6	13.27	103.3	2.49

资料来源：根据 2005 ~ 2015 年历年《投入产出表》数据计算得到。

通过生产性服务业各行业对农业中间投入额占全部行业投入额的比重指标，考察行业结构情况。从表 3 - 2 可以看出，交通运输、仓储和邮政业，批发和零售业这两个行业对农业的中间投入占比指标，总体呈下降趋势，前者占比下降了 8.15 个百分点，后者占比下降了 3.69 个百分点。与之相反，金融业、科学研究和技术服务业、信息传输、软件和信息技术服务这三个行业对农业的中间投入占比指标，总体呈上升趋势。金融业投入占比的增长最大，在 2005 ~ 2015 年的十年间增长了 8.78 个百分点；科学研究和技术服务业的投入额占比增长了 2.98 个百分点；信息传输、软件和信息技术服务的投入额占比先升后降，总体增长了 0.08 个百分点。总之，交通运输、批发零售等传统服务部门对农业的投入份额显著降低了，而金融业、科技服务、信息服务等现代服务部门对农业的投入份额显著增长了。从这个意义上看，近年来我国农业生产性服务业的行业结构逐渐优化。

第四，东部地区农业生产性服务业发展相对较好，东中西区域结构趋于均衡。首先，东中西三大区域农业生产性服务业均有显著地快速增长。如表 3 - 3 所示，东部地区农林牧渔服务业增加值从 2010 年的 561.3 亿元增加到 2016 年的 1005.5 亿元，增长了 444.2 亿元，增长幅度为 79.1%，年均增速为 10.2%；中部地区农林牧渔服务业增加值从 2010 年 364.5 亿元增加到 2016 年的 760.5 亿元，增长了 396 亿元，增长幅度为 108.6%，年均增速为 13.1%；西部地区农林牧渔服务业增加值从 2010 年的 253.2 亿元增加到 2016 年的 536.6 亿元，增长了 283.4 亿元，增长幅度为 111.9%，年均增速为 13.4%。就增长量来看，东部地区增长量最大，其次是中部地区，西部地区增长量最小；就增长速度来看，中西部地区明显高于东部地区，但三大区域的年均增速均超过了10%。其次，东部地区农业生产性服务业增加值占比出现下降趋势，而中西部地区出现上升趋势，区域结构将趋于均衡。如图3-2所示，我国三大区域农林牧渔服务业增加值占全国农林牧渔业服务业增加值的比重最高的是东部地区，近年来稳居第一，中部地区次之，西部地区占比最小。但总体来看，东部地区农林牧渔服务业增加值所占比重呈不断下降的趋势，从2010年的47.6%下降到2016年的43.7%，下降了近4个百分点；中部地区所占比重不断增加，从2010年的30.9%增加到2016年的33%，增长了2.1个百分点；西部地区所占比重也呈不断增加的趋势，从2010年的21.5%增加到2016年的23.3%，增长了1.8个百分点。[①]

表3-3　　　　　2010~2016年分区域农林牧渔服务业增加值情况　　　　单位：亿元

地区	2010年	2011年	2012年	2013年	2014年	2015年	2016年
东部	561.3	629.2	692.4	767.3	848.6	910.6	1005.5
中部	364.5	414.9	461.7	512.8	573.1	668.7	760.5
西部	253.2	288.8	326.9	364.2	400.3	470.2	536.6

资料来源：2011~2017年《中国第三产业统计年鉴》。

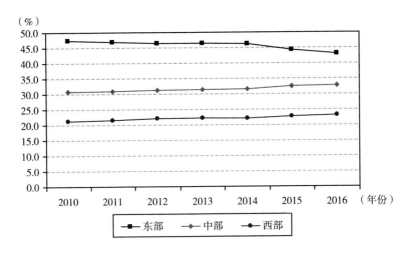

图3-2　2010~2016年我国分区域农林牧渔服务业增加值占全国的比重

---

① 数据来源于2011~2017年的《中国第三产业统计年鉴》，由于数据可得性，此处数据仅更新到2016年。

采用东中西区域的农林牧渔业生产性服务支出指标来分析农业生产性服务业的区域结构，可以得出完全相同的观点。如表3-4所示，东部地区农林牧渔业生产性服务支出从2010年的1642.98亿元增加到2016年的2816.68亿元，增长了1173.70亿元，年均增速为9.40%；中部地区农林牧渔业生产性服务支出2010年为1323.13亿元，2016年为2465.54亿元，增长了1142.41亿元，年均增速为10.93%；西部农林牧渔业生产性服务支出从2010年的944.38亿元增加到2016年的1964.76亿元，增长了1020.38亿元，年均增速为12.99%。就增长量来看，东部地区增长量最大，其次是中部地区，西部地区增长量最小。就增长速度来看，中西部地区明显高于东部地区，但三大区域的年均增速均处于10%左右。从各区域的农林牧渔业生产性服务支出占全国的比重指标来看，尽管呈现"东中西"的格局，但是近年来东部地区占比有所下降，从2010年的42.01%下降到2016年的38.87%；中部地区占比有所增加，从2010年的33.84%增加到2016年的34.02%；西部地区占比从2010年的24.15%增加到2016年的27.11%。可见，虽然农业生产性服务业在区域间仍存在较大差异，但这种差异呈现不断缩小趋势。

表3-4　　**2010～2016年分区域农林牧渔业生产性服务支出情况**　单位：亿元

地区	2010年	2011年	2012年	2013年	2014年	2015年	2016年
东部	1642.98	1923.45	2123.93	2332.81	2498.17	2714.17	2816.68
中部	1323.13	1565.26	1773.12	1967.67	2125.7	2307.31	2465.54
西部	944.38	1138.95	1297.9	1449.97	1592.42	1798.97	1964.76

资料来源：《中国农村统计年鉴2011～2017》。

第五，我国农业生产性服务业发展呈现智能化、标准化、平台化趋势。近年来，随着现代信息技术尤其是网络技术在农业服务领域的应用，农业服务企业在服务技术上实现智能化，在服务过程上实现标准化，在商业模式上实现平台化。服务智能化主要是指现代农业科技和信息技术在农业生产服务中的应用，提高农业生产的科学化和精准化程度。例如，一些企业为农户提供激光平地、商品化育秧、测土配方施肥、无人机植保等高科技服务，或者对农业服务的机械设备、服务人员、作业现场提供信息化和可视化的管控。服务标准化是指农业服务作业过程的规范化，提高农业效率，降低农业损耗。如一些服务类合作社在提供生产环节外包服务时，对水稻栽培、田间管理、病虫害防治、存储等具体环节实现作业标准化。商业模式平台化是指服务企业利用互联网，集成整合生产要素，高效对接供需，实现组织管理的扁平化和网络化。提供农机服务的平台如农忙网、农机帮、帮农忙、e 田科技等。农业劳动力服务的平台如淘力、农民贡、吉工家等。土地流转服务的电商平台如土流网、地合网、地呱呱、聚土网等。农技服务的平台如绿云格、云种养、农医生、农保姆、农管家等。农业金融服务的平台如翼龙贷、云联牧场、农金圈、麻布袋、乐钱网等。育种服务的平台如金种子服务平台等。总体来看，我国农业生产性服务业智能化、标准化和平台化的发展趋势已经显现，但整个行业要完全实现这种提升，仍需要很长的一个发展过程。

3.1.2 农业生产性服务业发展存在的问题

第一，农业生产性服务业对农业生产的中间投入有待提高。根据 2017 年《中国农村统计年鉴》数据，2016 年我国农林牧渔业物质消耗为 38876.3 亿元，农林牧渔业生产性服务支出为 7247 亿元，占农林牧渔业物质消耗的比重仅为 18.64%。这说明我国农业生产性服务业处于一个较低的投入水平，对农业生产经营的贡献度有待提升。但是具体到不同的农产品，中间服务投入的占比各有不同，结构性差异非常显著。根据《全国农产品成本收益资料汇编 2017》的数据计算显示，2016 年我国稻谷的每亩中间性服务费用（仅计算租赁作业费和技术服务费）占每亩全部物质与服务费用的比重达到 43.13%，小麦达到 38.77%，玉米达到 37.36%，大豆达到 42.89%。而同期两种油料的每亩中间性服务费用占每亩全部物质与服务费用的比重为 25.41%，花生为 21.13%，棉花为 27.17%，烤烟为 12.01%，甘蔗为 11.11%，苹果只有 8.75%，桑蚕茧仅有 3.33%。显然，粮食作物的中间服务投入相对较高，而经济作物的生产性服务投入相对较低。

第二，农业生产性服务业新增固定资产投资占比呈逐年下降态势。如表 3-5 所示，近年来我国农林牧渔业新增固定资产和农林牧渔服务业新增固定资产均有较大的增长。农林牧渔业新增固定资产从 2006 年的 807 亿元增加到 2016 年的 17451.3 亿元，增加了 16644.5 亿元，年均增长 37.6%；农林牧渔服务业新增固定资产亦有较大增长，从 2006 年的 251.2 亿元增加到 2016 年的 3092.9 亿元，增加了 2841.7 亿元，增长幅度高达 1131.1%，年均增长 31.4%，增速虽低于农林牧渔业新增固定资产，但总体来说是非常高的。但是，农林牧渔服务业新增固定资产占农林牧渔业新增固定资产的比重则不断下降，虽在个别年份有所起伏，但总体趋势不变，2006 年比重为 31.1%，截至 2016 年该比重下降到 17.7%。

表 3 – 5　　　　2006～2016 年农林牧渔服务业新增固定资产情况

年份	农林牧渔业新增 固定资产（亿元）	农林牧渔服务业新增 固定资产（亿元）	农林牧渔服务业新增 固定资产的占比（%）
2006	807.0	251.2	31.1
2007	1094.8	368.7	33.7
2008	1694.1	479.9	28.3
2009	2529.3	705.9	27.9
2010	2865.0	783.7	27.4
2011	5381.6	1199.9	22.3
2012	6731.5	1425.0	21.2
2013	9035.3	1939.5	21.5
2014	11892.0	2306.2	19.4
2015	16594.9	3043.2	18.3
2016	17451.3	3092.9	17.7

资料来源：国家统计局官网。

　　第三，农业生产性服务业行业结构仍不合理。尽管行业结构不断在优化，但目前传统服务业占比仍然过大，现代服务业占比仍然偏小。我国农业生产性服务业的经营范围主要以交通运输、批发零售等传统服务为主，技术服务、信息服务等新兴服务所占比重较低。首先来看生产性服务业各行业对农业的中间投入指标，如表 3 – 2 所示，2015 年交通运输、仓储和邮政业对农业的中间投入占比达到 28.11%，批发和零售业的占比高达 29.80%；而科学研究和技术服务业的占比只有 13.27%，信息传输、软件和信息技术服务的占比仅为 2.49%。再来考察农业对生产性服务业各行业的直接消耗系数指标。根据投入产出表数据，2015 年农业单位产出对批发和零售业、交通运输、仓储和邮政业的直接消耗为 0.0116、0.0109，而对科学研究和技术服务业、信息传输、软件和信息技术服务这两个产业的直接消耗仅为 0.0051 和 0.0010。显然，知识密集型服务部门如科技服务、信息服务等，对农业的嵌入还很小。

第四，农业生产性服务业区域结构仍需优化。尽管东中西区域结构逐渐调整，但是，中西部地区与东部地区的差异还是非常显著的。采用全国各省份的农林牧渔业生产性服务支出指标来分析东中西区域结构和省域结构，如表 3-6 所示。2003 年，我国东部、中部、西部地区各省份农林牧渔业生产性服务支出的平均值分别为 70.28 亿元、47.24 亿元、21.99 亿元，东部地区比中西部地区之和还要多。到 2016 年，东部、中部、西部地区的该指标值达到 268.66 亿元、217.99 亿元、114.21 亿元，差异有所缩小，但是西部地区各省份农林牧渔业生产性服务支出平均值仍然显著低于中部地区和东部地区。计算全国各省份的农林牧渔业生产性服务支出的变异系数指标，借以研究省域结构。结果表明，2003 年全国各省份农林牧渔业生产性服务支出的标准差系数为 0.962，其后尽管呈现逐年下降态势，但到 2016 年该指标仍高达 0.784。2016 年全国各省份农林牧渔业生产性服务支出最高的省份为山东省，达到 639.59 亿元，而最低的省份为宁夏，仅有 8.37 亿元，全距高达 631.22 亿元。显然，农业生产性服务业发展的区域差异仍然非常大。

表 3-6 　近年来我国各省份农林牧渔业生产性服务支出情况　　单位：亿元

地区	2003 年	2007 年	2008 年	2009 年	2010 年	2011 年	2012 年	2013 年	2014 年	2015 年	2016 年
北京	11.9	17	19	21.6	22.35	24.92	26.96	28.55	28.42	24.78	22.63
天津	9.7	10	12	17.4	19.55	21.61	23.23	25.48	27.35	29.25	31.02
河北	105.1	128	122	164.6	200.54	228.5	247.24	267.8	277.66	275.58	280.04
山西	9.7	15	16	27.4	31.35	35.97	38.5	42.6	44.63	44.39	44.91
内蒙古	61	77	99	108.2	126.31	151.62	168.93	185.9	190.42	187.2	190.79
辽宁	102	133	191	213.2	255.99	298.08	321.11	413.02	429.27	474.67	454.86
吉林	17.8	29	37	44.5	47.24	58.91	64.35	68.57	70.43	72.98	69.41
黑龙江	21.5	47	61	98.9	111.22	137.24	165.79	190.85	201.55	212.54	222.37

续表

地区	2003 年	2007 年	2008 年	2009 年	2010 年	2011 年	2012 年	2013 年	2014 年	2015 年	2016 年
上海	12.2	15	15	18.1	18.43	20.27	20.73	20.76	20.7	20.16	18.35
江苏	104.9	115	156	167.1	188.9	233.6	257.01	270.08	280.42	303.33	313.03
浙江	56.8	102	114	132.7	159.98	210.27	235.1	257.47	268.2	281.14	306.08
安徽	53.8	95	119	144.7	165.23	194.59	208.77	223.81	234.67	247.97	264.38
福建	36.8	118	134	167.2	192.71	228.52	251.4	274.34	293.6	311.27	349.5
江西	28.7	45	53	66.2	72.26	85.04	91.58	98.13	103.27	107.45	121.68
山东	172.6	294	333	427.4	471.47	528.92	564.04	616.9	647.38	672.21	639.59
河南	131.9	142	172	222.1	261.57	285.89	307.35	331.6	347.27	347.85	354.91
湖北	73.5	108	154	161.5	184	223.45	255.74	280.06	298.31	313.85	339.16
湖南	41	75	93	152.5	187.09	219.97	242.4	260	274.84	294.67	327.1
广东	127.9	181	206	225.3	240.07	291.8	304.28	331.06	347.14	364.9	424.3
广西	13.1	29	32	63.2	71.69	87.47	90.35	96.76	101.02	107.21	117.76
海南	33.2	42	50	57.1	66.17	80.65	87.12	91.35	98.61	104.23	115.84
重庆	12.7	18	24	26.7	29.26	36.68	40.27	43.32	45.17	49.64	56.1
四川	36.9	102	70	94.6	104.37	127.23	139.43	143.26	149.74	171.84	184.45
贵州	12.1	18	21	23.4	26.85	31.63	39.23	45.47	57.8	73.89	83.03
云南	28	57	64	88.5	97.3	124.05	142.12	160.86	171.26	178.02	192.73
西藏	0.6	5	6	5.4	5.88	6.41	6.96	7.54	8.2	8.91	9.94
陕西	23.7	45	59	72.6	89.84	111.06	123.7	137.42	146.63	151.18	160.35
甘肃	13.2	22	26	57.4	69.28	77.05	87.12	96.56	102.87	109.99	113.57
青海	2.4	5	5	5.7	7.58	8.65	9.95	11.73	12.39	12.22	13.03
宁夏	0.7	1	2	4.1	5.17	6.01	6.55	7.33	7.61	8.16	8.37
新疆	59.5	90	97	101.2	144.42	153.6	179.69	201.42	220.01	226.86	240.42

资料来源：相应年份的《中国农村统计年鉴》和各省统计年鉴。

▣ 3.2　农业生产性服务业的典型行业分析

　　按照前面关于农业生产性服务业的界定，农业生产性服务业的典型行业应该包括涉农的金融服务、物流服务、商贸服务、信息服务、科技服务、环境服务等，还要包括各类农业生产环节的作业外包服务，如田间管理、集中育秧、机耕机插机收、专业统防统治、粮食烘干等服务外包。遗憾的是，我国缺乏农业生产环节外包服务的宏观数据，相关的实证研究文献都是采用微观问卷调查数据。这里，考虑到数据可获得性，选择了农业金融服务、物流服务、商贸服务、信息服务四个行业作为典型行业进行分析。

3.2.1　农业金融服务业

1. 农业金融服务业发展现状

农业金融服务业是指为农业生产经营提供信贷、保险、期货、担保以及其他金融业务的行业部门。从银行业金融机构来看，我国农业金融体系是由以农村信用社为主体的合作性金融，以农村商业银行为主体，中国农业银行、中国邮政储蓄银行等为补充的商业性金融，以中国农业发展银行为主体的政策性金融构成的。近年来，村镇银行、贷款公司、农村资金互助社、小额贷款公司等新型农村金融组织发展迅速，成为我国农业金融服务业的重要组成部分。从保险业来看，我国农业保险服务的经营主体主要是各类商业性保险公司。由于缺乏农业金融服务业的增加值、从业人员数等统计数据，这里主要利用农业贷款额、农业保险费用收入等指标来分析农业金融服务业的总体发展情况。

近年来，我国农业贷款增速快。如表 3－7 所示，2006 年我国农业贷款总额为 13208.2 亿元，截至 2015 年增加至 35100 亿元，增长量为 21891.8 亿元，增长幅度为 165.74%，年均增速达 11.91%。[①] 具体分析 2015 年的情况。2015 年金融机构全口径涉农贷款余额为 26.4 万亿元，全年新增涉农贷款 2.88 万亿元，同比增长 11.7%；涉农贷款余额占各项贷款比重为 27.8%，比 2014 年末降低 0.3 个百分点。从城乡地域来看，农村贷款（农户和农村企业及各类组织贷款）余额的占比较高，2015 年末该指标高达 82%。但是，农村贷款余额的增速低于城市涉农贷款（城市企业及各类组织涉农贷款和非农户个人农林牧渔业贷款）。2015 年末农村贷款同比增长 11.2%，比城市涉农贷款的增速低了 2.9 个百分点。从地区分布来看，中西部地区涉农贷款增长较快。2015 年末中部地区涉农贷款余额 6.57 万亿元，比年初增加 9828 亿元，同比增长 17.4%，高于全国涉农贷

---

① 2007～2016 年《中国金融年鉴》，由于数据可得性，此处数据仅更新到 2015 年。

款平均增速 5.7 个百分点；西部地区涉农贷款余额 6.44 万亿元，比年初增加 8138 亿元，同比增长 14.3%，高于全国涉农贷款平均增速 2.6 个百分点；东部地区涉农贷款余额 13.04 万亿元，比年初增加 1.09 万亿元，同比增长 8.1%。[①]

表 3 -7　　　　　2006～2015 年我国农业贷款总额及保费情况

类别	2006 年	2007 年	2008 年	2009 年	2010 年	2011 年	2012 年	2013 年	2014 年	2015 年
农业保险费用收入（亿元）	8.5	53.3	110.7	133.9	135.7	173.8	240.6	306.6	325.8	374.7
农业贷款总额（亿元）	13208.2	15429.3	17628.8	21622.5	23044.7	24436.0	27261.0	30437.2	34021.2	35100.0

资料来源：2007～2016 年《中国金融年鉴》。

农业保险覆盖面不断扩大。2006 年农业保险费用收入是 8.5 亿元，截至 2015 年农业保险费用收入增长至 374.7 亿元，增长量为 366.2 亿元，年均增速高达 79.13%。2015 年，我国农业保险实现保费收入 374.7 亿元，参保农户约为 2.3 亿户次，提供风险保障将近 2 万亿元。农产品价格保险试点扩展到 26 个省份，承保农作物增加到 18 种。农房保险已经覆盖全国所有省市，参保农房达 9358 万间，提供风险保障 1.4 万亿元。中国农业保险再保险共同体承保能力扩大到 2400 亿元，可满足国内 96% 以上的分保需求。[②] 农村及贫困地区基本上已经实现乡乡有机构、村村有服务，乡镇一级基本实现了银行物理网点和保险服务全覆盖，农村居民金融服务的便利性得到显著改善。

2. 我国涉农金融服务业存在的问题

第一，涉农贷款投放力度较小，金融服务业对农林牧渔业的支撑力不足。截至 2015 年末，我国金融机构涉农贷款余额为 263522 亿元，占各项贷款余额的比重为 27.8%。其中，占比最高的是农林牧渔业，贷款余额为 35137 亿元，占比 3.7%；其次是农村基础设施建设贷款，余额为 32519 亿元，占比 3.4%；农用物资和农副产品流通贷款余额为 27247 亿元，占比

---

①② 2007～2016 年《中国金融年鉴》，由于数据可得性，此处数据仅更新到 2015 年。

2.9%；此外，农产品加工、农业生产资料制造、农田基本建设和农业科技贷款余额的总和为 24546 亿元，占比总和为 2.6%。2015 年农林牧渔业的产值占国内生产总值的比重为 9.2%，明显高于农林牧渔业贷款余额占各项贷款余额的比重，这个结构是很不相称的。① 此外，农业生产关系到整个国民经济的运行，我国的涉农贷款的比重远远低于其他产业，不利于我国农业健康发展。

第二，虽然中西部地区涉农贷款增速较快，但区域发展仍不均衡。涉农贷款增速排名前 5 位的省份有三个都在西部地区，分别是西藏、甘肃和贵州，同比增速分别为 39%、27.4% 和 23.8%，比同期全国涉农贷款平均水平分别高出 27.3、15.7 和 12.1 个百分点。虽然西部地区增速较快，但我国农业贷款余额地区分布不均衡，2015 年东部、中部和西部农业贷款余额占比分别为 50.1%、25.2% 和 24.7%，中部和西部相差不大，但是东部地区占比要高于中西部地区占比之和，如图 3 - 3 所示。分省市来看，涉农贷款余额超两万亿的地区共有 3 个，全部分布在东部沿海地区，分别是浙江、江苏、山东，其涉农贷款余额分别为 3.04 万亿、2.61 万亿元和 2.34 万亿元，合计达 7.99 万亿元，占全国涉农贷款余额的比重为 30.3%。涉农贷款余额全国排名后五位的省份有 3 个分布在西部地区，分别是青海、宁夏和西藏，涉农贷款余额分别为 1825 亿元、1685 亿元和 413 亿元，远远低于东部发达地区。②

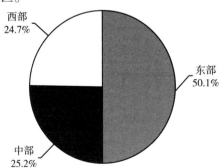

图 3 - 3　2015 年我国分区域农业贷款余额占比

① 2007～2016 年《中国金融年鉴》，由于数据可得性，此处数据仅更新到 2015 年。
② 根据《中国保险年鉴（2016 年）》相关数据整理，根据数据可得性，数据仅更新到 2015 年。

第三，我国农业保险市场运营机制不健全。近年来，我国农业保险业务整体发展较快。"十二五"期间，农业保险业务年均增速达21.2%，累计为10.4亿农户提供风险保障6.5万亿元，但是农业保险的整体赔付率一直居高不下。中国人民财产保险公司在2015年末的农业保险保费收入为188.67亿元，赔付支出为121.17亿元，赔付率高达64.2%。此外，加上公司运行的经营费用，导致保险公司在农业保险这一块盈利较少甚至出现亏损的情况，保险公司无利可图，始终不能得到良性的发展。

3.2.2 农业商贸服务业

1. 农业商贸服务业发展现状

农业商贸服务业是指从事农业生产资料和农产品的批发、零售、国外贸易、国内商业等经济活动的行业部门。严谨地看，农业商贸服务业不等同于农村商贸服务业，后者还包括农村消费品的商贸服务业。从农业生产资料的商贸服务来看，我国农业商贸服务业的市场主体主要包括大型农资企业、专业批发市场、供销社、个体私营零售商、农资连锁超市等。从农产品的商贸服务来看，目前我国农业商贸服务业的市场主体主要包括农产品经纪人、农业专业合作社和协会、农业产业化龙头企业、连锁超市、便利店、专营店、电商平台企业等，以及包括农产品批发市场、农贸市场在内的市场体系。

这里用"农村社会消费品零售总额"反映我国涉农商贸服务业的发展水平。由于数据可获得性原因，样本数据的时间跨度取2010~2017年，如表3-8所示。总体来看，近几年我国农村社会消费品零售总额呈不断增长的趋势。农村社会消费品零售总额由2010年的20864.8亿元增长到2017年的51971.9亿元，增长额为31107.1亿元，增长幅度高达149.1%，年均增速为13.7%。此外，我国农村社会消费品零售总额占全社会消费品零售总额的比重有所增加，从2010年的13.5%增加到2017年的14.2%。截至2018年5月，我国农村社会消费品零售总额为21460亿元，占社会消费品零售总额的比重为 14.4%，较之前有所提高。①

表 3-8　　　　　2010～2017 年农村社会消费品零售总额及所占比重

类别	2010 年	2011 年	2012 年	2013 年	2014 年	2015 年	2016 年	2017 年
农村消费品零售总额（亿元）	20864.8	24317.5	27849.1	31917.9	36026.6	41932.1	46502.6	51971.9
占社会消费品零售总额的比重（%）	13.5	13.4	13.4	13.6	13.7	13.9	14.0	14.2

资料来源：国家统计局官网。

　　城乡消费品零售总额不断增加，但两者的增长速度均有所下降，农村消费品零售总额的增长速度高于整个社会消费品零售总额的速度。如图 3-4 所示，农村消费品零售总额的增长率从 2010 年的 16.1% 下降到 2017 年的 11.8%；城镇消费品零售总额的增长率从 2010 年的 18.8% 下降到 2017 年的 10%，两者均有所回落，但都保持在 10% 以上。其中，农村消费品零售总额的增长率从 2012 年超过城镇，截至 2017 年增速始终高于城镇地区。②

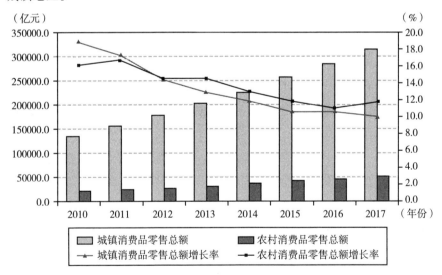

图 3-4　2010～2017 年城乡消费品零售额及增长率情况

---

①② 国家统计局官网。

2. 农业商贸服务业发展存在的问题

第一，农村商贸服务业发展水平较低。首先，我国城乡消费品零售总额差距较大。根据国家统计局相关数据显示，2017 年我国农村消费品零售总额仅占社会消费品零售总额的 14.2%，而城镇社会消费品零售总额所占比重为 85.8%，比农村高 71.6 个百分点，远远超过农村消费品零售总额；其次，我国农林牧渔产品批发业的发展远远落后于其他行业（参见表 3 - 9）。2015 年我国农林牧渔产品批发连锁零售企业的个数占整个批发业的比重为 2.6%，门店数、年末从业人员以及年末零售营业面积所占比重分别为 7.9%、3.8% 和 0.2%，亦远远低于其他批发行业。①

表 3 - 9　　　　2015 年农林牧渔产品批发连锁零售企业基本情况

类别	连锁总店数（个）	门店数（个）	年末从业人员（人）	年末零售营业面积（平方米）
农林牧渔产品批发	8	3798	10788	76531
占批发业的比重	2.6%	7.9%	3.8%	0.2%

资料来源：2016 年《中国零售和餐饮连锁企业统计年鉴》。

第二，农业商贸服务业空间布局不平衡。2016 年我国中西部地区农村社会消费品零售总额分别为 14037.1 亿元和 7761.2 亿元，占全国农村社会消费品零售总额的比重分别为 30.5% 和 16.9%；东部地区农村消费品零售总额为 24164.9 亿元，占全国农村社会零售总额的比重高达 52.6%，比中西部的总和还要多。分省市来看，我国农村社会消费品零售总额排在前三位的分别是山东省、广东省和浙江省，全部位于东部沿海地区，三个省份的总和为 14208.9 亿元，占全国农村消费品零售总额的比重高达 30.9%；排名后三位的省市全部位于我国西部地区，分别为宁夏、青海和西藏，三个省份的总和为 248.2 亿元，占全国农村消费品零售总额的比重仅为 0.5%。这说明我国农业商贸服务业发展最好、优势最大的地区集中于东部沿海区域，其次是中部省市，发展最弱的是西部地区。②

---

①《中国零售和餐饮连锁企业统计年鉴（2016 年）》，根据数据可得性，此处数据仅更新到 2015 年。

② 数据根据国家统计局官网的相关数据整理，根据数据可得性，此处数据仅更新到 2016 年。

3.2.3 农业物流服务业

1. 农业物流服务业发展现状

农业物流服务业是指为农业生产资料和农产品的位移提供运输、仓储、装卸、搬运、包装、加工、配送、分销、信息处理、市场反馈等服务的行业部门。总体来看，目前我国农业物流服务业的主体包括农资企业、农户及专业合作社、农产品加工企业、商贸批零企业的自营物流部门，以及第三方物流企业、第四方物流企业等。

近年来，我国物流行业出现了快速增长，特别是在网络购物兴起后，物流配送服务无论是服务理念还是服务能力，都得到了较大的发展。在这种背景下，农业物流体系建设也得到了较大发展。近年来，我国社会物流总额和农产品物流总额均不断增长（见表 3 – 10）。2006 年社会物流总额为 59.6 万亿元，2017 年增长到 252.8 万亿元，增长额为 193.2 万亿元，增长幅度为 324.2%，年均增速达 14.4%。2006 年农产品物流总额为 1.35 万亿元，2017 年增长到 3.7 万亿元，增长额为 2.35 万亿元，增长幅度为 173.1%，年均增速为 6.5%。虽然农产品物流总额不断增长，但农产品物流占社会物流总额的比重呈不断下降的趋势，由 2006 年的 2.3% 下降至 2017 年的 1.5%，说明我国农产品物流的增长速度低于社会物流总额。2018 年 1～5 月，全国社会物流总额为 105.3 万亿元，按可比价格计算，同比增长 7.1%，增速与前四个月持平，但与上年同期提高 0.2 个百分点。其中，按可比价格计算，农产品物流总额比上年同期增长 3.1%，提高了 0.1 个百分点。[①]

表 3 – 10　　　　　2006～2017 年我国农产品物流总额及增长情况

年份	农产品物流总额（亿元）	占社会物流总额的比重（%）	增长速度（%）
2006	1.35	59.60	6.3
2007	1.58	75.23	17
2008	1.86	89.90	17.6
2009	1.94	96.65	4.3

---

① 根据中国物流与采购网相关数据整理，http：//www.chinawuliu.com.cn/.

续表

年份	农产品物流总额（亿元）	占社会物流总额的比重（%）	增长速度（%）
2010	2.24	125.41	4.3
2011	2.63	158.35	4.5
2012	2.88	177.34	4.5
2013	3.14	197.76	4
2014	3.31	213.45	4.1
2015	3.45	219.25	3.9
2016	3.60	229.70	3.1
2017	3.70	252.80	3.9

资料来源：中国物流与采购联合会官网。

2. 农业物流服务业发展存在的问题

第一，我国农产品物流成本较高、损耗大。中国物流与采购联合会数据显示，我国社会物流总费用不断增长，从 2006 年的 3.84 万亿元增加到 2017 年的 12.1 万亿元，年均增速高达 11.4%。此外，虽然近年来我国农产品物流总费用占 GDP 的比例不断降低，从 2006 年的 18.3% 下降到 2017 年的 14.6%，但与欧美等发达国家相比，该比例是非常高的。在农产品成本方面，我国粮食物流成本占价格的比重在 40% 左右，蔬菜、水果等生鲜农产品的物流成本占比为 60% 以上，而美国的占比则分别是 10%~20% 和 30%。由此可以看出，我国的物流成本总体还是比美国高出很多。在农产品损耗方面，我国农产品在物流环节的平均损耗率为 30%，水果、蔬菜等鲜活农产品在物流环节的损耗率高达 35% 左右，而美国的水果、蔬菜在物流环节的损耗率仅 2% 左右。[①]

第二，缺乏先进的农业物流人才。我国高素质技能型物流人才的需求量较大，但供给总量不足，而且人员结构不合理，严重制约了我国现代物流业发展。根据《中国物流人才职业能力建设蓝皮书（2016）》数据显示，我国每年有 46 万左右的物流人才供给，其中高等院校培养的物流人才约 15 万人，第三方培训机构每年供给 17 万物流人才，公共实训基地每年约

---

① 施先亮. 我国农产品物流发展趋势与对策［J］. 中国流通经济，2015（7）.

培养 14 万物流人才。但是，我国每年新增的物流岗位高达 180 万个，物流人才的培养数量远远低于岗位需求量。无论是高端的物流规划设计人员、中低层物流管理人员，还是作业人员，都面临着物流人才的全面紧缺。①

第三，农业物流基础设施建设滞后。首先，城乡一体的综合交通运输体系不健全，农村交通运输"最后一公里"问题仍然存在，物流配送"最后一公里"问题尤为突出。其次，农业物流园区总量不够，尚未形成体系，布局不够合理。最后，冷链物流、特种仓储和多式联运转运的现代化设施不足，装卸、整理、分级、分类、烘干、散热、消毒、防腐、包装等自动化设备有限，信息化水平低。

3.2.4　农业信息服务业

1. 农业信息服务业发展现状

农业信息服务业是指利用计算机和通信网络等现代科学技术，对农业生产经营的相关信息进行生产、收集、处理、加工、存储、传输、检索和利用，并以信息产品为农业生产者提供服务的行业部门。目前，我国的农业信息服务业的主体包括政府、农业科研机构、农业院校、涉农企业、农业专业合作组织和个人。其中，以政府为主导建立的各级农业信息化管理与服务机构和农业信息服务平台是主力军。农业信息服务的方式主要有互联网服务、广播电视服务、固定与移动电话服务、科技下乡、期刊杂志、科技培训等。由于缺乏农业信息服务业的直接统计数据，这里利用农村信息基础设施及其应用情况的相关数据进行分析。

我国农村信息基础设施发展较快。近年来，我国大力推进"网络强国"战略，深入实施"宽带乡村"工程，农村信息基础设施条件明显改善。截至 2017 年底，我国网民中农村网民占比 27%，规模达到 2.09 亿人；农村互联网普及率上升至 35.4%；全国行政村宽带比例超过 96%，贫困村宽带覆盖率达到 88%；全国每百户农民手机拥有量超过 300 部。农村

---

① 根据《中国物流人才职业能力建设蓝皮书（2016）》数据整理，由于数据可得性，此处仅更新到 2015 年。

信息应用程度逐渐提升，农村地区网民在线下消费使用手机网上支付的比例已提升到47.1%。[①] 目前，农业部在辽宁、江苏等10个省份开展信息进村入户整省推进示范工作。截至2017年底，全国已建成运营益农信息社13.1万个，实现电子商务交易额152.6亿元。[②]

现代信息技术在农业生产经营中的应用越来越广泛。一方面，农业生产出现了精准化、数字化、智能化趋势。在大田种植上，遥感监测、病虫害远程诊断、水稻智能催芽、农机精准作业等开始大面积应用；在设施农业上，温室环境自动监测与控制、水肥药智能管理等加快推广应用；在畜禽养殖上，精准饲喂、发情监测、自动挤奶等在规模养殖场实现广泛应用；在水产养殖上，水体监控、饵料自动投喂等快速集成应用。[③] 另一方面，农业经营领域出现了信息化、网络化、平台化趋势。信息技术在农产品供应链管理中应用深入，从农田到餐桌的全链条信息化和质量安全追溯体系逐步完善。农业领域加速商业模式创新，"农业生产要素+互联网""农业生产服务+互联网""农产品+互联网""农业休闲旅游+互联网"发展迅速，涌现了一大批平台型企业，如农机帮、吉工家、土流网、农医生、翼龙贷、去农庄、新农人、耕客ICSA等平台。

2. 农业信息服务发展中存在的问题

城乡互联网发展不平衡制约了农村信息服务业发展。尽管农村互联网基础设施发展较快，但是，与城市相比的差距仍然非常大，互联网设施建设与应用领域呈现城乡二元结构问题。2008年12月，我国农村网民规模为0.85亿人，占比28.5%；城镇网民规模为2.13亿人，占比71.5%。截至2017年12月，我国网民中农村网民规模为2.09亿人，占比27%；城镇网民规模为5.63亿人，占比73%。虽然农村网民规模有所增长，但占比还有下降，而且城乡网民规模的差距还很大。[④] 同时，城乡互联网普及率

① 《农业农村信息化发展前景及政策导向》，2018年4月22日。
② 农业部市场与经济信息司"信息进村入户"专刊《2017年信息进村入户工程取得明显成效》。
③ 农业部，《"十三五"全国农业农村信息化发展规划》，2016年。
④ 第41次《中国互联网络发展状况统计报告》，中国互联网络信息中心（CNNIC）。

差异一直很大。如表 3 - 11 所示，2008 年 12 月我国农村互联网普及率为 12.3%，城镇互联网普及率为 33.9%。截至 2017 年 12 月，我国农村互联网普及率增长为 35.4%，城镇互联网普及率增长至 71%。十年来，城镇互联网普及率一直是农村的两倍以上。总体来看，信息基础设施的城乡不均衡导致信息横向传递障碍多，数据传输网络出现断层，农户获取信息能力有限，不利于农业信息服务业的发展。

表 3 - 11　　　　　　　　2008 ~ 2017 年城乡互联网普及率

年份	2008	2009	2010	2011	2012	2013	2014	2015	2016	2017
农村互联网普及率（%）	12.3	15.5	18.6	20.7	24.2	28.2	28.8	31.6	33.1	35.4
城镇互联网普及率（%）	33.9	43	49.6	54.6	57.4	60.3	62.8	65.8	69.1	71

资料来源：中国互联网络信息中心。

　　另外，农业信息网络的利用率偏低。从互联网用户的职业结构可以看出，2017 年我国农林牧渔劳动者占网络用户的比重为 7.1%，虽然与 2008 年的 2.3% 相比提高了 4.8 个百分点，但是与其他职业人数相比占比是比较落后的。[①] 此外，同其他产业相比，农业电子商务规模很小，通过互联网购买生产资料以及依据互联网信息出售农产品的农户都较少。显然，利用网络获取信息的农民是非常少的。

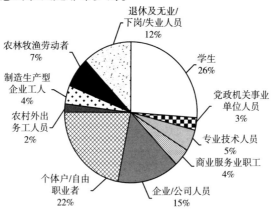

图 3 - 5　2017 年中国网民职业结构

---

① 根据第 41 次《中国互联网络发展状况统计报告》相关数据统计。

⊞ 3.3 我国农业生产性服务业发展趋势的研判

自 20 世纪 70 年代以来，随着经济全球化和信息技术革命的迅猛发展，世界服务业和服务贸易迅速发展，服务业逐渐在世界经济中取得主导地位。美国、日本等发达国家先后进入富克斯意义上的服务经济型国家，服务业增加值占比和服务业从业人员占比均高达 70% 以上。尽管近年来美国、德国、日本等国家纷纷提出再工业化战略，但是服务业尤其是生产性服务业快速发展的基本趋势并未发生变化，相反，生产性服务业对先进制造业的支撑作用更加凸显，制造业服务化趋势更加突出，先进制造业和现代服务业融合步伐不断加大。总之，服务业全球化已成为经济全球化的重要标志，经济服务化已成为近年来全球经济呈现的新特征。

在这种背景下，我国服务业迎来了一个大发展时期，服务业已经成为我国经济发展的主动力。根据《2018 年国民经济和社会发展统计公报》数据，全年国内生产总值 900309 亿元，比上年增长 6.6%。其中，第一产业增加值 64734 亿元，增长 3.5%；第二产业增加值 366001 亿元，增长 5.8%；第三产业增加值 469575 亿元，增长 7.6%。第一产业增加值占国内生产总值的比重为 7.2%，第二产业增加值比重为 40.7%，第三产业增加值比重为 52.2%。显然，第三产业无论是增加值规模，或是占比，还是增速，均要超过第一、第二产业。而且，第三产业增加值占比已超过 50%，增速要超过全部 GDP 增速 1 个百分点。2018 年底，我国服务业就业人员达到 35938 万人，比重达到 46.3%，成为我国吸纳就业最多的产业。[①] 服务业发展势头良好，为我国农业生产性服务业的发展奠定了基础。

近年来，我国农村第一、第二、第三产业融合趋势明显，生产性服务业与农业的边界越来越模糊，出现了农业服务型规模经营新形式。从供给角度来看，近年来随着城市工商资本进入"三农"领域，以及农民

---

① 国家统计局网站：http://www.stats.gov.cn/tjsj/zxfb/201907/t20190722_1679700.html.

工返乡创业，农村经济主体日趋多元化，农产品加工业、观光休闲农业、农业生产服务、农产品电商等新业态层出不穷。尤其是生产性服务业不断嵌入农业产前、产中、产后各环节，出现了专门为农户提供农资供应、技术服务、生产环节作业外包、农机租赁、仓储物流、市场信息、广告会展等服务的供应商，甚至出现了农业产业服务平台和集成服务商，以及农业共营制、现代农业综合体等区域服务体系。从需求角度来看，近年来我国农业经营主体分异趋势明显，导致对农业生产性服务的需求规模日益扩大。虽然总体上仍然以分散的小规模农户为主体，但是在合作社等村社组织的作用下，小农户组织化程度越来越高，单体需求出现组织化规模化趋势。关键的是，农村出现了大量的种养大户、家庭农场、农业合作社、农业龙头企业等新型经营主体。2016 年底，我国家庭农场达到 87.7 万家，农民合作社达到 179.4 万家，各类农业龙头企业达到 12.9 万家。① 这些农业新型经营主体具有经营规模大、专业化程度高、经济实力强等特点。这就为农业生产性服务的发展创造了规模化的需求条件。另外，随着我国农业劳动力减少，老龄化问题日渐突出，小规模农户的农业中间服务外包的需求也越来越大。这样，在供求两方面的作用下，农业生产性服务业迅速发展，农业领域出现了不同于土地规模经营形式的新形式，即服务型规模经营。

当前，大力发展农业生产性服务业对我国农业现代化具有重大现实意义。首先，发展农业生产性服务业是实现小农户与现代农业有机衔接的重要方式。无论种养大户、家庭农场、农业合作社等农业新型经营主体如何发展，我国分散小农的基本农情并没有发生变化，小规模农户仍是我国农业的最主要的经营主体。根据第三次农业普查数据，我国小农户数量占到农业经营主体 98% 以上，小农户从业人员占农业从业人员 90%，小农户经营耕地面积占总耕地面积的 70%。② 小农户由于经营规模小、经济实力差、生产方式落后、市场势力弱等原因，一直是我国农业现代化的瓶颈和短板。如果不能解决小农户的现代化问题，中国的农业现代化就根本无法实

---

① 余瑶. 我国新型农业经营主体数量达 280 万个 [N]. 农民日报，2017 – 3 – 8。
② http://www.xinhuanet.com/2019 – 03/01/c_1210071071.htm.

现。发展农业生产性服务业，使得小农户可以将农业生产经营的中间服务外包给专业化服务商，进而引入现代生产要素，应用先进生产技术，提高农业效率，实现与现代农业的有机衔接。其次，发展农业生产性服务业是进一步提升我国农业生产经营效率的重要办法。尽管我国农地所有权、承包权、经营权"三权"分置的制度框架已经形成，但由于交易成本高昂等原因，土地经营权流转效果并不显著，土地规模经营政策红利难以完全释放出来。发展农业生产性服务业，在农地产权无须流转的情况下，可以依托服务商有机整合分散在千家万户的各类农业生产服务，实现连片种植和规模饲养，进而形成服务规模经营，提高农业生产经营效率，使得农户分享到规模经济收益。最后，发展农业生产性服务业是深入推进农业技术创新的重要举措。一直以来，我国围绕农业科技创新与推广应用做了大量的工作，如完善农业技术推广体系、支持农户购置先进技术装备、激励农户采纳现代生产技术、推进农业信息化建设等。但总体来看，我国农业技术水平与美国、日本等发达国家还有非常大的差距，农业生产方式落后，农业生产效率低下。一个重要的原因是小农户的科技素养低下，经济实力弱，要产生自下而上的农业技术诱致性变迁很难。发展农业生产性服务业，让专业化服务商嵌入农业生产经营，将现代生产要素、先进农业技术和科学经营管理理念带入农业农村，将产生巨大的知识外溢效应，会引起农业生产技术、组织方式和经营模式的深刻变革，触发农业技术变迁和制度变迁。

"十二五"以来，我国高度重视涉农服务业发展，与此相关的政策文件密集出台。以中央一号文件的相关论述来看相关政策的演进。2012年中央一号文件提出要"培育和支持新型农业社会化服务组织"。这里主要指的是农民专业合作社、供销合作社、专业技术协会、农民用水户协会、涉农企业等社会服务力量。2013年中央一号文件大篇幅论述了"构建农业社会化服务新机制"，首次提出"加快构建公益性服务与经营性服务相结合、专项服务与综合服务相协调的新型农业社会化服务体系"。2014年中央一号文件论述要"健全农业社会化服务体系"。2015年中央一号文件论述要"强化农业社会化服务"，并首次提出要"推进农村一二三产业融合发展"。2016年中央一号文件首次提出"新型农业经营主体和新型农业服务主体成为建设现代农业的骨干力量"，并提出要"加快发展农业生产性服务业"。2017年中央一号文件首次提出"加快发展服务带动型规模经营形式"。2018年中央一号文件在"乡村振兴战略"中提出要"构建农村一二三产业融合发展体系"，并提出要"培育各类专业化市场化服务组织"。2019年中央一号文件提出要"发展乡村新型服务业"，并指出要"支持供销、邮政、农业服务公司、农民合作社等开展农技推广、土地托管、代耕代种、统防统治、烘干收储等农业生产性服务"。显然，关于涉农服务业的发展，我国经历了由"新型农业社会化服务组织"，到"新型农业社会化服务体系"，再到"农业生产性服务业"的认识演进的过程。

再以国务院及各部委的政策文件来看相关政策的演进。2014年国务院下发《关于加快发展生产性服务业促进产业结构调整升级的指导意见》，提出"搭建各类农业生产服务平台"。2015年12月，国务院办公厅印发《关于推进农村一二三产业融合发展的指导意见》，首次正式提出"发展农业生产性服务业"。2017年5月，中共中央办公厅、国务院办公厅下发《关于加快构建政策体系培育新型农业经营主体的意见》，围绕"培育多元化农业服务主体"提出了大量的支持政策和具体要求。2017年8月，农业部、国家发展和改革委员会、财政部联合下发《关于加快发展农业生产性服务业的指导意见》，这是国家层面第一次以独立文件的形式对农业生产性服务业进行明确界定并做了系统全面的发展部署和政策要求。因此，对农业生产性服务业的认识变得越来越清晰。2018年1月，中共中央、国务院发布了《关于实施乡村振兴战略的意见》，明确提出要"培育各类专业化市场化服务组织，推进农业生产全程社会化服务"。

综合研判，目前我国农业生产性服务业处于发展初期，规模偏小，结构不优。作为一个独立的产业，各方面对其认识还有一个提升的过程。但是，我国农业生产性服务业已经迎来了一个发展机遇期，并已进入了一个快速发展的阶段，将成为推进小农户与现代农业有机衔接的重要机制。可以预测，农业金融、农业物流、农业现代商贸、农业信息等行业将迎来一个发展的黄金期，尤其是服务于农业生产环节的生产外包服务、农机租赁服务、农业科技服务等行业将是国家重点支持的方向，在未来相当长一段时期内将会呈现又快又好发展的态势。

3.4　本章结论

近年来，我国农业生产性服务业规模不断扩大，增长速度较快，行业结构不断优化，东中西区域结构趋于均衡，而且呈现智能化、标准化、平台化趋势。但总体来看，农业生产性服务业对农业生产的中间投入不高，农业生产性服务业新增固定资产投资占比呈逐年下降态势，农业生产性服务业行业结构仍不合理，区域结构尤其是省域结构亟待优化。综合研判，目前我国农业生产性服务业处于发展初期，规模偏小，结构不优。但是，我国农业生产性服务业已经进入了一个快速发展的阶段。可以预测，农业物流、农业商贸、农业信息等行业将迎来一个发展的黄金期，尤其是服务于农业生产的生产环节外包服务、农机租赁服务、农业科技服务等行业将有极大的发展。

重点分析了农业金融、商贸服务、物流服务、信息服务四个典型行业的情况。从农业金融领域来看，我国农业贷款增速快，农业保险覆盖面不断扩大，但是涉农贷款投放力度较小，东中西部涉农贷款不平衡问题突出，农业保险市场运营机制不健全。从农业商贸领域来看，我国农村社会消费品零售总额呈不断增长的趋势，但是农村商贸服务业发展水平较低，空间布局不平衡。从农业物流领域来看，我国农产品物流总额均不断增长，但是农产品物流成本较高，缺乏先进的农业物流人才，农业物流基础设施建设滞后。从农业信息领域来看，我国农村信息基础设施发展较快，现代信息技术在农业生产经营中的应用加速，但是城乡互联网发展不平衡，农业信息网络的利用率偏低。

第4章
- - - - - - - -

生产性服务业影响农产品
价格的机理研究

从产业结构的意义上看，生产性服务业属于服务业的范畴，与农业并没有天然的联系。那么，生产性服务业为什么能够影响到农产品价格？进而，生产性服务业发展是通过什么机理来影响农产品价格的？本章运用产业关联理论、分工理论、均衡价格理论、马克思主义劳动价值理论、供应链管理理论、服务经济理论等学科理论，探讨了生产性服务业嵌入农业的演化路径，研究了生产性服务业影响农产品价格的内在属性，并从价格构成和供求均衡两个视角重点研究了生产性服务业发展影响农产品价格的内在机理。

4.1 生产性服务业嵌入农业生产经营

4.1.1 生产性服务业对农业的产业关联

生产性服务业和农业作为两个不同的产业部门，存在产品与劳务联系、生产技术联系、价格联系、劳动就业联系和投资联系，产业关联效应强。单从生产性服务业对农业的产业关联来看，由于生产性服务可以作为农业生产经营的中间投入，因此生产性服务业是农业的前向关联产业。

具体来说，生产性服务业对农业具有产品贡献、分工贡献、知识贡献和就业贡献。产品贡献是指生产性服务业的产品（即生产性服务）可以作为农业生产经营产前、产中、产后各环节的中间投入。例如，金融保险业可以为农业生产经营提供投融资服务，解决农业扩大再生产的资金约束和风险规避问题。物流业可以为农业生产经营提供农资和农产品的仓储、运输、分拣、配送等服务。分工贡献是指在农地所有权、承包权、经营权分置的背景下，由于生产性服务业的嵌入，农地经营权会按照农业生产环节做进一步的细分，由此衍生农业生产服务的迂回交易，产生新兴的农业服务部门，深化农业产业分工。例如，假定某种农作物的生产过程可以分为耕地、育秧、栽插、灌溉、施肥、病虫害防治、收割7个环节，则农地经营权可以细分为耕地权、育秧权等7个细分的权利，由此将产生这些细分权利的市场交易与劳动分工，甚至衍生新兴的服务部门。由于服务部门具有专有资源优势，服务技术先进，生产效率高，相对于农业生产者内部提供服务而言，更具有比较优势。正因为如此，在需求条件成熟的情况下，农业产业链中的生产性服务环节就会独立出来，成长为新兴的涉农服务业。农业分工深化的必然结果是农业效率的提升。知识贡献是指生产性服务业发展对农业会产生知识外溢效应，进而导致农业生产规模报酬递增。生产性服务业对农业的产业融合，有助于农业生产者采用新技术、采纳新理念，将产生一种诱致性技术变迁效应，会极大地促进农业技术创新。就业贡献是指生产性服务业发展为农业剩余劳动力转移提供就业岗位。农业生产服务部门兼具服务业和农业两大部门的特征，需要大量的既掌握生产性服务专业技术又懂农业生产经营规律的劳动力，这为农业剩余劳动力的就地转移就业提供了机会。

4.1.2　嵌入农业的生产性服务业

生产性服务业是为生产者市场化提供中间投入服务的行业部门。嵌入农业的生产性服务业，是指为农业生产者的生产经营市场化提供各类生产性服务的行业部门，即农业生产性服务业。

从农业生产性服务的供给主体来看，主要有专业或兼业个体、专业合作社、农业龙头企业、公共服务机构、专业服务企业。专业或兼业个体是指在专门或兼业提供农业生产性服务并收取报酬的个人。近年来，在国家农机购置补贴政策的激励下，一些自有闲余资金的农户自购旋耕机、灌溉机、收割机等农业机械，除了完成自家的农田作业外，还兼业为其他农户提供农机作业服务并收取一定的报酬。专业合作社是指以农业生产性服务为主营业务的农民专业合作经济组织。这类组织可以为内部社员提供优惠便利的生产性服务，为外部农户提供市场化专业化的服务。此类主体如农资供应合作社、农机专业合作社、农田作业专业合作社、农民资金互助合作社、农技推广专业合作社，以及各类农产品营销合作社等。农业龙头企业的主营业务是农产品的生产经营，但是在现实中，一些龙头企业因自身业务的需要内部成立了一些服务部门，也开展第三方的农业生产性服务，如农技培训、仓储物流、产品分拣、品牌策划等。公共服务机构主要是指按照行政体系建立的，从中央到地方建立的各级农业技术服务中心、服务站，还包括各级各类农业生产资料和农产品的批发及零售市场等。专业服务企业是近年来随着市场化改革不断深入尤其是城市工商资本进入"三农"领域后发展起来的，专业从事农业生产性服务的服务供应商。这些服务商经营范围大，服务面向广，人员素质高、技术先进，具有专业化、市场化、标准化、品牌化的特点。近年来，各地都涌现了一些农业服务品牌企业，一些合作社也正逐渐向这类企业转型。

从农业生产性服务的需求主体来看，主要有小农户，以及种养大户、家庭农场、专业合作社、农业龙头企业等各类农业新型经营主体。小农户土地经营规模小，生产性服务本身的体量小且分散，加之农户自身的经济实力有限，因此基本上是由农户自己内部提供，而不采取外包的方式。但是近年来随着农民外出务工的增多，很多小农户以土地托管的方式，将农业生产经营及所有的中间服务整体外包给第三方服务供应商，这种现象越来越多。种养大户和家庭农场的土地经营规模大，生产性服务需求的单体体量大，虽然自身提供服务可以内部化成本而节约现金流，但是外包服务能获取更为可靠的质量保证，能带来由于效率提升而产出的额外收入，还能产生因节约内部劳动力而带来的机会收入。因此，很多种养大户、家庭农场都会将产前、产中、产后的部分甚至整体的生产性服务外包给服务商。专业合作社和农业龙头企业以合作或契约的方式，构建分散小农的生产经营联合机制，实现了分散化小体量生产性服务需求的规模化，进而解决了小农户外包生产性服务的规模约束问题。在现实中，一些专业合作社和龙头企业自身既是农业生产性服务的供给主体，同时也是重要的需求主体。

从农业生产性服务的服务内容来看，按照不同的划分标准可以划分为不同的服务内容。按照投入农业生产经营的不同阶段划分，农业生产性服务主要有产前服务、产中服务、产后服务的区别。产前环节的生产性服务包括农资供应、土地流转、金融保险、人力资源服务等；产中环节的生产性服务包括农机作业、植保服务、农业科技服务、生产环节外包服务等；产后环节的生产性服务包括污染治理及废弃物循环利用、仓储物流、营销广告、市场信息服务、农产品流通服务、食品安全服务等。具体到某种农产品的某类生产性服务，根据服务内容还可以做进一步细分。例如，水稻的生产环节外包服务可以细分为耕地、育秧、栽插、灌溉、施肥、病虫害防治、收割、干燥等环节的外包服务。按照对农业生产经营的作用方式划分，农业生产性服务可以分为要素支持服务和生产经营服务。其中，要素支持服务主要有农业金融服务、土地流转服务、劳动力服务、科技服务等。生产经营服务是指直接提供农业生产与经营活动的服务活动，如农机作业、生产环节外包、仓储物流、营销广告等服务。按照农业生产性服务自身的要素性质划分，可以分为劳动密集型服务、资本密集型服务、技术密集型服务。劳动密集型服务主要有传统的耕地、栽插、施肥等生产环节外包服务。资本密集型服务主要有土地流转、农业金融、营销广告等服务。技术密集型服务主要有农机服务、科技服务、信息服务等。按照农业生产性服务的技术特征，可以分为可标准化服务和不可标准化服务。前者如农机作业、植保服务，以及耕地、育秧、栽插等生产环节的外包服务等，可以对作业流程标准化。后者如金融保险、科技服务、营销广告等服务，服务流程强调个性化和创造性，因服务对象不同而不同。

从农业生产性服务的商业模式上看，可以分为直接交易模式、平台集成模式、区域服务模式三种类别。直接交易模式是指服务商和农户之间建立直接的服务交易契约，在实际中又可以分为单项服务交易、多项服务交易、全程服务交易三种。单项服务交易是指农户仅仅将某一环节的生产性服务外包给服务商。多项服务交易是指农户外包多个环节的生产性服务给具有承担能力的服务商。我国支持开展农业生产全程社会化服务试点的一些区域，如湖南省桃源县、湘潭县等，在水稻生产中开展全程社会化服务"九代"模式，包括统一代理播种育秧、旋耕、机插、大田管理、病虫害防治、收割、烘干、销售、存储九项社会化服务。当地农户既可以九项全选，也可以选择"九代"服务中的任意服务项目。这就是单项服务交易和多项服务交易的有机结合的实践探索。全程服务交易是指农户将农业生产经营以及作为中间投入的所有生产性服务，整体外包给服务商。例如，在不改变土地承包经营权的前提下，无力耕种和不愿意耕种的农户将土地交给服务商托管，向其缴纳一定的服务费用，由其开展农业生产经营并提供所有的中间投入服务。平台集成模式是指依托互联网等现代信息技术，以平台型企业为主导，发挥其媒介作用，高效整合劳动力、土地、资金、技术、信息等各类生产要素，实现农业生产性服务供求双方的精准对接的一种网络化、平台化的发展模式。如陕西省的"大荔模式"，是以陕西荔民农资连锁有限公司为平台，以农资供应、农技服务、农副产品流通、金融服务为主要内容，实现"点单式、超市式"的农业生产服务体系。再比如大北农集团建立的"猪联网"，是一个以猪场管理、生猪交易、猪金融等服务为核心内容，整合集成养殖生产服务供求资源的智慧养猪平台。区域服务模式是指在一些农业产业化基础较好的地区，众多的农业服务主体在某个龙头企业的牵头下，依托政府扶持，加强分工协作，提高组织化程度，实现优势互补和网络联结，形成区域性的服务协调组织和生产服务体系。如四川省崇州市的"农业共营制"。农户以土地承包经营权入股成立土地股份合作社；聘请新型农民担任职业经理人；由政府整合各类农业服务主体，发展服务超市，建成农业生产服务体系，进而形成"土地股份合作社 + 农业职业经理人 + 农业生产服务体系"的农业生产经营模式。如安徽省的现代农业产业化联合体，由农业龙头企业牵头，龙头企业、家庭农场和合作社建立联盟，实现农业生产、加工、服务的一体化。其中，龙头企业可以提供农资供应、技术指导、金融保险、产品检测等服务；合作社提供产前、产中、产后各环节的生产环节外包服务。

4.1.3　生产性服务业嵌入农业的演化逻辑

生产性服务业嵌入农业是有严谨的分工演化逻辑的。农地所有权、承包权、经营权分置背景下，农地经营权进一步细分及迂回交易使农户家庭经营卷入分工活动，进而转化成为服务规模经营（罗必良，2014、2016、2017；胡新艳和罗必良，2016）。但是，这种分析思路没有深入解释农户细分农地经营权并进行迂回交易的内在机理和决策机制。农户为什么要细分农地经营权并在此基础上卷入社会分工？从根本上来说，基于农业生产的时节性和技术环节的可分性，在农地"三权"分置的背景下，劳动力等要素在不同时节与技术环节的相对价格差异促使农户将农地经营权按生产环节做进一步细分，并以外部交易的方式替代内部提供，这样农户家庭经营活动卷入了社会分工，这为生产性服务业嵌入农业提供了可能。

农业是自然再生产和经济再生产相统一的产业。农林畜牧渔各业的生产活动是有节律性的，农产品从育种到收获有很长的一个时间过程，在这个过程中，不同的时节需要完成不同的生产环节。一些生产环节如病虫害防治和农作物收割，是技术可分的。但有一些生产环节如育秧和插秧、灌溉和病虫害防治等，在传统的农事活动中是技术不可分的。但是，随着现代农业技术的应用，农业生产环节的时空可分性都有了极大地提高，如工厂化育秧技术使得育秧完全可以脱离田间作业现场，这样育秧和栽插就完全分离了。在这种情况下，农业生产经营可以按照产前、产中、产后的各个技术可分的环节做进一步细分，细分为不同环节的生产经营活动。而且，不同环节的生产经营活动是在不同的时节（时间段）完成的。

正是这种机制，为农地经营权的细分提供了可能。通常来看，农地承包权和经营权的分离使得农地流转成为可能，但这是农地经营权的总体流转。由于农业生产环节的时节性和可分性，农地经营权又可以按照技术可分的生产环节，细分为农资供应权、播种育秧权、栽插权、大田管理权、病虫害防治权、收割权、存储权、销售权等细分的权利束。相对于农地经营权的总体流转而言，这种经营权细分的好处就在于，为农业生产经营的产品内分工提供了可能，有利于实现农产品不同生产工序或环节的资源最优配置。

另外，正是由于农业生产活动的时节性，农业劳动力的投入使用才有农忙时节和农闲时节的差别。而不同时间段的劳动力，其影子价格是完全不同的。正是由于农业生产环节的技术可分性，农业劳动力的投入使用也才有可分性。换句话说，农户无须以同一批劳动力来完成全部农业生产过程，不同的生产环节可以投入不同数量与质量的劳动力。在这种背景下，劳动力相对价格差异不仅体现在城乡空间上，还具有了时间上的意义。一个经济理性的农户在做劳动投入决策时，会从农业生产不同环节的不同时间层面去考虑不同环节的劳动力投入决策。尽管劳动力相对价格差异可能在城乡间、不同环节的经营主体间、不同时间等维度上都存在绝对劣势的可能，但这并不能否定劳动力在"产品内分工"的必要性，因为农户总可以找到具有比较优势的基于不同工序环节和不同经营主体的劳动力配置结构。这种关于农业劳动力产品内分工的讨论，同样适用于资金等其他要素。

这样，农户就产生了农地经营权细分并且进行外包的内生动力。在综合考量劳动力等要素在不同农业生产工序环节的资源禀赋和相对价格差异后，农户会自营提供其具有比较优势的生产工序环节，而将自己具有比较劣势的生产工序环节外包给平均成本最低的服务承包商。也就是说，农户将自己具有比较劣势的生产环节，以外部交易的方式替代内部提供，以市场契约的方式替代内部契约。这样，农户家庭经营就卷入了社会分工活动，当农户和服务商之间存在合理的利益联结机制时，农户可以分享到产品内分工产生的规模经济效应和范围经济效应等好处。当然，这也会产生市场交易成本和内部组织成本的权衡问题。一般来看，只有市场交易成本低于内部组织成本时，农户才会考虑外包的选择。这就是生产性服务业嵌入农业，并衍生农业生产性服务业的分工演化机理。

从现实来看，我国农业生产性服务业发展经历了一个从萌芽、起步，到发展、成熟的演变过程。在农业生产力水平较低的时期，分散小农户从事农业生产的目的是自给自足，为了节约交易费用，几乎所有环节的所有中间投入服务均是由农户内部化提供，不存在服务外包的需求条件，也不存在农业生产性服务的市场供给主体。随着农业生产力发展尤其是农业剩余劳动力进城务工，一些农事经验丰富的农户在完成自家的生产任务后，开始兼业承接其他农户的生产环节外包服务，如插秧服务、农作物收割服务等，这是农业生产性服务业的萌芽阶段。在这一阶段，农业生产性服务业的经营主体主要是兼业农户，服务领域一般是农业的产中环节，服务手段以人工为主，机械化程度低，属于劳动密集型服务。随着农业市场化改革的推进，为了解决小农户与大市场的矛盾，农户自发联合组建各类农民专业合作经济组织。这些专业合作经济组织为内部社员提供农资统一供应、农技统一指导、农产品统一加工与销售等服务，这是我国农业生产性服务业的起步阶段。在这一阶段，农民专业合作经济组织是农业生产性服务的经营主体，服务领域已能涵盖农业产前、产中、产后各个环节，但机械化、信息化程度仍然偏低，而且主要是面向内部社员开展业务，对外开展经营性业务的情况很少。随着农村土地流转等各项改革的深入推进，种养大户、专业合作社日益增多，农业服务需求日趋强烈，我国逐步建立了以公共服务机构为依托、合作经济组织为基础、龙头企业为骨干、其他社会力量为补充，公益性服务和经营性服务相结合、专项服务和综合服务相协调的新型农业社会化服务体系。这是农业生产性服务业的发展阶段。在这一阶段，农业生产性服务的经营主体出现多元化趋势，既有农技推广站等公共服务机构，还有服务类合作社等合作经济组织，一些农业龙头企业也开始提供服务业务。服务领域涵盖农业生产经营的所有环节，一些经营实力强的服务机构甚至能提供产前、产中、产后的一体化服务，服务手段先进，机械化标准化程度大大提高。近年来，随着现代农业发展和农业多功能性的提出，尤其是城市工商资本进入"三农"领域，家庭农场、专业合作社、农业龙头企业等新型经营主体大量涌现，农村第一、第二、第三产业出现融合趋势。在这种背景下，开展农业生产性服务的服务业企业大量出现，传统的服务类专业合作社加速向农业服务业企业转型，而且还涌现了一批以平台型企业为主的农业生产性服务网络化平台，在农业产业化基础较好的地区甚至还出现了农业产业化联合体、农业共营制、现代农业综合体等区域服务体系，农业服务型规模经营形式逐渐兴起。这是农业生产性服务业发展的成熟阶段。在这一阶段，农业生产性服务的经营主体更多的是专业化服务企业、第三方平台服务商或集成服务商。服务领域包括金融保险、生产加工、仓储物流、市场信息、营销策划等各个领域。服务手段先进，不仅实现了机械化和标准化，而且信息化、网络化、智能化程度也非常高。显然，农业生产性服务业的衍生演变过程，就是农业生产力水平逐渐提升的过程。

实际上，生产性服务业嵌入农业，也有供求两方面作用的原因。这既是作为需求方的农业新型经营主体发展的客观需求，也是作为供给方的服务供应商打造核心竞争力的必然趋势。如前所述，分散的小农户由于中间服务需求量小而分散，生产性服务业发展不存在需求条件。种养大户、家庭农场等规模农户出现以后，加之农业合作社、农业龙头企业以合作或契约形式实现小农户的联合以后，中间服务需求的规模变大，为生产性服务业发展提供了必要的需求条件。从需求方的外包服务决策行为来看，种养大户、家庭农场、合作社、龙头企业等新型经营主体的外包决策取决于内部化服务的生产经营成本和外包服务的市场交易成本之间的权衡。当前者小于后者时，他们会选择中间服务内部化；当前者大于后者时，他们会选择外包服务。其实，对于需求方来说，内部化中间服务有两种渠道：一是通过雇工形式增加内部劳动力；二是自购机械实现机械化作业。在农业劳动力非农转移的背景下，农村雇工市场萎缩，农业劳动力成本显著上升，采取雇工形式内部化服务从经济上看是不可行的。自购机械实现对劳动力要素的替代，农机购置成本高但可以获得政府的补贴，是规模农户实现要素配置的重要技术路径。但是，由此产生的资产专用性及其锁定效应，以及由于农业自然生产周期而导致的机械使用频率低所产生的机会成本问题，都是影响农户决策的重要因素。而此时，如果服务供应商提供的农业生产性服务具有价格优势、效率优势和质量保障，农业新型经营主体就会更倾向于采取"迂回投资"的方式选择外包生产性服务。另外，对于作为供给方的服务商而言，农业服务市场是一个有巨大开发潜力的"蓝海"，加之需求市场日趋成熟，嵌入农业开展服务业务是必然选择。对于那些农业服务类合作社和农业龙头企业，经营范围中原本就有服务业务，为了获取核心竞争力，合作社加速向农业服务企业转型，龙头企业将内设服务部门独立出来成立专门的服务业企业，专注于农业服务业务，实现生产性服务业对农业的深度嵌入。

4.2　生产性服务业影响农产品价格的内在属性

一般来说，服务业产品具有无形性、生产与消费时空同一性、强异质性等特征。生产性服务业嵌入农业生产经营，为什么能影响农产品价格？这要回到生产性服务业和农业生产性服务业的内在属性来看。

第一，从马克思主义政治经济学的视角来看，服务产品有特定的使用价值和价值特征。以斯密为代表的古典经济学家将商业劳动之外的服务劳动，归类为非生产性劳动，进而认为服务是不创造价值的。马克思科学地解决了服务的价值性问题。在服务业只占资本主义经济体系中一个弱小的分量时，马克思就说过"任何时候，在消费品中，除了以商品形式存在的消费品以外，还包括一定量的以服务形式存在的消费品"①。马克思还说，有一种劳动，"购买它和购买那些商品一样，是为了消费，换句话说，仅仅是由于……这种劳动的使用价值，由于这种劳动以自己的物质规定性给自己的买者和消费者提供服务。对于提供这些服务的生产者来说，服务就是商品。服务有一定的使用价值和一定的交换价值。但是对买者来说，这些服务只是使用价值，只是他借以消费自己收入的对象。"② 马克思这段话强调了服务产品具有可消费性，明确了服务产品具有使用价值和交换价值，从而构成社会财富。

马克思提出过两种使用价值的概念，在《经济学手稿（1857－1858）》中提到："在提供个人服务的情况下，这种使用价值是作为使用价值来消费，没有从运动形式转变为实物形式。"③ 服务产品的使用价值就是这种运动形式的使用价值。进一步地，凝结在服务产品的运动形式使用价值上的、得到社会承认的抽象劳动，就是服务产品价值的质的规定性④。具体到生产者服务，其价值体现形式就是提供中间服务的实物产品价值的追加部分。服务产品的量的规定性，要区分可复制服务和不可复制服务。前者如餐饮、医疗、旅游等，其价值量由生产该产品的社会必要劳动时间决定，后者如研发设计、文艺创作，其价值量按照个别劳动时间决定价值⑤。服务产品价值同样是由生产服务产品所消耗或折旧的不变资本（C）、服务生产者的工资（V）和创造的剩余价值（M）构成。总之，正是由于服务产品有明确的使用价值和价值，作为投入农业生产经营的农业生产服务，

① 马克思恩格斯全集（第26卷1）［M］．北京：人民出版社，1975：160－161.
② 同上，149.
③ 马克思恩格斯全集（第46卷上）［M］．北京：人民出版社，1975：464.
④ 李慧中．服务特征的经济学分析［M］．北京：复旦大学出版社，2016：69－70.
⑤ 同上，78－82.

才具有了影响农产品价格的内在规定性。

第二，服务业具有鲍莫尔"成本病"意义上的价格特征。按照鲍莫尔的理论，农业和制造业属于劳动生产率"进步部门"；相对而言，服务业机器替代性弱，强调个性化，属于劳动生产率"停滞部门"或"渐进停滞部门"。在生产率增长内在不均衡的经济中，由于不同部门的名义工资是按同幅度增加的，生产率进步部门的工资提高以人均产量提高为基础，单位产品成本与价格并不提高；而与之攀比的生产率停滞部门的工资提高，没有相应的人均产量提高为基础，导致了单位产品成本与价格的上升。鲍莫尔是从宏观经济的角度分析的，得出的结论是由于占整个经济很大部分的服务部门的成本和价格上升，导致宏观经济出现"成本病"。如果从单个服务产品来看，由于这种服务相对于农业、制造业的生产率增长缓慢，在不同部门名义工资同幅度增长的背景下，同样会出现服务产品的成本上升和相对价格的提高。具体到投入农业生产经营的服务业，其自身的成本提高和相对价格上升，必然会导致农产品的价格上升。例如，美国现代农业发达，农业劳动生产率非常高，按照鲍莫尔模型，美国食品中直接的农业生产成本下降很快，但是由于中间服务的成本不断上升，导致美国的食品零售价格普遍偏高。

第三，生产性服务业嵌入农产品价值链，具有服务内容明确、服务成本清晰、服务成果可计量的特点。如前所述，嵌入农业产前、产中、产后各环节的生产性服务，具有明确的服务内容，成本构成清晰，而且直接作用于农业生产对象，使之实物形态或价值发生变化，服务成果完全可计量。例如，产前环节的农资供应服务，为农户提供农资统购服务。其服务成本包括农资价格成本、物流成本、人工成本等。相对于农户自己去购买农资，外包具有农资价格相对较低、农资供应及时、农资质量有保证等优势，外包的成本效益可计量。又如产中环节的农机服务，为农户的生产环节提供农机作业服务。其服务成本包括农机运营及维护成本、人工操作费用、农机折旧费用等。相对于农户自己手工完成生产作业，外包具有作业时间短、生产效率高、完成质量好等特点，外包的成本效益可计量。再如产后环节的仓储包装服务，为农户提供初级农产品的包装、分拣、仓储等服务。其服务成本包括人工成本、材料费用、仓储费用等。相对于自己进行包装仓储，具有技术先进、生产效率高等特点，外包的成本效益也可计量。

第四，生产性服务业嵌入农业将产生显著的规模经济效应和范围经济效应。规模经济效应的传统定义是指在既定技术条件下产量与平均成本之间的反向关系，理论基础是固定成本的可分摊性。农业生产性服务如农机服务，大多是可标准化的生产性服务，生产经营过程或结果可以同质化，能大规模同质化生产或者机械替代劳动，可以实现规模经济效应。服务商在承接多个农户的服务外包后，开展农业服务规模经营，只要不出现规模报酬递减的情况，就可以产生平均成本减小的规模经济性。这种规模经济效应的受益主体，要区分服务商和农户二者。服务商是农业服务规模经营的直接受益主体，而农户通过与服务商之间事先约定的利益联结机制，也可以分享到规模经营的好处，即农业单位产出的平均成本下降。只是，当农户只外包某一个环节服务或某几个环节服务时，由于单个环节的农业产出贡献具有不可分割性，因此农户的规模经济获益难以测度。而当农户采取土地托管等全链条服务外包的方式时，服务商和农户的这种规模经济效应是有机统一的，农户的获益就非常清晰了。

再从产品内分工的视角，考察生产性服务业嵌入农业的情景下农户获得的规模经济性。先考察农户完全内置式生产经营系统的情况。在农户耕地面积给定的情况下，假定某种农作物的生产过程分为耕地、育秧、栽插、灌溉、施肥、病虫害防治、收割七个环节，那么，该种农作物的理论最佳种植规模是由产量贡献度最高环节（假设是栽插环节）的平均成本线最低点来确定的，进而从耕地开始到收割的各个环节都是采用栽插环节所决定的种植规模。这样的缺点是，整个生产经营系统会产生木桶短板效应，不能实现多个工序环节的最佳经济规模。除了栽插环节外，其他所有环节都是在偏离最佳规模的水平上生产经营，使得单位成本企高。再考虑农户将单项服务或多项服务外包的情况。如果农户将各个环节拆分外包给不同服务商，那么，不同环节均可以按照平均成本线最低点的原则寻求到最佳规模。这样，所有环节都达到了最佳规模，整个生产经营系统的平均成本相对于内置式生产系统而言会显著降低，实现了规模经济性（卢锋，2007）。当然，在这些环节超过外包最佳规模的多余耕地，农户可以采取自营等方式。外包和自营相结合的混合治理策略，有助于降低服务商的道德风险和逆向选择（蔡荣等，2014）。

范围经济是与规模经济相关的一个概念。当原本是由许多企业分别生产的关联产品，转由一个企业进行一体化生产时，其总成本相对于多家企业单独生产的成本总和而言要低得多，这就是范围经济效应。在生产性服务业嵌入农业的情景下，当服务商采用的是纵向一体化商业模式的情况下，这种范围经济效应尤为明显。具体来说，相对于农户将不同环节服务外包给不同服务商分散经营的情况而言，纵向一体化服务商统一提供多个环节服务，其总成本相对会更低。从根本上说，范围经济效应源自服务商在提供多个环节服务时的共同要素的充分利用。对服务商而言，劳动力等要素在不同环节服务提供上是共同的，同样的劳动力资源可能掌握耕地、育秧、栽插等多环节技术，与其仅经营一个环节的服务产品，还不如承接多个关联环节的服务业务。拓展到农业全链条来看，这种要素协同而产生的范围经济效应，还来自农资采购网络协同所产生的议价和质量优势，来自农产品销售渠道协同所产生的广告费用分摊和品牌效应优势，来自农业服务研发平台共享所产生的知识溢出优势。

第五，生产性服务业嵌入农业将产生显著的知识外溢效应，促进农业技术创新和生产效率提升。如果将分析思路拓展到从产业角度或社会经济整体考量的外部规模经济性（Marshall，1890），尤其是按照新兴古典经济学思路（杨小凯、黄有光，1999），就会发现生产性服务业嵌入农业后产生的分工深化与专业化，将促进规模报酬递增。进一步细究，一个关键的报酬递增机制是产业分工带来的知识外溢效应。服务部门嵌入农业生产经营各环节提供中间服务，一个重要的副产品就是农业服务的知识溢出。而且，知识不仅在同一产业内部之间发生溢出（MAR溢出），还可以在农业、服务业等不同产业之间发生溢出（Jacobs溢出）。从微观来看，这种知识溢出效应通过"干中学"促进农业部门、农业服务部门的技术创新和生产效率提升。

4.3　价格构成视角下生产性服务业影响农产品价格的内在机理

农产品价格的构成基础是农产品价值。农产品价值是由农业生产过程中所消耗的生产资料价值（C）、维持和再生产劳动力的价值（V）和剩余价值（M）三部分组成。从表现形式来看，对于农产品生产价格，C和V构成了农产品的生产成本，M中包括税金和利润两部分；但是对于农产品批发价格或零售价格，其价格构成除了生产成本、税金和利润之外，还包括了流通费用。农产品的产前、产中、产后各环节，在外购专业化的中间服务后，重点会对生产成本和流通费用产生影响，进而会影响到农产品价格。

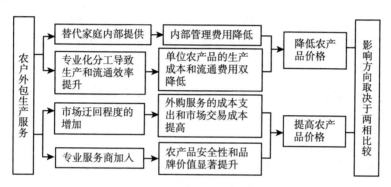

图4-1　价格构成视角下生产性服务业影响农产品价格的机理

外包生产性服务替代家庭内部提供，由于专业化分工而提高了生产效率，能降低单位农产品的生产成本和流通费用，进而降低农产品价格。在农产品产前环节，农民需要向生产资料供应商购买幼苗、种子、化肥、农膜等生产资料。按照传统的供应链，这些农业生产资料需要经过生产商、批发商、零售商、物流等冗长的链条，抬高了生产资料的流通费用和零售价格，这部分成本由农民承担并反映到农产品的价格上。在引入电子商务平台和第三方物流公司后，减少供应链长度，提高生产资料流通效率，降低单位生产资料的流通费用和零售价格，进而以较低的成本反映到农产品价格上。在农产品的产中环节，小农条件下农业劳动力一般就是家庭内部成员，劳动力成本被内部化了，但是效率偏低。在外购农机服务后，机器作业替代了手工劳动，提高了生产效率，单位农产品的生产成本显著降低，进而降低了农产品价格。在农产品的产后环节，即从农田到餐桌的环节，常规的"农户—产地批发市场—销地批发市场—销地零售市场—零售商—消费者"供应链会使农产品层层溢价，使得农产品零售价格高涨。但是，引入"农超对接"、农产品电商、冷链物流等现代服务后，缩减了中间流通环节，单位农产品的流通费用显著降低，进而以较低的成本反映到农产品零售价格上。

而且，外包生产性服务替代家庭内部提供，可以精简农户家庭的内部科层结构，节省内部组织管理费用，进而降低农产品价格。当农户自营提供产前、产中、产后各环节中间投入服务时，这要求农户家庭具有一定的内部组织结构和科层管理能力。农户家庭经营规模越大，这种内部组织结构越复杂，内部管理成本越高。但是，当农户将自己不具有比较优势的非核心业务切割外包后，农户既可以减少家庭内部劳动力数量，还可以精简内部组织结构，产生组织柔性效应，进而降低内部管理成本。尤其是当农户采取土地托管等全链条服务外包的情况时，农户家庭在农业生产上的内部组织管理成本接近于零。显然，这方面成本的降低将极大地影响到农户在农产品定价上的决策。

但是，外包生产性服务会提高市场交易成本，可能会抬高农产品价格。无论是小农还是专业合作社，选择外包服务而不是内部提供，无疑会增加市场迂回程度，提高对专业服务供应商的信息搜寻、讨价还价、签订合同、履约监督等方面的交易费用，而这些费用内容最终也会反映到农产品价格上。近年来，随着农业机械化和农机跨区作业的发展，我国北方农村的夏种夏收很多是外购专业的，甚至由具有品牌信誉度的农机跨区作业服务商来完成的。从农户角度来看，选择外购农机服务的显性成本肯定要低于家庭内部成员作业的机会成本和雇佣多余劳动力的人工成本。但是，除了外购服务本身应付的费用外，农户如何搜寻并挑选到服务质量好、品牌信誉度高的农机服务商，如何讨价还价进而确定一个合理的合同价格，如何规避农机服务商的道德风险和逆向选择问题，这些隐性成本都是农户或其所在的合作社自己承担，并最终会影响到农产品定价。另外，农户外包服务，本身也是要付费的。目前，由于农业生产性服务业处于发展初期，市场主体不多，大多呈现区域垄断性市场结构。相对于农户而言，服务商更具有议价能力，更有可能采取垄断性定价或价格歧视策略。服务商对服务产品的这种定价行为，是影响农户外包成本的主要因素，进而也会抬高农产品定价。

同时也要看到，农户外包生产性服务后，由于服务商的品牌质量效应，也可能会促进农产品价格提升。相对于分散的农户而言，服务商更具有劳动力、资金、技术等方面的优势，开展农业生产性服务的专业化、机械化、标准化的程度更高，服务效率更高，服务质量更好。尤其是，纵向一体化服务商统一提供产前、产中、产后的全部服务，从生产资料供应，到农业生产全过程，最后到农产品加工、物流与销售的全链条，服务商可以全程代理经营，这样农产品的产出量和品质都会显著提升。尤其是很多服务商已具有一定的品牌影响力，服务商的嵌入能为农产品销售带来品牌效应。在现实中，基于全程服务外包的农产品的定价通常要高于农户自营生产的农产品的价格。例如，基于"农超对接"商贸模式的农产品，由于连锁超市的嵌入，实现了超市与生产基地的品牌整合，提升了农产品的品牌价值，会显著地提高农产品零售价格。

因此，从价格构成视角来看，生产性服务业对农产品价格的影响方向，取决于由于外购（包）服务而产生的生产流通成本及内部管理费用降低程度和市场交易成本提高程度的比较。如果前者大于后者，会导致农产品价格降低；如果前者小于后者，会抬高农产品价格。实际上，分散小农户由于生产规模小，经济实力弱，是没有外购专业服务的必要性的。只有种养大户、家庭农场、专业合作社和龙头企业生产基地才有外购专业服务的动机，而且，这些规模化农户的市场谈判能力强，交易成本相对较小。从这个意义上说，规模化农户外购生产性服务更有利于降低农产品价格。总之，外购服务对农产品价格的影响方向是无法确定的，必须依据于上述两方面力量的比较。

4.4 供求均衡视角下生产性服务业影响农产品价格的内在机理

农产品价格形成的基本过程是由供求决定的。按照均衡价格理论，供给曲线和需求曲线的相互作用形成市场均衡价格。影响农产品价格波动的许多因素，如劳动生产率变化、人均收入提高等，本质上都是作用于农产品的供给与需求，进而引起价格变化的。在农业生产经营中，由于生产性服务业的更多介入，农产品供给曲线和需求曲线都会发生相应的变化，农产品价格也会有相应的波动。

引入信息服务、冷链物流等生产性服务业，将缓解农户幼稚预期约束，提高农产品供给价格弹性，改变蛛网模型，进而影响农产品价格。蛛网模型的基本假定是农户幼稚预期约束，即本期产量决定于前一期的价格。基于这个假定，当供给价格弹性大于需求价格弹性时，农产品的实际价格和产量上下波动的幅度越来越大，将远离均衡点，出现发散性蛛网；当供给价格弹性小于需求价格弹性时，农产品价格和产量的波动幅度越来越小，将趋近均衡点，出现收敛性蛛网；当二者相等时，既不偏离也不趋向均衡点，呈现封闭性蛛网。信息服务业深度嵌入农业后，尤其是当农业市场信息服务高度发达时，农户能适时、准确地掌握关于农产品的市场需求信息，大大提升其对市场的敏感程度和反应能力，进而促使农户及时地调整生产决策。这将显著地提高生产周期较短的农产品的供给价格弹性，也会对生产周期较长的农产品的供给价格弹性产生一定的影响。而且，冷链物流业的发展延长了农产品尤其是鲜活农产品的保质存储期，有利于农户和中间商根据市场变化适时调整农产品库存和市场供给，供给价格弹性被扩大。另外，发展农产品期货业，利用期货市场价格发现功能，使农业生产者科学预测当期价格水平，放松幼稚预期约束，有利于进行理性生产，避免农产品价格蛛网波动。

同时，引入信息服务、电子商务等生产性服务业，将减小供求双方信息不对称，降低农产品供应链的牛鞭效应，提高农产品供给价格弹性，进而影响农产品价格。农产品供应链的牛鞭效应是指，在农户、收购商、产地批发商、销地批发商、销地零售商、消费者的供应链上，市场需求信息从终端向前端逐步被逆向放大，订货量逐级虚高，远远超出了实际的市场需求，进而产生需求扭曲和方差放大的现象。牛鞭效应会误导农户的生产决策，误导中间商的库存与供应决策，导致生产过剩、库存增加和效率损失。农产品市场出现牛鞭效应的机理是，由于信息不对称问题，供应链上的各个经济主体在向自己上游订货时，为了减少订货频率和规避断货风险，总是实施加量订货决策，加之供应链过长，这就导致需求信息以变异放大的形式向上游传递。信息服务业嵌入农业后，尤其是农业市场信息服务高度发达后，供应链上某个经济主体的需求信息都能及时地被上游甚至是处于前端的农户直接获取，不同主体之间的信息不对称将被显著地减小，这将降低牛鞭效应，提高农户和中间商对真实市场信息的反应能力，增强供给决策的科学性，进而提高供给价格弹性。尤其是，随着农产品电子商务的发展，农产品供应链上各个主体之间的供求信息在同一平台上适时共享和精准对接，供应链中间环节将被缩短，农户和消费者之间甚至能实现无缝对接，这将极大地解决牛鞭效应问题，提高供给反应程度，进而影响农产品价格。

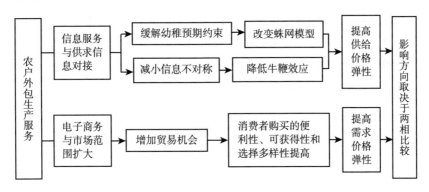

图4-2 供求均衡视角下生产性服务业影响农产品价格的机理

但是，引入电子商务、现代物流等生产性服务业，其扩大了市场范围，增加了贸易机会，提高了消费者的购买便利性和可获得性，使选择多样性增强，进而提高农产品需求价格弹性，最终影响农产品价格。在传统的零售终端商业模式下，尽管农产品市场是买方市场，但是消费者要购买理想的农产品只能到本区域内的专业市场、连锁超市、零售商店、便利店，消费者实际的市场空间小，议价能力低，产品价格及质量信息的搜寻成本高，比选困难，可替代性弱，因此消费者对农产品价格的敏感程度偏低。在农产品电商和快递物流业高度发达的背景下，农产品零售商业开启了一个全新的模式，不同国家和地区的农业生产者都可以将自己的农产品在电商平台上进行24小时全天候的上线交易，供需双方可以进行网上产品洽谈会、网络会展、网络议价等。对消费者而言，市场范围实现了跨区域甚至是跨国界，贸易机会增加了，而且产品搜寻、议价比选等方面的交易成本显著降低，购买便利性和可获得性大大提高了，购买行为更趋个性化和定制化。在这种情况下，消费者选择多样性增强，同一种农产品可供选择的采购渠道和供应商增多，产品的可替代性也更强了，因此对于单一某种农产品而言，无疑会提高其需求价格弹性，进而影响农产品价格。

因此，从供求均衡视角来看，生产性服务业对农产品价格波动的影响方向，取决于由于生产性服务中间投入导致的供给价格弹性提高程度和需求价格弹性提高程度的比较。实际上，不同的农产品，其供给和需求的价格特征是有所不同的。相对于大蒜、生姜等生鲜农产品而言，大宗农产品如粮食和棉花，其生产周期相对较长，供给价格弹性相对较小；其可替代性相对较差，需求价格弹性相对较小。在大宗农产品的生产经营中引入生产性服务业之后，如果供给价格弹性提高幅度大于需求价格弹性的提高幅度，导致供给弹性大于需求弹性，农产品价格波动趋于发散型特征；反之，则价格波动趋于收敛型特征。

4.5 本章结论

生产性服务业对农业是有很强的产业关联效应的。基于农业生产的时节性和技术环节的可分性，在农地所有权、承包权、经营权"三权"分置的背景下，劳动力等要素在不同时间段的相对价格差异促使农户将农地经营权按生产环节做进一步细分，并以外部交易的方式替代内部提供，这样农户家庭经营活动卷入了社会分工，这是生产性服务业嵌入农业的分工演化逻辑。嵌入农业的生产性服务业，即农业生产性服务业，是指为农业生产者生产经营市场化提供各类生产性服务的行业部门。具体来说，产前环节的生产性服务包括农资供应、土地流转、金融保险、人力资源服务等；产中环节的生产性服务包括农机作业、植保服务、农业科技服务、生产环节外包服务等；产后环节的生产性服务包括污染治理及废弃物循环利用、仓储物流、营销广告、市场信息服务、农产品流通服务等。

由于服务产品具有特定的使用价值和价值特征，服务业具有鲍莫尔"成本病"意义上的价格特征，加之生产性服务业嵌入农产品价值链，具有服务内容明确、服务成本清晰、服务成果可计量的特点，而且还具有规模经济效应、范围经济效应和知识外溢效应，因此生产性服务业具有影响农产品价格的内在属性。从价格构成视角来看，生产性服务业对农产品价格的影响方向，取决于由于外购（包）服务而产生的生产流通成本及内部管理费用降低程度和市场交易成本提高程度的比较。从供求均衡视角来看，生产性服务业对农产品价格波动的影响方向，取决于由于中间服务投入导致的供给价格弹性提高程度和需求价格弹性提高程度的比较。从这个意义上来看，要支持知识密集型服务业企业加快发展涉农服务，同时要加强对农业生产者外购生产性服务的补贴，对于一些农业公益性服务可以采取政府购买的提供模式。另外，可以引入信息服务加强农产品供应链的科学管理。

第5章

生产性服务业影响农产品价格的
实证研究：基于价格构成的视角

生产性服务业嵌入农业生产经营产前、产中、产后各环节，必然会导致单位农产品成本与费用发生变化，并最终体现在农产品价格上。这是价格构成视角下生产性服务业发展影响农产品价格的基本逻辑。本章分两个层次进行实证研究，为价格构成影响机理提供实证依据。首先，基于全球价值链的视角，采用宏观数据，测算我国农业最终产品价值构成中的行业与地域贡献，借以反映服务业对农业最终产品的价值贡献。其次，基于具体的农产品供应链的视角，采用微观调查数据，研究不同环节的中间投入服务对农产品成本及价格的贡献率。

5.1 我国农业最终产品价值构成及
服务业贡献的宏观测算

随着国际分工日益深化，中间品贸易在贸易中所占比重越来越大，我国农业最终产品中将更多地包含其他行业乃至国家的增加值。这使得行业与行业之间、区域与区域之间的联系越来越紧密，但也导致传统的总量核算方法难以反映我国农业发展的真实面貌。那么，我国农业最终产品中究竟包含了多少来自其他行业其他国家的贡献？这一不同来源的增加值构成的发展趋势是怎样的？这里从全球价值链的视角构建了一个用以分析农业最终产品的价值构成的统一框架，并在此框架下测算我国农业最终产品价值构成的行业指数、地域指数以及交叉指数。

5.1.1 测算方法

为了计算我国农业最终产品中来自其他行业或国家增加值的贡献，根据列昂惕夫的思想，可以做如下形式的分解。首先，计算第一层次的来自农业部门自身雇佣劳动和资本用于生产形成的增加值：$g^0 = \hat{v}\tilde{F}$。其中$\hat{v}$表示增加值率向量，$\tilde{F}$表示最终需求向量。可以预见$\tilde{F}$中仅有对我国农业部门的最终产品需求为正值，即我国和外国对我国农业部门的最终产品需求之和，其余为零。此外，农业部门最终产品的形成需要中间投入，该部分中间投入的第一层次供应商的增加值可以表示为：$g^1 = \hat{v}A\tilde{F}$，其中A表示完全消耗矩阵。中间投入品$A\tilde{F}$引致的第二层次供应商增加值为$g^2 = \hat{v}A(A\tilde{F})$。因此，根据增加值的来源，我国农业最终产品价值可以表示为：

$$g = g^0 + g^1 + g^2 + \cdots = \hat{v}(I + A + A^2 + A^3 + \cdots)\tilde{F} = \hat{v}(I-A)^{-1}\tilde{F} \quad (5.1)$$

为了简单起见，本书构建两个国家（s、r）、两个产业（i、j）的世界投入产出表和相应的矩阵形式加以说明，其中以i产业表示农业，j表示其他产业，s国为本国，r国为外国（以下同），其中如表5-1所示。

表5-1　　　　　　　　　　世界投入产出

		中间投入				最终需求		总产出	出口
		国家 S		国家 R		国家 S	国家 R		
		产业 i	产业 j	产业 i	产业 j				
国家 S	产业 i	M_{ii}^{ss}	M_{ij}^{ss}	M_{ii}^{sr}	M_{ij}^{sr}	f_i^{ss}	f_i^{sr}	Y_i^s	E_i^{sr}
	产业 j	M_{ji}^{ss}	M_{jj}^{ss}	M_{ji}^{sr}	M_{jj}^{sr}	f_j^{ss}	f_j^{sr}	Y_j^s	E_j^{sr}
国家 R	产业 i	M_{ii}^{rs}	M_{ij}^{rs}	M_{ii}^{rr}	M_{ij}^{rr}	f_i^{rs}	f_i^{rr}	Y_i^r	E_i^{rs}
	产业 j	M_{ji}^{rs}	M_{jj}^{rs}	M_{ji}^{rr}	M_{jj}^{rr}	f_j^{rs}	f_j^{rr}	Y_j^r	E_j^{rs}
总投入		X_i^s	X_j^s	X_i^r	X_j^r				
增加值		Va_i^s	Va_j^s	Va_i^r	Va_j^r				

相应的矩阵形式为:

$$
\hat{v}(I-A)^{-1}\widetilde{F}=
\begin{bmatrix}
v_i^s & 0 & 0 & 0\\
0 & v_j^s & 0 & 0\\
0 & 0 & v_i^r & 0\\
0 & 0 & 0 & v_j^r
\end{bmatrix}
\begin{bmatrix}
b_{ii}^{ss} & b_{ij}^{ss} & b_{ii}^{sr} & b_{ij}^{sr}\\
b_{ji}^{ss} & b_{jj}^{ss} & b_{ji}^{sr} & b_{jj}^{sr}\\
b_{ii}^{rs} & b_{ij}^{rs} & b_{ii}^{rr} & b_{ij}^{rr}\\
b_{ji}^{rs} & b_{jj}^{rs} & b_{ji}^{rr} & b_{jj}^{rr}
\end{bmatrix}
\begin{bmatrix}
f_i^s+f_i^{sr} & 0 & 0 & 0\\
0 & f_j^{ss}+f_j^{sr} & 0 & 0\\
0 & 0 & f_i^{rs}+f_i^{rr} & 0\\
0 & 0 & 0 & f_j^{rs}+f_j^{rr}
\end{bmatrix}=
$$

$$
\begin{bmatrix}
v_i^s b_{ii}^{ss}(f_i^{ss}+f_i^{sr}) & v_i^s b_{ij}^{ss}(f_j^{ss}+f_j^{sr}) & v_i^s b_{ii}^{sr}(f_i^{rs}+f_i^{rr}) & v_i^s b_{ij}^{sr}(f_j^{rs}+f_j^{rr})\\
v_j^s b_{ji}^{ss}(f_i^{ss}+f_i^{sr}) & v_j^s b_{jj}^{ss}(f_j^{ss}+f_j^{sr}) & v_j^s b_{ji}^{sr}(f_i^{rs}+f_i^{rr}) & v_j^s b_{jj}^{sr}(f_j^{rs}+f_j^{rr})\\
v_i^r b_{ii}^{rs}(f_i^{ss}+f_i^{sr}) & v_i^r b_{ij}^{rs}(f_j^{ss}+f_j^{sr}) & v_i^r b_{ii}^{rr}(f_i^{rs}+f_i^{rr}) & v_i^r b_{ij}^{rr}(f_j^{rs}+f_j^{rr})\\
v_j^r b_{ji}^{rs}(f_i^{ss}+f_i^{sr}) & v_j^r b_{jj}^{rs}(f_j^{ss}+f_j^{sr}) & v_j^r b_{ji}^{rr}(f_i^{rs}+f_i^{rr}) & v_j^r b_{jj}^{rr}(f_j^{rs}+f_j^{rr})
\end{bmatrix}
\tag{5.2}
$$

其中
$$
\begin{bmatrix}
b_{ii}^{ss} & b_{ij}^{ss} & b_{ii}^{sr} & b_{ij}^{sr}\\
b_{ji}^{ss} & b_{jj}^{ss} & b_{ji}^{sr} & b_{jj}^{sr}\\
b_{ii}^{rs} & b_{ij}^{rs} & b_{ii}^{rr} & b_{ij}^{rr}\\
b_{ji}^{rs} & b_{jj}^{rs} & b_{ji}^{rr} & b_{jj}^{rr}
\end{bmatrix}=
\begin{bmatrix}
1-a_{ii}^{ss} & -a_{ij}^{ss} & -a_{ii}^{sr} & -a_{ij}^{sr}\\
-a_{ji}^{ss} & 1-a_{jj}^{ss} & -a_{ji}^{sr} & -a_{jj}^{sr}\\
-a_{ii}^{rs} & -a_{ij}^{rs} & 1-a_{ii}^{rr} & -a_{ij}^{rr}\\
-a_{ji}^{rs} & -a_{ij}^{rs} & -a_{ji}^{rr} & 1-a_{jj}^{rr}
\end{bmatrix}^{-1}
$$
表示列昂惕夫

逆矩阵,a_{ji}^{sr} 为 r 国 i 部门使用 s 国 j 部门的产品作为中间投入品的完全消耗系数,$v_j^s = 1-\sum_r\sum_i a_{ij}^{rs}$ 表示 s 国 j 部门的本地增加值在产出中所占份额,f_j^{sr} 表示 r 国对 s 国 j 部门产品的最终需求。式(5.2)中等式右边的矩阵将增加值按照来源国、来源行业、使用国、使用行业四个维度进行分解。以此矩阵第一列为例,$v_i^s b_{ii}^{ss}(f_i^{ss}+f_i^{sr})$ 表示本国(s)i 部门生产的最终产品中来自本国(s)i 部门创造的价值;$v_j^s b_{ji}^{ss}(f_i^{ss}+f_i^{sr})$ 表示本国(s)i 部门生产的最终产品中来自本国(s)j 部门创造的价值;$v_i^r b_{ii}^{rs}(f_i^{ss}+f_i^{sr})$ 表示本国(s)i 部门生产的最终产品中来自外国(r)i 部门创造的价值;$v_j^r b_{ji}^{rs}(f_i^{ss}+f_i^{sr})$ 表示本国(s)i 部门生产的最终产品中来自外国(r)j 部门创造的价值。

根据恒等式:$v_i^s b_{ii}^{ss}+v_j^s b_{ji}^{ss}+v_i^r b_{ii}^{rs}+v_j^r b_{ji}^{rs}=1$,对式(5.2)第一列所有元素求和即 s 国 i 部门最终产品的价值:

$$
TV_i^s=f_i^{ss}+f_i^{sr}=v_i^s b_{ii}^{ss}(f_i^{ss}+f_i^{sr})+v_j^s b_{ji}^{ss}(f_i^{ss}+f_i^{sr})+v_i^r b_{ii}^{rs}(f_i^{ss}+f_i^{sr})+v_j^r b_{ji}^{rs}(f_i^{ss}+f_i^{sr})
\tag{5.3}
$$

同理,在多国多行业的情况下一样有恒等式:$\sum_j\sum_r v_j^r b_{ji}^{rs}=1$,因此:

$$TV_i^s = \sum_j \sum_r v_j^r b_{ji}^{rs} \sum_T f_i^{sr} \qquad (5.4)$$

根据式（5.4）在多国多行业的情况下可以定义我国农业最终产品的行业价值构成指数、地域价值构成指数以及交叉价值构成指数：

$$AII^s = \frac{\sum_{j \in 某行业} \sum_r v_j^r b_{ji}^{rs} \sum_T f_i^{sr}}{TV_i^s} \qquad (5.5)$$

$$AIR^s = \frac{\sum_j \sum_{r \in 某地域} v_j^r b_{ji}^{rs} \sum_T f_i^{sr}}{TV_i^s} \qquad (5.6)$$

$$AIM^s = \frac{\sum_{j \in 某行业} \sum_{r \in 某地域} v_j^r b_{ji}^{rs} \sum_T f_i^{sr}}{TV_i^s} \qquad (5.7)$$

其中 AII^s 表示我国农业最终产品的行业价值构成指数，AIR^s 表示我国农业最终产品的地域价值构成指数，AIM^s 表示我国农业最终产品的交叉价值构成指数。这些指数，一方面刻画了不同行业或者不同地域创造的价值对我国农业最终产品的贡献；另一方面也从全球价值链的视角反映，对我国农产品最终需求一美元的变化对其他不同行业或者地域 GDP 的拉动效应。

5.1.2　数据来源及产业分类

这里采用多国世界投入产出表（WIOTs）数据。WIOTs 数据主要基于 SUT（NSI 和 ITS 提供）、用 BEC 分类链接，结合双边贸易数据（BACI）构建的一个全球产业层面的数据，是 WIOD 数据库的核心部分。数据主要内容包含 41 个经济体（40 个国家，包括 OECD 国家、俄罗斯、巴西、中国、印度、印度尼西亚和南非；其他国家归为一个经济体 ROW）及其细分 35 个产业的 1995～2011 年的连续 17 年数据。特别说明的是，WIOTs 数据目前只更新到了 2011 年。具体指标有：35 个产业货物和服务中间品投入及产出；对 35 个产业消费支出及存货变化；当年 CIF/FOB 调整价格；当年国际货运毛利；当年产品净税值等。

农业主要对应于 WIOTs 分类中的 c1，即农、林、牧、渔行业。工业（制造业）行业主要对应于 WIOTs 分类中的 c2 – c16。服务业行业主要对应于 WIOTs 分类中的 c17 – c35。为分析方便，参考 Rahman and Zhao (2013) 要素密度分类方法将工业（制造业）行业以及服务业行业划分为劳动密集型制造业、资本密集型制造业、知识密集型制造业、劳动密集型服务业、资本密集型服务业、知识密集型服务业和公共服务业 7 大门类。劳动密集型制造业包括：纺织及服装制造、皮革制品、木材加工及木制品、废品及其他制造业。资本密集型制造业包括：采矿、食品及饮料制造、造纸及纸制品、石油及核燃料加工、橡胶及塑料制品、非金属矿物制品、金属制品。知识密集型制造业包括：化学原料及制品、机械制造、电气及电子机械制造、交通运输设备制造。劳动密集型服务业包括：建筑、汽车及摩托车销售、维护及修理、燃油零售（除汽车摩托车）、零售（除汽车摩托车）、住宿和餐饮、旅行社务、私人雇佣的家庭服务。资本密集型服务业包括：电力煤气水供应、内陆运输、水路运输、航空及其他运输、邮政与通信、房地产。知识密集型服务业包括：金融业、租赁和商务服务。公共服务业包括：公共管理和国防、社会保障、卫生和社会工作、教育、其他社区社会及个人服务。

5.1.3 测算结果及分析

根据测算框架，通过计算式（5.5）、式（5.6）、式（5.7）得到如下结果：

图 5 – 1 反映的是行业价值构成指数，即我国农业最终产品价值构成中制造业和服务业的占比情况。可以发现，从构成大小来看，制造业贡献占比大约在不超过 15% 的水平，而服务业贡献占比从 10% 增加到样本期末大约 13% 的水平。两者之和大约占我国农业最终产品价值构成 1/4 的水平。从时间趋势来看，制造业占比在样本期内比较稳定，而服务业占比在 1995 ~ 2002 年有一波迅速地提升，随后趋于平缓。图 5 – 2 描述的是地域价值构成指数，即来自国外的增加值在我国农业最终产品价值构成中的占比。从图中可以发现，国外增加值占比在样本期内波动较大，最低点在 1998 年，略低于 5%，最高点在 2004 年，略高于 8%。在 1998 ~ 2004 年间国外的增加值在我国农业最终产品价值构成中的占比增加迅速，尤其在 2001 年后，

表明加入 WTO 使得我国农业在全球价值链中的参与度提升明显。2004 ~ 2007 年国外的增加值在我国农业最终产品价值构成中的占比一直维持在相对较高的水平，而金融危机的发生使得国外的增加值在我国农业最终产品价值构成中的占比明显下降，但随后逐渐恢复到金融危机以前的水平。

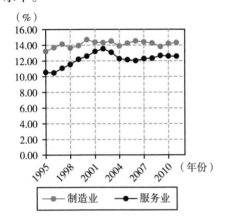

图 5 - 1　我国农业最终产品
行业增加值构成

图 5 - 2　我国农业最终产品
地域增加值构成

接下来，进一步按照要素密集度对行业进行划分，并据此计算得到按要素密集度划分的行业增加值构成指数。

如表 5 - 2 所示，从行业要素密集度特征来看，我国农业最终产品的价值构成中来源于不同要素密集度行业的比重总体比较稳定。占比最大的是资本密集型制造业，其次是知识密集型制造业，而服务业中的劳动密集型服务业、资本密集型服务业、知识密集型服务业三者创造的增加值在农业最终产品的价值构成中大致相仿，再次是劳动密集型制造业，占比最小的是公共服务业。从时间维度来看，资本密集型制造业不仅在我国农业最终产品的行业价值构成指数中最大，近年来其占比还呈现增长的趋势，尤其是 2004 年以后增幅显著，可能的原因是 2004 年减免农业税政策的出台，加大了对农业的投入同时加快农业资本积累速度，但这一结构效应并未很好地体现在劳动密集型制造业和知识密集型制造业对农业的反哺作用中。与资本密集型制造业具有同样趋势还有公共服务业对我国农业最终产品的价值构成指数。相反，劳动密集型制造业和知识密集型制造业在农业最终产品价值构成中的占比则呈现下降的趋势。劳动密集型服务业、资本密集型服务业、知识密集型服务业在农业最终产品价值构成中的时间趋势相对比较稳定。

表 5 - 2　　我国农业最终产品按要素密集度划分的行业价值构成指数　　单位：%

年份	劳动密集型制造业	资本密集型制造业	知识密集型制造业	劳动密集型服务业	资本密集型服务业	知识密集型服务业	公共服务业
1995	1.28	6.79	5.14	3.61	3.49	3.08	0.37
1996	1.43	7.10	5.16	3.78	3.44	2.92	0.34
1997	1.47	7.46	5.19	3.82	3.67	3.17	0.41
1998	1.49	7.18	4.97	4.02	3.80	3.26	0.46
1999	1.44	7.31	5.19	4.24	4.06	3.42	0.48
2000	1.36	7.93	5.41	4.32	4.30	3.50	0.49
2001	1.35	7.71	5.31	4.47	4.56	3.62	0.54
2002	1.24	7.64	5.43	4.48	4.73	3.73	0.59
2003	1.14	7.86	5.51	4.23	4.47	3.67	0.71
2004	0.90	7.95	5.04	3.75	4.41	3.36	0.76
2005	0.87	8.51	4.87	3.62	4.33	3.33	0.87
2006	0.91	8.81	4.81	3.59	4.00	3.47	0.97
2007	0.88	8.74	4.78	3.65	3.94	3.72	0.98
2008	0.89	8.92	4.45	3.78	3.82	3.72	1.02
2009	0.93	8.50	4.38	3.82	3.82	3.94	1.09
2010	0.93	8.80	4.47	3.87	3.86	3.87	1.01
2011	0.92	8.93	4.46	3.91	3.87	3.81	0.99

资料来源：根据 WIOT（2013 年 11 月发布）数据计算而成。

总体而言，除了农业本身以外，其他行业对农业最终产品的价值的贡献大小取决于以下三个因素：第一，该行业与农业直接经济技术联系密切，关联程度高，相互依赖性强。这主要取决于直接消耗矩阵 A 的元素大小；第二，行业规模与行业本身增加值率大小，这直接反映了行业通过雇佣劳动力和资本等原始要素创造价值的能力；第三，从全球价值链的角度来看，该行业与农业在全球价值链中的相对位置，若该行业所处位置相对较为上游，其创造的增加值可以通过中间产品直接体现在农业最终产品中，也可以通过作为其他行业中间投入的中间投入，间接体现在农业最终产品中。

为了同时考察行业与地域的交叉因素，这里计算了我国农业最终产品
中地域与行业的交叉价值构成指数。

　　表 5－3 所示的是全球价值链视角下，我国农业最终产品的行业与地域
交叉价值构成指数。从表中可以发现，我国农业最终产品的价值构成从行
业和地域两方面综合来看总体上比较稳定。除了本国本行业贡献的增加值
以外，价值构成从大到小依次是来自本国制造业的增加值、本国服务业的
增加值、外国制造业的增加值、外国服务业的增加值以及外国农业的增加
值。值得注意的是，虽然大多数学者认为，2004 年减免农业税拉开了中国
工业反哺农业的序幕，处于工业化中后期的中国目前已经进入了工业反哺
农业的阶段，但是从农业最终产品价值的构成来看，这一论断过于笼统。
换句话说，减免农业税引致的工业反哺更多地体现在规模性而非结构性方
面。因为农业最终产品中来自我国制造业的增加值总体上在 2004 年前后始
终处于较平稳的状态，正如前面所示仅资本密集型制造业结构性反哺效应
明显。虽然从总体上来看，我国农业最终产品价值构成中，非农行业增加
值所占比重越来越大，但这并非完全以 2004 年减免农业税为契机引致的工
业反哺效应为主，而更多地体现为服务业增加值在我国农业最终产品中的
比重以及我国农业国际化程度的提升。尤其是后者，加入 WTO 以后，我
国农业在全球生产网络和全球价值链中的参与度不断提高，从而使得来自
国外的非农产业增加值占比有所增加。

表 5－3　　　　　　我国农业最终产品按地域与行业的交叉价值构成指数

年份	本国农业	本国制造业	本国服务业	外国农业	外国制造业	外国服务业
1995	75.51	10.20	8.50	0.73	3.00	2.05
1996	75.25	10.89	8.65	0.60	2.80	1.82
1997	74.29	11.04	9.15	0.51	3.07	1.92
1998	74.39	11.05	9.81	0.43	2.59	1.74
1999	73.42	11.10	10.35	0.44	2.84	1.85
2000	72.12	11.22	10.44	0.57	3.48	2.17
2001	71.88	11.26	11.09	0.57	3.10	2.10
2002	71.63	11.05	11.30	0.53	3.26	2.23
2003	71.63	10.86	10.42	0.78	3.65	2.66
2004	72.77	9.73	9.36	1.06	4.16	2.92

续表

年份	本国农业	本国制造业	本国服务业	外国农业	外国制造业	外国服务业
2005	72. 60	10. 08	9. 32	1. 00	4. 16	2. 83
2006	72. 41	10. 46	9. 28	1. 02	4. 08	2. 76
2007	72. 31	10. 54	9. 59	1. 00	3. 85	2. 70
2008	72. 21	10. 50	9. 76	1. 20	3. 75	2. 58
2009	72. 56	10. 75	10. 46	0. 97	3. 05	2. 20
2010	71. 99	10. 67	10. 24	1. 20	3. 53	2. 37
2011	71. 90	10. 58	10. 18	1. 21	3. 74	2. 40

资料来源：根据 WIOT（2013 年 11 月发布）数据计算而得。

从时间趋势上看，我国农业最终产品价值的各种来源的变化情况有所不同。1995～2011 年这十七年间，我国农业最终产品中来自本国农业的增加值虽然仍稳定在七成以上，但这一比例在逐年下降。而来自外国农业的增加值虽然占比仍然较低，但却有逐年提高的趋势，从 1995 年的 0.73% 上升到 2011 年的 1.21%。这说明，我国农业参与全球价值链的参与度稳中略有提升。此外，本国服务业和外国服务业在我国农业最终产品价值构成中的比重呈现出明显的波动，尤其是本国服务业在我国农业最终产品价值构成中的比重，从 1995 年的 8.5% 迅速上升到 2002 年的 11.30%，此后回落到 2006 年的 9.28%，再增长到 2011 年的 10.18%。这反映了我国农业最终产品价值的波动主要来源于服务业在其中的增加值构成，尤其是本国服务业。

从另一个角度来看，表 5 - 3 中数值的大小也反映了我国农业最终产品价值的实现对不同地域不同行业的拉动作用。换句话说，全球对我国农产品的最终需求的变化，对其他地区的行业增加值（或者说创造的 GDP）的影响，不仅取决于对我国农产品的最终需求变化量的大小，还取决于不同地域的行业在我国农业最终产品价值构成中的比例。因此，表 5 - 3 的结果也可以说明，全球对我国农产品的最终需求每提升 100 美元对不同地区的行业增加值拉动的数量。需要说明的是，根据上述说法，全球对我国农产品的最终需求每提升 100 美元，对本国农业增加值的拉动是逐渐下降的，而对其他国家农业增加值的拉动是逐年增加的。如果我国农业最终产品中农业增加值可以恰当地表示农业投入要素在全球价值链中获得的报酬的话，这是否可以代表我国农业全球化所付出的代价？其实，通过计算可以发现，从价值分配结构而言，随着全球化参与程度的提升，绝大多数行业自身增加值占比都呈现下降的趋势，但从总量上而言，全球化带来了本行业增加值巨大的飞跃。以我国农业增加值为例，样本期末我国农业最终产品价值中来自农业本身的增加值总量是样本期初的 2.5 倍。

5.2 生产性服务投入影响农产品价格构成的微观实证

农业产前、产中、产后各环节都有各类生产性服务投入，这些服务投入都以成本的形式，体现在农业生产资料价格、农产品生产价格、批发价格、零售价格之中。本节基于微观调研数据，从农产品供应链的视角，研究不同环节的生产性服务投入对农产品成本及价格的贡献。考虑到在产前环节，不同农业生产资料（如农药、化肥、农膜等）的供应链不同，成本构成内容不同，而且最终都要体现在产中环节的直接物质费用中，因此本节不专门研究生产性服务投入对产前环节的成本贡献，仅研究产中、产后两个环节生产性服务贡献。

5.2.1 生产性服务投入对农业产中环节的成本与价格贡献

数据来自课题组 2017 年 6 月在湖南省涟源市的典型调查，区分常规生产模式和外包生产模式两种不同模式，各选择了 100 个典型农户进行入户访谈和问卷调查，采集水稻生产环节各项成本数据，具体分析时取样本农户的平均值。2015 年，涟源市被财政部确定为全国支持农业生产全程社会化服务试点县，获得中央财政 1000 万元资金。2016 年，该市确定试点的实施范围为全市双季稻区和高产创建示范区；明确补助对象为提供农业生产全程社会化服务的组织，最终受益对象为享受农业生产全程社会化服务的农民；明确补助环节包括水稻生产的技术推广、田间管理、农资供应、集中育秧、机耕机插机收、统防统治、烘干等环节，而且每个环节各有不同的补助标准，但每亩水田最高补助 270 元。

要说明的是，由于在样本点双季稻和单季稻的亩产差异大，而且这种

生产性服务业发展影响农产品价格的理论与实证研究◄

差异并不是由于中间服务的内部化或外部化而导致的，如果抽样时常规生产模式选择单季稻农户，而外包生产模式只能选择双季稻农户，那么二者之间的研究就失去了可比性。为此，两种不同模式的农户抽样均选择双季稻农户。另外，家庭用工折价按照当地小工的价格 100 元/天计算。

1. 基于生产性服务内部化的常规生产模式的分析

常规生产模式是指农户内部提供各类生产性服务，不存在或极少数地存在外包服务的那种生产模式。通过入户访谈和问卷调查，课题组将水稻生产的产中环节费用区分为物质费用、服务费用、农户用工折价三大方面，具体的成本费用数据如表 5-4 所示。从表中可以看出，平均每亩水稻的生产总成本为 967.59 元，其中每亩的物质费用为 367.15 元，占总成本的比重为 37.94%；每亩服务费用为 178.8 元，占总成本的比重为 18.48%；每亩的农户用工折价为 421.64 元，占总成本的比重为 43.58%。样本农户水稻的平均亩产为 485.41 千克，按此标准计算，水稻的单位成本为 1.99 元/千克。而 2017 年当地农户稻谷的售价为 2.5 元/千克。总之，生产性服务投入（保险、技术服务、雇工）的成本贡献达到 18.48%，价格贡献（每千克水稻服务费用占稻谷售价的比重）达到 14.73%。

表5-4　　涟源市农户水稻生产产中环节的成本及费用明细（常规生产模式）

项目		成本或费用（元）	占比（%）
一、每亩的物质费用		367.15	37.94
直接费用	种子费	60.33	6.24
	化肥及农家肥费	113.23	11.70
	农药费	68.85	7.12
	农膜费	8.51	0.88
	机械作业费	68.56	7.09
	燃料动力费	4.21	0.44
	工具材料费	3.33	0.34
	灌溉费	7.42	0.77
	小计	334.44	34.56
间接费用	固定资产折旧	31.24	3.23
	销售费	1.47	0.15
	小计	32.71	3.38

· 114 ·

续表

项目	成本或费用（元）	占比（%）
二、每亩的服务费用	178.8	18.48
保险费	21	2.17
技术服务费	36	3.72
雇工费用	121.8	12.59
三、家庭用工折价	421.64	43.58
四、每亩总成本	967.59	100.00
五、单位成本（元/千克）	1.99	—

资料来源：基于 2017 年 6 月份对涟源市农户的访谈与问卷调查。

2. 基于生产性服务外包的外包生产模式的分析

外包生产模式是指农户将农业生产环节的大部分中间服务外包或全部外包，甚至总体托管的一种生产模式。在涟源市的试点范围内，由于外包服务有政府补贴，因此，无论是种养大户、家庭农场等新型经营主体，还是小规模农户，大多采用的都是外包生产模式。政府补贴的对象是合作社、农业服务企业等社会化服务组织，补助环节包括技术推广、田间管理、农资供应、集中育秧、机耕、机插、机收、专业统防统治、粮食烘干等，最终的受益对象是外包农户。在实际中，农户可以只选择一个或几个环节外包，也可以选择全部环节外包，甚至是总体托管。为了研究的典型性，课题组选择的样本农户是全部环节外包的农户。

通过入户访谈和问卷调查，课题组将水稻生产的产中环节费用区分为物质费用、服务外包费用、家庭用工折价三大方面，具体的成本费用数据如表 5-5 所示。从表中可以看出，在没有服务外包补贴的情况下，平均每亩水稻的生产总成本为 1080.17 元，其中每亩的物质费用为 279.46 元，占总成本的比重为 25.87%；每亩服务外包费用为 625.34 元，占总成本的比重为 57.89%；每亩的家庭用工折价为 175.37 元，占总成本的比重为 16.24%。调查发现，即使在全部生产环节外包的情况下，仍会发生少量的家庭用工，主要是农户为了防范服务商的道德风险行为进而对服务商的服务活动进行监督的用工。样本农户水稻的平均亩产为 496.04 千克，按此计算，则水稻的单位成本为 2.18 元/千克。而 2017 年当地农户稻谷的售价为

2.5 元/千克。总之，在没有外包补贴的情况下，生产性服务投入（主要是服务外包部分）的成本贡献高达 57.89%，价格贡献达到 50.43%，均相对较高。

表 5-5　　涟源市农户水稻生产产中环节的成本及费用明细（外包生产模式）

项目		没有外包补贴的情况		有外包补贴的情况		
		成本或费用（元）	占比（%）	亩补贴额（元）	成本或费用（元）	占比（%）
一、每亩的物质费用		279.46	25.87	—	279.46	32.87
直接费用	种子费	63.94	5.92	—	63.94	7.52
	化肥及农家肥费	114.39	10.59	—	114.39	13.46
	农药费	75.82	7.02	—	75.82	8.92
	小计	254.15	23.53	—	254.15	29.89
间接费用	固定资产折旧	13.74	1.27	—	13.74	1.62
	管理费	10.33	0.96	—	10.33	1.22
	销售费	1.24	0.11	—	1.24	0.15
	小计	25.31	2.34	—	25.31	2.98
二、每亩的服务外包费用		625.34	57.89	230	395.34	46.50
保险费		19.5	1.81	—	19.5	2.29
技术推广费		32.86	3.04	15	17.86	2.10
田间管理费		287.3	26.60	10	277.3	32.62
农资供应费		47.62	4.41	10	37.62	4.43
集中育秧费		12.4	1.15	10	2.4	0.28
机耕费		55.36	5.13	40	15.36	1.81
机插费		40	3.70	40	0	0.00
机收费		40	3.70	25	15	1.76
专业统防统治费		25.3	2.34	20	5.3	0.62
粮食烘干费		65	6.02	60	5	0.59
三、家庭用工折价		175.37	16.24	—	175.37	20.63
四、每亩总成本		1080.17	100.00	—	850.17	100
五、单位成本（元/千克）		2.18	—	—	1.71	—

资料来源：基于 2017 年 6 月份对涟源市农户的访谈与问卷调查。

在政府提供服务外包补贴的情况下，水稻亩补贴额为 230 元，服务外包费用降低为 395.34 元。此时，每亩水稻的生产总成本为 850.17 元，单位成本为 1.71 元/千克，其中每亩物质费用占比为 32.87%，每亩服务外包费用占比为 46.50%，每亩家庭用工折价费用占比为 20.63%。这样，生产性服务投入（主要是服务外包部分）的成本贡献为 46.50%，价格贡献为 31.88%。相对于没有补贴的情形下，这两个指标分别降低了 11.39 个百分点和 18.55 个百分点。

3. 不同生产模式下服务投入的成本及价格贡献的比较分析

如表 5-6 所示，在常规生产模式下，生产性服务投入的成本与价格贡献都相对较低，分别只有 18.48% 和 14.73%。这主要是因为大部分的生产性服务都被内部化为农户家庭内部提供，因此家庭用工折价的费用规模较大。在外包生产模式下，生产性服务投入的成本与价格贡献相对较高，分别达到了 57.89% 和 50.43%。但是，在政府对服务外包费用进行补贴的情况下，生产性服务投入的成本与价格贡献显著地降低了，只有 46.50% 和 31.88%，但仍要高于常规生产模式下的服务投入的贡献。这充分说明了政府补贴对于发展农业生产性服务业、稳定农产品价格的重要性，也说明了现有的补贴标准仍有待提高。特别指出的是，这里仅仅考虑了生产性服务投入对农产品生产价格的贡献，并没有深入研究由于生产性服务业嵌入而产生的效率提升、产量提高和质量提升所带来的效益变化。因此，不能就此断言生产性服务业嵌入农业的利与弊。

表 5-6 　　不同生产模式下生产性服务投入的成本与价格贡献的比较分析

类型	成本贡献（%）	价格贡献（%）
常规生产模式	18.48	14.73
外包生产模式（无补贴）	57.89	50.43
外包生产模式（有补贴）	46.50	31.88

5.2.2 生产性服务投入对农业产后环节的成本与价格贡献

农业产后环节主要是指农产品从田头到餐桌、从农户到消费者的环节。在现实中,这一环节的供应链模式很多。这里主要研究传统供应链、农超对接两种模式下生产性服务投入的成本与价格贡献。数据来源于课题组 2017 年 8 月对长沙市茄子、圆白菜两种蔬菜不同供应链上利益主体的调查。

1. 基于农产品传统供应链的分析

农产品传统供应链是指农户生产的农产品,经由农业经纪人采购后,进入产地批发市场、销地批发市场,再到销地零售市场,最后到消费者的流通链。课题组以茄子和圆白菜两种蔬菜为例,按照传统供应链模式,找出了"岳阳县中洲乡农户——岳阳花板桥批发市场——长沙红星农副产品批发市场——长沙市新开铺农贸市场——消费者"这个流通链条,并对农户、农业经纪人、产地批发商、销地批发商、销地零售商和消费者进行了详细调查。要特别说明的是,由于产地岳阳和销地长沙的距离不远,物流费用并不高,加之生鲜农产品保质期不长,因此,目前茄子和圆白菜这类农产品已很少采用这种供应链模式。课题组由于研究的需要,对农户、经纪人、批发商和零售商等主要知情人访谈获取数据。

这里主要有四个环节:第一个环节,即以经纪人为主体,农产品由农户到产地批发商的环节。中间投入服务费用主要包括经纪人代理费、运输费用、农产品分拣及包装费等。第二个环节,即以产地批发商为主体,农产品从产地批发市场到销地批发市场的环节。中间服务费用主要包括产地批发市场管理费、产地批发商运营费用(门面费、工资、餐饮费、住宿费等)、物流费用等。第三个环节,即以销地批发商为主体,农产品从销地批发市场到销地零售市场的环节。中间服务费用主要包括销地批发市场管理费、销地批发商运营费用、物流费用等。第四个环节,即以零售商为主体,将农产品售卖给消费者的环节。中间服务费用包括零售市场管理费、零售商运营费用等。通过调查,采集到前述项目的成本与费用数据,如表 5 - 7 所示。

表 5 - 7　　　　农产品产后环节成本与费用明细（传统供应链）

环节	茄子（每千克）		圆白菜（每千克）	
	服务成本或费用（元）	占比（%）	服务成本或费用（元）	占比（%）
一、农户—产地批发商	0.22	3.33	0.18	3.75
1. 生产价格	2.54	—	1.52	—
2. 经纪人代理费	0.04	0.61	0.04	0.83
3. 运输费用	0.08	1.21	0.06	1.25
4. 分拣及包装费	0.10	1.52	0.08	1.67
二、产地批发商—销地批发商	0.41	6.21	0.35	7.29
1. 产地批发价格	3.72	—	2.5	—
2. 产地批发市场管理费	0.15	2.27	0.11	2.29
3. 产地批发商运营费用	0.18	2.73	0.16	3.33
4. 物流费用	0.08	1.21	0.08	1.67
三、销地批发商—销地零售商	0.39	5.91	0.33	6.88
1. 销地批发价格	5.08	—	3.4	—
2. 销地批发市场管理费	0.14	2.12	0.13	2.71
3. 销地批发商运营费用	0.17	2.58	0.15	3.13
4. 物流费用	0.08	1.21	0.05	1.04
四、销地零售商—消费者	0.53	8.03	0.31	6.46
1. 零售市场管理费	0.15	2.27	0.1	2.08
2. 零售商运营费用	0.38	5.76	0.21	4.38
3. 零售价格	6.6	—	4.8	—

注：占比是指占零售价格的比重。

　　我们可以从两个思路进行分析：第一，农产品从田间到餐桌经过四个环节之后的层层溢价，这很大程度上体现了商贸流通服务的成本及价格贡献。茄子的生产价格为 2.54 元/千克，产地批发价格为 3.72 元/千克，销地批发价格为 5.08 元/千克，零售价格为 6.6 元/千克。从生产价格到零售价格，溢价了 4.06 元/千克。圆白菜的生产价格为 1.52 元/千克，产地批发价格为 2.5 元/千克，销地批发价格为 3.4 元/千克，零售价格为 4.8 元/千克。从生产价格到零售价格，溢价了 3.28 元/千克。这些溢价部分，既体现了批发商、零售商的利润，还体现为商贸流通环节的各类成本与费用，如市场管理费、运营费、物流费、分拣包装费等。第二，计算中间服务费用占零售价格的比重指标。茄子的生产价格（即最初的购买成本）为 2.54 元/千克，各环节中间服务费用小计为 1.55 元/千克，服务费用占零售价格的比重为 23.48%。圆白菜的生产价格（即最初的购买成本）为 1.52 元/千克，各环节中间服务费用小计为 1.17 元/千克，服务费用占零售价格的比重为 24.38%。总之，在传统供应链下，中间投入服务的费用对农产品价格的贡献是很大的。

2. 基于农超对接的农产品供应链的分析

农超对接模式是指以连锁超市为核心，"农户（合作社或基地）＋连锁超市＋消费者"的农产品供应链。课题组仍然以茄子和圆白菜为例，按照这个模式，找出了"岳阳县中洲乡蔬菜基地＋长沙步步高超市＋消费者"这个流通链条。要说明的是，农超对接模式是目前样本点农产品供应链的主要模式。由于这里不考虑产前和产中环节的情况，仅仅考虑农产品从田间到餐桌的产后环节，因此，农超对接模式下的中间服务投入主要是农产品的初加工及包装费用、仓储费用、物流费用（超市内部化或由第三方提供）、超市运营费用等。通过调查，采集到这些项目的成本与费用数据，如表 5 –8 所示。

表 5 –8　　农产品产后环节成本与费用明细（农超对接供应链）

环节	茄子		圆白菜	
	成本或费用（元/千克）	占比（%）	成本或费用（元/千克）	占比（%）
一、订单价格	2.83	35.82	1.76	32.59
二、超市环节的服务费用	1.18	14.94	0.82	15.19
1. 初加工及包装费用	0.12	1.52	0.08	1.48
2. 仓储费用	0.2	2.53	0.22	4.07
3. 物流费用	0.1	1.27	0.09	1.67
4. 超市运营费用	0.76	9.62	0.43	7.96
三、超市零售价格	7.9	—	5.4	—

注：占比指标是指占超市零售价格的比重。

显然，相对于传统供应链，农超对接模式下的中间服务费用规模与比重都相对较低。茄子的中间服务费用为 1.18 元/千克，相对于传统供应链，下降了 0.37 元；占零售价格的比重为 14.94%，相对于传统供应链，下降了 8.54 个百分点。圆白菜的中间服务费用为 0.82 元/千克，相对于传统供应链，下降了 0.35 元；占零售价格的比重为 15.19%，相对于传统供应链，下降了 9.19 个百分点。一个重要的原因是，农超对接模式的中间环节少，没有经过经纪人、产地批发市场和销地批发市场而直接进入超市，因此中间环节溢价相对较少，中间服务投入对零售价格的贡献相对较低。但是也要注意到，农产品采用农超对接模式后，由于生产基地和超市的品牌质量优势，农产品零售价格往往还要更高。在这里，茄子和圆白菜的超市售价分别为 7.9 元/千克和 5.4 元/千克，显著地高于在农贸市场的售价 6.6 元/千克和 4.8 元/千克。

🔲 5.3　本章结论

服务业对农业最终产品的价值贡献大且呈提升态势。我国农业最终产品价值构成的行业指数显示，制造业贡献占比约在不超过 15% 的水平，而服务业贡献占比从 10% 增加到样本期末约 13% 的水平。从时间趋势来看，制造业指数在样本期内较为稳定，而服务业指数在样本期相对制造业提升明显。按行业要素密集度划分的结果显示，占比最大的是资本密集型制造业，其次是知识密集型制造业，而服务业中的劳动密集型服务业、资本密集型服务业、知识密集型服务业三者创造的增加值在农业最终产品的价值构成中大致相仿，再次是劳动密集型制造业，占比最小的是公共服务业。行业与地域交叉指数的结果显示，除了本国农业贡献的增加值以外，价值构成从大到小依次是来自本国制造业的增加值、本国服务业的增加值、外国制造业的增加值、外国服务业的增加值以及外国农业的增加值。

农业生产经营不同环节的中间服务投入会影响农产品的价格构成，但是不同的生产模式或供应链模式，服务投入成本与费用对价格的贡献也有不同。微观实证研究表明：在农业产中环节，基于服务内部化的常规生产模式，生产性服务投入对农产品成本与价格的贡献都相对较低。基于服务外包的生产模式，生产性服务投入对农产品成本与价格的贡献相对较高。但是，在政府对服务外包费用进行补贴的情况下，生产性服务投入的成本与价格贡献显著地降低了。这说明了政府补贴对于发展农业生产性服务业、稳定农产品价格等方面的重要性。在农业产后环节，相对于传统供应链，农超对接模式下的中间投入服务费用的规模以及对农产品零售价格的占比，都相对较低。

第**6**章

生产性服务业影响农产品价格的 实证研究：基于供求均衡的视角

生产性服务业嵌入农业生产经营的产前、产中、产后各环节，会导致农产品供求价格弹性发生相对变化，从而引起农产品价格波动，这是供求均衡视角下生产性服务业发展影响农产品价格的基本逻辑。本章基于 Nerlove 供给反应模型、几乎理想的需求系统模型（AIDS）研究了生产性服务业发展对农产品供给和需求的影响，并进一步测算了生产性服务业发展对农产品供给价格弹性和需求价格弹性的影响，进而实证分析生产性服务业发展对农产品价格的影响。

🔲 6.1 生产性服务业影响农产品供给的实证研究

6.1.1 基于 Nerlove 供给反应模型的构建

1. Nerlove 模型的提出

学术界研究产品供给的传统模型是经典的柯布—道格拉斯生产函数（C – D 函数）。该函数以产出为被解释变量，以各生产要素的投入为解释变量，研究各要素对产出的解释力度。C – D 函数广泛用于社会经济统计领域，其基本原理已经成为诸多经济模型构建的基础。在农业产出相关课题研究当中，也有不少学者沿用了 C－D 函数，分析农业相关投入要素对农业总产出的影响效应，但所得结论的解释力度有待加强。因为不少学者指出，包括农业种子活力、农业劳动力、农业机械规模、农用化肥等在内的要素对于农业产出的贡献，局限于已经制定的农业发展规划，这一规划即是事先确定的农业耕种面积。

在既定的农业发展规划中，农业的耕种面积不会出现显著变动，现成的技术条件是农业产出大规模增长的瓶颈约束。要想产出规模更快增加、产出增长速度加快，必须借助外在力量，也就是增加农业耕种面积，但这又取决于农户对农业收入的预期。理论上来看，当农户预期未来农产品价格会上涨，便会增加农业耕种面积，并试图提高农业产出；反之，当农户预期未来农产品价格会下跌，则会减少农业耕种面积。

从理性预期视角来看，农户对未来农产品价格的预测，主要取决于过去农产品价格的相关信息。一般的农户认为，如果过去的农产品价格高涨，那么未来的农产品价格也不会低，由此会增加农业耕种面积；反之，如果过去的农产品价格萎靡，那么农户对农产品市场缺乏信心，则会减少或者不会增加农业耕种面积。因此，结合理性预期理论来分析农业产出供给，成为更理性的研究模式。事实上，这种研究模式早在 1956 年便得到了认可。纳洛夫（Nerlove，1956）率先研究了农业产出对价格或非价格因素的映射关系，据此提出了农产品供给反应模型，并诠释了农产品供给反应是分析农产品价格杠杆发挥作用的基础。农业发展规划的制定影响着农业资源的调整，由此也决定了农业产出对农业价格的反应机制。

2. Nerlove 模型的基本原理

Nerlove 模型考虑了农户的心理预期，认为农户对于农业产出的规划不再简单地依据所投入的劳动、化肥、技术等要素，而是依据过去信息所猜测出来的即期价格来调整产出。因而从数学模型上看，农业产出是关于价格的函数。

Nerlove 模型的基本原理可基于适应性预期理论得以阐释。根据适应性预期的基本理论，假设生产者对下一期农产品价格和产量进行预测时，主要会依据之前年份（尤其是上一年）农产品价格和产量进行调整，即用上一年份农产品的实际价格与上一年农产品的期望价格之差的一定比例作为本期调整的依据。用符号表示如下：

$$Y_t^* = \alpha_0 + \alpha_1 P_t^* + \mu_t \tag{6.1}$$

$$P_t^* - P_{t-1}^* = \beta(P_{t-1} - P_{t-1}^*) \tag{6.2}$$

$$Y_t - Y_{t-1} = \gamma(Y_t^* - Y_{t-1}) \tag{6.3}$$

式（6.1）～式（6.3）中，Y_t 和 Y_t^* 分别为 t 时的实际产出和长期均衡产出，P_t 和 P_t^* 分别为 t 时的实际价格和长期均衡价格，β 和 γ 分别表示农产品的期望供给调整系数与期望价格调整系数，μ_t 为随机扰动项。通常情况下，β 和 γ 取值范围一般都处于 [0.1]，其数学上的经济含义为：如果 β 和 γ 的数值均接近于1，那么农户对农产品价格预测存在较大误差，并且依据上一期的实际价格，对当期产出规划进行了很大调整；反之，如果 β 和 γ 的数值均接近于0，则意味着农户事先对农产品价格预测的误差非常小，并且依据上一期的实际农产品价格，对当期产出规划做出的调整非常小。

调整式（6.1）可得：

$$P_t^* = \frac{1}{\alpha_1}(Y_t^* - \alpha_0 - \mu_t) \tag{6.4}$$

代入式（6.2），得：

$$\frac{1}{\alpha_1}(Y_t^* - \alpha_0 - \mu_t) = \beta P_{t-1} + (1-\beta)\frac{1}{\alpha_1}(Y_{t-1}^* - \alpha_0 - \mu_{t-1}) \tag{6.5}$$

而对式（6.3）进行调整，又可得：

$$Y_t^* = \frac{1}{\gamma}(Y_t - Y_{t-1}) + Y_{t-1} \tag{6.6}$$

于是，依据式（6.1）～式（6.6），可得农产品产出供给的 Nerlove 模型为：

$$Y_t = \alpha_0\beta\gamma + (2-\beta-\gamma)Y_{t-1} + (1-\beta)(1-\gamma)Y_{t-2} + \alpha_1\beta\gamma P_{t-1} + $$
$$\gamma\mu_t - \gamma(1-\beta)\mu_{t-1} \tag{6.7}$$

令 $a = \alpha_0\beta\gamma$，$b_1 = 2-\beta-\gamma$，$b_2 = (1-\beta)(1-\gamma)$，$b_3 = \alpha_1\beta\gamma$，$\varepsilon_t = \gamma\mu_t - \gamma(1-\beta)\mu_{t-1}$，则农产品产出供给的 Nerlove 模型可调整为：

$$Y_t = a + b_1 Y_{t-1} + b_2 Y_{t-2} + b_3 P_{t-1} + \varepsilon_t \tag{6.8}$$

由式（6.8）可知，农产品产出供给函数的自变量包含产出的滞后一期和滞后二期，以及前一期价格。鉴于 β 和 γ 的取值范围一般都处于 $[0.1]$，因而有 $b_1 = 2 - \beta - \gamma \geqslant 0$，$b_2 = (1 - \beta)(1 - \gamma) \geqslant 0$，这意味着上一期产出对当期产出的影响为正，而前两期产出对当期产出的影响也为正。这可做如下解释：农户在上一期种植农产品后所遗留的农药、化肥等要素，继续保留了土地的种植效率，农户上一期的劳动积极性也得到延续，因此，前一期的产出供给对当期的产出供给存在"惯性"。更久远的历史信息会随着经济周期的波动而逐渐丧失价值，同时，农产品买卖市场上多交易主体的博弈，使得农产品供给优势逐渐降低，远期农产品供给弹性逐步减弱，如果继续过度依赖更久远的历史信息，将使得农产品的产出供给趋势得不到维持，历史信息对当期的作用将趋近于 0。因而从理论上来看，被解释变量滞后一期的估计系数要高于滞后二期的估计系数。此外，β 和 γ 取值为 0 或者 1 时为极端时刻，也就是说，Y_{t-1} 和 Y_{t-2} 的估计系数通常均表现为正，但较合理的情况应当是 $1 \geqslant b_1 \geqslant b_2 \geqslant 0$。因而 Nerlove 模型所暗含的经济意义为：在农产品产量供给的决策模型中，农户所参考信息的时间越久远，其参考价值将越小，但理论上始终存在。这意味着农户依据农产品供给的历史信息，有助于对当期农产品供给做出理性调整，能将当期农产品产出 Y_t 逐渐调整到稳态。

3. 生产性服务业影响农产品产出 Nerlove 模型的构建

为刻画出生产性服务业影响农产品产出的区域性差异，需要针对不同区域类型展开实际分析，因而本章首先构建生产性服务业影响农产品产出的面板数据模型。而基于 Nerlove 模型的基本原理，本章构建生产性服务业影响农产品产出的实证模型，具体如下：

$$YC_{i,t} = a + b_1 YC_{i,t-1} + b_2 YC_{i,t-2} + b_3 PC_{i,t-1} + b_4 SF_{i,t} + \varepsilon_{i,t} \quad (6.9)$$

式（6.9）中，$YC_{i,t}$ 表示 i 区域第 t 期农产品的产出，$PC_{i,t-1}$ 表示 i 区域前一期的农产品供给价格，$SF_{i,t}$ 表示 i 区域第 t 期的生产性服务业，$\varepsilon_{i,t}$ 为随机扰动项。很显然，式（6.9）的解释变量包含了被解释变量的滞后项，因而该模型需要采用一定方法来动态刻画面板数据的时序特征，这就需要借助动态面板数据回归模型来进行实证分析。

动态面板数据模型是在常规面板模型的基础上，在解释变量当中引入了被解释变量的滞后项，使得解释变量包含了滞后一期变量的模型。该模型表示为：

$$y_{i,t} = \alpha_1 y_{i,t-1} + \sum_{i=2}^{n} \alpha_i x_{i,t} + \mu_i + \varepsilon_{i,t} \qquad (6.10)$$

式（6.10）中，$y_{i,t-1}$为用滞后一期被解释变量表示的动态解释变量，$x_{i,t}$是保持不变的自变量，α_i是拟合系数，μ_i和$\varepsilon_{i,t}$分别为体现模型截距差异的个体效应和随机误差项。

在上述动态面板数据模型中，由于在解释变量中引入了因变量的滞后项，从而导致解释变量与随机扰动项相关，且模型存在一定程度上的横截面相依性，这将导致传统的回归估计方法在估计参数时产生一定程度的有偏性和非一致性，以致根据参数估计结果进行的经济学推断发生扭曲，这会显著降低统计结果的估计精度。庆幸的是阿雷拉诺和邦德（Arellano and Bond, 1991）、布伦德尔和邦德（Blundell and Bond, 1998）等提出的广义矩估计（GMM 估计），可以较好地解决这一问题，但 GMM 估计通常情况下还需要配合使用工具变量。

广义矩估计以选择最小距离估计量为基本原则，放宽了随机扰动项的分布特征，释放了传统计量方法中随机扰动项不存在异方差和自相关等假设条件的局限性，因而得到的参数估计量比其他参数估计方法更符合实际，是一种稳健的估计量。但 GMM 估计需要运用工具变量产生相应的矩条件方程，同时缓解残差序列间的自相关性。工具变量有异于传统的解释变量，在时间跨度较长或者大样本背景下，可以选取 $y_{i,t-2}$，$\Delta y_{i,t-2}$（Anderson and Hsiao, 1981）。但当样本数据不满足上述特征时，残差项的一阶差分可以考虑作为工具变量（Arellano and Bond, 1991）。事实上，在较为宽松的环境下，大多数学者认为，被解释变量的滞后两阶项也可以作为工具变量的代选变量。

因此，这里选取的因变量为农业产出供给，自变量为农业产出供给的一阶和二阶滞后项以及农产品价格指数，工具变量选取农业产出供给的二阶滞后项。由于动态面板数据模型的特殊性，这里选取生产性服务业从业人员的平均工资水平作为控制变量，该控制变量与生产性服务业从业人员具有较强关联度，以此来试图消除不确定性因素对因变量的影响，从而使研究结论更为可信。

6.1.2 变量选取与数据来源

1. 生产性服务业变量的选取与数据说明

目前我国还没有完全符合农业生产性服务业统计口径的官方数据。已有学者尝试从国民经济行业分类视角，采用细分行业的从业人员数量作为代理变量，如席强敏（2015）等。本书认为，人是从事生产性服务业工作的主体，服务业部门从业人员越多，就意味着服务机会和潜力越大，能够提供的服务业务越广，服务业质量也会越高。同时，采用分行业的服务部门从业人员更具有针对性，能够通过为农产品生产、运输、包装和销售等环节提供质量咨询、资金周转、技术支持、物流包装、信息推广和售价对比等服务，使其更能体现对农业部门的贡献。

因此，本书将交通运输仓储和邮政业、信息传输计算机服务和软件业、金融业、房地产业、租赁和商务服务业以及科学研究、技术服务和地质勘查业六个方面的从业人员，定义为生产性服务业的代理指标。用符号labour表示，数据来源于历年的《中国第三产业统计年鉴》。此外，本书还选取了生产性服务业从业人员的平均工资水平作为控制变量，用符号wage表示，数据来源于国家统计局。

2. 农业产出变量的选取与数据说明

理论上，一个地区为居民提供的实际农产品规模，包括自主生产的农产品加上进口的农产品规模，再扣减出口的农产品规模。但从我国统计实践来看，并没有针对不同省、市、自治区公布连续性的农产品进出口规模，这也就为本书的研究提出了数据方面的操作性困难。因此，本书直接选取某一地区的粮食产量作为该地区的农业产出变量。粮食产量是一个粮食生产周期内为社会提供的粮食规模。在我国大部分地区尤其是农村地区，粮食基本上都是自给自足，需要从市场上购买粮食的农村人口相对较少，因而这一代理指标能够在一定程度上体现我国农业产出规模。该指标数据来源于国家统计局，用符号 supply 表示，滞后一期的产出用 l. supply 表示。

3. 农产品价格变量的选取与数据说明

选取农产品价格变量的目的，是为了衡量价格对产出供给的影响，因而理论上适宜结合农业产出变量来选取粮食价格数据。但到目前来看，除了江苏省试发布江苏粮食价格指数以外，我国其他相关统计部门并没有公布区域性的粮食生产价格指数，但按区域公布了与之最为接近的区域性农产品生产价格指数。因而关于农产品价格的代理变量，这里选取的是农产品生产价格指数。该指数反映的是区域所有农产品被出售时的相对变动趋势和幅度，具有综合反映全国农业发展现状和趋势的特征，对于衡量全国农产品生产价格水平和结构变动具有重要的价值。农产品生产价格指数以上年等于 100 为同比进行计算得到。数据均来源于《中国统计年鉴》，农产品价格变量用符号 price 表示。

6.1.3　实证结果与分析

1. 指标变量的描述性统计分析

由于国家统计局从 2009 年才开始统计生产性服务业从业人员工资水平的数据，因而这里实证研究的样本数据包含 2009～2015 年全国大陆的 30 个省、市、自治区，同时由于西藏自治区存在数据缺失较为严重的问题，所以研究对象不包括西藏（研究样本也未包括港澳台）。为刻画我国不同地区生产性服务业影响农产品价格的机理，课题组按各省、市地理区域进行划分，将我国 30 个省市划分为东、中、西三大区域。[①]

---

① 东部地区为我国沿海省份，包括北京、天津、河北、辽宁、上海、江苏、浙江、福建、山东、广东和海南共 11 个省市；中部地区包括山西、吉林、黑龙江、安徽、江西、河南、湖北和湖南共 8 个内陆省市；西部地区包括位于我国西部地区的内蒙古、广西、重庆、四川、贵州、云南、陕西、甘肃、青海、宁夏和新疆共 11 个省市。

表6-1   变量的描述性统计分析

		均值	最大值	最小值	样本数	偏度	峰度
东部	supply	130.907	356.800	12.930	77	0.915	3.140
	price	104.513	118.800.	95.000	77	0.832	2.953
	labour	1484.350	4712.700	62.640	77	0.802	2.219
	wage	637572.9	1262125	296326	77	0.749	3.191
中部	supply	69.939	134.480	38.920	56	0.953	3.816
	price	104.195	121.900	90.600	56	0.680	3.121
	labour	3302.764	6323.960	942.000	56	0.587	2.277
	wage	419076.4	598970.00	258922.00	56	0.046	1.890
西部	supply	47.447	138.670	9.500	77	0.991	4.529
	price	104.931	131.500	89.000	77	0.812	3.651
	labour	1388.755	3442.800	101.500	77	0.788	3.264
	wage	465785.400	749631.00	240139.00	77	0.237	2.060

首先，对所选变量数据的基本统计规律进行描述性分析，以便宏观把握三大区域农业产出、农产品价格和生产性服务业的基本特征。各变量的描述性统计分析结果如表6-1所示。由表6-1可知，东部地区的农产品产出规模最大，甚至超过了中部地区和西部地区的总和。其他变量与之对应的是生产性服务业人员的收入水平，东部地区的该指标数据要显著高于其他两个区域。但从生产性服务业的劳动力投入来看，以中部地区的从业人员最多，其次是东部地区，这意味着东部地区较少的从业人员创造了较多的农产品，通过计算三个地区生产性服务业从业人员人均收入比重，其结果为3.4∶1∶2.6。潜在的可能是，东部地区吸收了更多的技术性人员，占据着较高的人均工资，同时也创造着最高的农产品供给规模；生产性服务业从业人员人均收入最低的中部地区，向社会提供的农产品规模要高于西部地区，主要是因为投入了更多的生产性服务业人员。这种现状的潜在原因在于，高收入体制能刺激农产品的供给，而生产性服务业从业人员规模对农产品供给的刺激，在中部地区则没产生明显的影响。

三个区域农产品价格水平表现得旗鼓相当，这可能是受国家农业扶持政策和社会经济体制的影响。在互联网时代，现代服务业的发展使得农产品的采购、生产、销售等基本信息在农业市场上得到较大程度的公开，这些信息的透明化为厂商和客户提供了商品选择的便利，大大降低了农户、收购商、产地批发商、销地批发商、销地零售商和消费者等的信息搜集成本。同时，在引入现代服务业以后，农产品买卖市场范围得以扩大，贸易机会得到增加，消费者的购买便利性和产品的可获得性正在逐渐提高，替代品种类不断扩充，也由此提供了更多可供选择的农产品种类。此外，逐渐完善的物流系统和渐趋发达的交通网络，为农产品的区域间流通提供硬件基础，这使得农产品价格在全国范围内逐渐透明，价格指数在不同区域间的差异逐渐减少。

生产性服务业的从业人员以中部地区最多，东部地区和西部地区则大体一致。而根据从业人员的工资性收入来看，东部地区的生产性服务业从业人员工资水平最高，其次是西部地区，最后是中部地区，这也从侧面反映了东部地区从业人员的人均工资水平最高的特征。

以生产性服务业从业人员规模为基点，测算东部、中部和西部地区的人均农产品规模比重为4.16∶1∶1.61，可见，东部地区生产性服务业从业人员所创造的农产品价值最高，而中部地区的这一数值最低，这似乎表明生产性服务业并没有有效地刺激中部地区的农业发展，但具体结果还有待实证检验。因此，需要根据式（5.9），采用动态面板数据模型进行模拟检验。

2. 动态面板数据模型的估计

首先对各指标均进行对数变化，各变量的符号分别记为 lnsupply、lnprice、lnlabour、lnwage。由于模型中的解释变量包含被解释变量的滞后项，传统的 OLS 估计会出现偏误，因而需要借助 GMM 方法对该模型进行估计。实证模型所选软件为 stata11.0。所得结果如表 6 - 2 所示。

表6 - 2	Nerlove 动态面板回归模型的 GMM 估计		
	东部	中部	西部
l. lnsupply	0. 746 ***	0. 837 ***	0. 824 ***
l. l. lnsupply	0. 203 ***	0. 143 *	0. 154 ***
l. lnprice	- 0. 371 ***	- 0. 457 **	- 0. 078 *

	东部	中部	西部
lnlabour	0. 023 **	0. 001 *	0. 0356 *
lnwage	0. 143 **	− 0. 103	0. 022 ***
wald	883478. 5 ***	3013. 3 ***	394521. 9 ***
AR（2）	0. 206	0. 109	0. 101
sargan	0. 506	0. 123	0. 401

注：（1）l. lnsupply 和 l. l. lnsupply 分别表示经过对数处理后的滞后一期和滞后二期的产出供给；（2）*、**、*** 分别表示在 0.01、0.05 和 0.1 的显著性水平下显著；（3）Wald、AR（2）和 sargan 检验对应的值均为 p 统计量（后文类同，不再赘述）。

由表 6 - 2 可以发现，三个动态面板回归模型的 wald 值均显著地通过检验，而 2 期的残差自回归项 AR（2）和 sargan 检验结果也都较为理想，因而基于 GMM 方法加以拟合得到的三个动态面板数据回归模型均较为理想，模型拟合结果整体稳健，没有出现显著性的统计误差。

进一步分析可以发现，农产品产出供给主要受到自身的影响，不同区域的农产品产量均能积极推动当期农产品的供给。具体来说，三大区域中，上一期的农产品产量显著影响了当期农产品产出的供给，同时前两期农产品产量对当期农产品产量供给的联合拉动力度分别为 0.949、0.980 和 0.978，可见当期农业产出规模的惯性非常明显。

农产品价格在较大程度上抑制了农产品供给的规模，这不符合对传统价格理论的认识。可能的原因在于，大多数农产品是非耐用消费品，当上期农产品价格上涨时，消费者会选择替代商品，或者预期价格上涨时进行囤货，从而减少当期农产品的购买，继而导致当期农产品产量供给规模下跌。此外，农产品价格波动也存在周期特征，当上一期价格较高时，农户不太相信当期农产品价格会继续上涨，甚至有不少农户认为，上一期高涨的农产品价格已经接近价格波峰，农产品价格马上就会下跌，因而会采取少种植粮食和处理囤货等方式，来减少当期农产品的供给，从而表现为农产品价格对农产品产量供给的影响为负。

为进一步解析这种现象，本章研究了各区域的农产品价格对农产品产出的脉冲响应关系。基于 Eviews 软件进行 VAR 建模，得到的冲击结果如

图6-1所示。

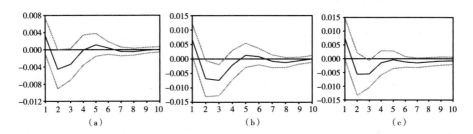

图6-1　三大区域农产品价格对产出的脉冲响应

图6-1（a）、图6-1（b）、图6-1（c）分别代表东、中、西三个区域农产品价格对产出的脉冲响应效果。由图6-1所见，大约十个周期后，三大区域农产品价格对产出的冲击效果均接近于0，在十个周期内的累积冲击效果均表现出较为明显的负效应，这种累积冲击力度分别达到-0.00418、-0.00603、-0.01115，也即从长远来看，农产品价格的上升会导致产出规模下降，这与表6-2的拟合结果是一致的。

就业人员对农产品供给的影响为正，同时控制变量的系数也为正，这表明生产性服务业对农产品供给存在正向的影响，这与本课题之前的假设是一致的。对比表6-2的数据可以发现，西部地区生产性服务业对农产品供给的作用力度最大，一个比较合理的解释是，我国西部地区的经济欠发达，有效信息传递存在摩擦，市场较为封闭，农产品的供给规模并不是很大，这使得西部地区的农产品不能得到较好的外销。而生产性服务业发展将为市场提供更多的服务载体，这有助于减少市场失灵和信息收集成本，更好地促进信息传递，为生产者、经销商和消费者提供畅通的信息渠道和便利的交易方式，从而增加农产品供给规模。

中部地区生产性服务业对农产品供给的估计系数最小，可能的原因在于，中部地区生产性服务业在提高农产品产量方面已经陷入边际贡献递减的瓶颈阶段，既不存在东部地区的信息传递优势和农业技术优势，也缺乏西部地区农业发展起势阶段的规模效应。这一估计结果也与中部地区生产性服务业从业人员人均创造的农产品价值最低是一致的。

3. 动态面板数据模型的稳健性检验

由于在解释变量中包含了被解释变量的滞后项，动态面板数据模型需要采用 GMM 方法进行估计，同时有针对性地选用一些工具变量和控制变量，但这会使得模型估计结果极易出现稳定性较差的问题，因而需要进行稳健性检验。对动态面板数据模型进行稳健性检验的目的，是为了强化工具变量在模型中的作用，分析控制变量选取的合理性，从而提高模型估计的准度与精度。

对动态面板数据模型进行稳健性检验的常用方法，是对面板数据进行单位根检验，这么做主要是为了削弱面板变量单位根的影响，从而降低变量间非协整的可能性。通常情况下，如果能通过单位根检验，则模型估计结果更加可信。由于本课题所选变量的时间跨度只有 7 年，较短的时间跨度容易过度相信不存在单位根的假设，从而影响判断，因而需要采取其他方法加以克服。为此，本课题借鉴徐建炜和姚洋（2010）提供的方法，对动态面板回归模型中的一阶滞后被解释变量进行再次差分，从而得到包含二阶滞后被解释变量的解释变量，在重新利用动态面板模型做 GMM 估计后，只要相关统计量的估计结果与原来保持一致，并且都通过检验，则认为模型拟合结果能够通过稳健性检验。这种进行再差分的稳健性检验结果如表 6 - 3 所示。

表 6 - 3   **Nerlove 模型的稳健性检验结果**

地区	l. lnsupply	l. l. lnsupply	l. lnprice	lnlabour	lnwage	wald	AR（2）	sargan
东部	- 0.015 *	- 0.2338 **	- 1.426 ***	0.173 *	0.826 *	36.41 ***	0.661	0.984
中部	- 0.072 *	- 0.079 *	- 0.656 **	0.012 *	0.607 *	43.23 ***	0.795	0.196
西部	- 0.127 **	- 0.251 ***	- 0.535 ***	0.118 *	0.264 *	21.02 ***	0.551	0.179

注：* 表示在 0.1 的显著性水平下显著，** 表示在 0.05 的显著性水平下显著，*** 表示在 0.01 的显著性水平下显著；Wald、AR（2）和 sargan 检验对应的值均为 p 统计量。

由表 6 - 3 可以看出，各区域的一阶动态项和二阶动态项在 0.1 的显著性水平下均显著，l. price 的估计系数通过了 0.05 的显著性水平检验，生产性服务业及其控制变量的估计系数也通过显著性检验，wald、AR（2）以及 sargan 检验结果也较为理想。表 6 - 3 的结果综合表明，采用 GMM 方法来估计生产性服务业影响农产品供给的动态面板数据模型，所得结果是稳健的；三大地区的生产性服务业对我国农产品供给确实存在影响，并且这一影响效果是显著且稳健的。

6.2 生产性服务业影响农产品需求的实证研究

6.2.1 几乎理想的需求系统模型的构建

几乎理想的需求系统模型（AIDS，Almost Ideal Demand System）是一种估算商品价格弹性系数的需求模型，用于度量在给定条件下，消费者获得既定效用水平的支出选择问题。AIDS模型的基本表达形式为：

$$w_i = \alpha_i + \sum_{j=1}^{n} \gamma_{ij} \log P_j + \beta_i \ln(E/P) \tag{6.11}$$

式（6.11）中，i 和 j 表示其中的任意两个区域的消费，w_i 表示第 i 区域的消费支出在总消费支出中所占的比重，E 为总消费支出，P 为消费品价格指数，那么 E/P 表示经价格折算后的真实消费支出。如果研究对象为消费支出结构，那么通常还需要对式（6.11）施加约束条件：一是满足 $\sum_i \alpha_i = 1$ 的加和条件；二是满足 $\sum_i \gamma_{i,j} = 0$ 的齐次条件；三是满足 $\gamma_{i,j} = \gamma_{j,i}$ 且 $i \neq j$ 的对称条件。但本书重点研究生产性服务业这一外在变量干预下，农产品消费支出与消费价格的关系，因而可以放宽这三个假设条件。

基于研究出发点，在式（6.11）的基础上，构建生产性服务业影响农产品需求的 AIDS 模型，同时为削弱可能存在的异方差影响，将所有变量都进行对数处理。同样考虑到农产品需求的内生性，消费者对于农产品的需求会在一定程度上依赖上一期的需求信息，因而包含生产性服务业变量的农产品需求影响 AIDS 模型可以表示为：

$$\ln Ydemand_{i,t} = a + b_1 \ln Ydemand_{i,t-1} + b_2 \ln price_{i,t} + b_3 \ln YCreal_{i,t} +$$
$$b_4 \ln SF_{i,t} + \varepsilon_{i,t} \tag{6.12}$$

式（6.12）中，$\ln Ydemand$ 表示经对数处理的农产品需求规模，$\ln YCreal$

为经过对数处理的实际消费支出，$\ln SF$ 为生产性服务业（包括 lnlabour 和 lnwage），$i = 1$，2，3 为不同区域，t 为时期，a、b_1、b_2、b_3 和 b_4 分别为待估系数，$\varepsilon_{i,t}$ 为随机扰动项。

6.2.2 变量选取与数据来源

理论上来看，P_j 为价格指数，因为该指数具有不可观测性，诸多学者常用 Stone 建议的指数 $\log P_j = \sum_{j=1}^{n} \omega_{ij} \log P_{ij}$ 作为替代。但考虑到本书并不尝试通过分解消费结构的方式来探讨消费价格与支出的关系，因而这里将某一地区消费品价格指数直接用作 j 地区的 P_j。

对式（6.12）进行动态面板数据模型的估计，同样需要考虑控制变量和工具变量，这与估计 Nerlove 模型中所采用的方式是一致的。这样一来，本书分析生产性服务业影响农产品需求的实证变量，大多与第 6.1 节中给出的变量类似，只是被解释变量由农产品的供给变量更换为农产品的需求变量，因而数据将由农产品产出产量变更为农产品的消费支出。这是因为，消费者需要多少农产品，就会购买多少农产品，在价格上体现为购买农产品的实际消费金额，既包括对国内自主生产农产品的消费需求，也包括对进口粮食的净消费需求，因而农产品的消费支出规模，能够有效地衡量消费者对农产品的实际需求量。农产品消费支出数据来源于国家统计局网站。

同时，在式（6.12）中还额外增加了经过对数处理的实际消费支出指标 $\ln YCreal$，该指标是经过价格折减后的真实消费支出水平。各地区用于购买农产品的实际消费支出，均用各省、市、自治区的价格指数进行折减，然后再分别汇总和经对数处理后得到东、中、西部的 $\ln YCreal$。数据来源于国家统计局网站。

6.2.3 实证结果与分析

本部分相较前面部分，新增了农产品消费支出和实际消费支出两项指标，因而首先对这两项指标进行描述性统计分析，如表6-4所示。

表6-4 变量的描述性统计分析

类别		均值	最大值	最小值	样本数	偏度	峰度
东部	Ydemand	19555.28	36946.10	9678.80	77	0.8177	3.7075
	YCreal	4.2531	4.5648	3.9525	77	0.0257	2.6791
中部	Ydemand	13751.24	19501.4	9355.1	56	0.1190	1.9351
	YCreal	4.1129	4.2726	3.9487	56	0.0447	1.5915
西部	Ydemand	14353.65	21876.50	8786.5	77	0.1669	2.1225
	YCreal	4.1263	4.3488	3.8884	77	-0.0805	2.0975

注：东部、中部和西部的省市分别为11个、8个和11个，但本课题考虑了各自区域2009～2015年共7年的相关数据，因而描述性统计分析中的样本量分别为77个、56个和77个。

由表6-4可见，东部地区的农产品消费性支出规模最大，其次是西部地区，中部地区则最低。这是因为，虽然东部地区从事生产性服务业的劳动力规模不大，但总人口（包含流动人口）较多，同时该地区居民收入水平相对较高，因而对农产品种类和总量的需求都相对更高。西部地区农产品自给自足的比例相对较高，而中部地区农产品出口比例大，且人口外流多，因而造成该区域对农产品的消费性支出规模相对要小。

为进一步分析三大区域农产品消费性支出的差异，构建农产品需求的生产性服务业影响模型，并进行实证分析。基于式（6.12），在加入lnYCreal变量影响后，估计包含lnYCreal变量的动态面板数据模型，同时进行GMM广义矩估计，得到的估计结果如表6-5所示。由表6-5看出，各模型的Wald值均在0.01的显著性水平通过检验，同时AR（2）值和Sargan统计量也都接受原假设，因而AIDS动态面板回归模型的估计结果整体较为理想。

表6-5 AIDS动态面板数据模型的GMM估计

类别	东部	中部	西部
$\ln Ydemand$	0.9397***	0.0335	0.9507***
$\ln price$	0.5003**	-0.0062	0.0577
$\ln labour$	0.0328***	0.0230*	0.0506***
$\ln wage$	0.2394***	0.1333***	0.2255***

续表

类别	东部	中部	西部
ln$YCreal$	– 0. 1204	– 0. 3372 ***	– 0. 1304
$cons$	– 2. 2895 ***	2. 5259 ***	– 0. 9028 ***
wald	26349. 77 ***	1627. 42 ***	43811. 98 ***
AR（2）	0. 300	0. 582	0. 688
sargan	0. 459	0. 208	0. 337

注：＊表示在0.1的显著性水平下显著，＊＊表示在0.05的显著性水平下显著，＊＊＊表示在0.01的显著性水平下显著；Wald、AR（2）和sargan检验对应的值均为p统计量。

从生产性服务业的拟合结果来看，不同区域的人力资本和工资性收入都对农产品消费支出存在显著的正向影响，表明生产性服务业对农产品需求的影响并没有出现区域性的变革。但比较来看，西部地区生产性服务业的估计系数最大，达到0.0506，接近东部和中部地区之和，这与我国西部地区居民消费习性和经济结构具有较大关联。

从其他变量的估计结果来看，东部地区上一期的农产品需求和当期价格明显影响着当期的农产品消费，这两个指标在中部地区都不明显，而在西部区域，则只有上一期的农产品需求对当期农产品消费产生显著影响。这是因为，在东南沿海城市，城市化进程明显，城乡人口比例要高于其他区域，同时不断涌入的不同结构人群对不同农产品有着不同的消费需求心理，这使得东部地区城市聚居人群对农产品价格较为敏感，小麦、玉米、水稻等价格的波动会使当地居民将消费意愿转向其他农业替代品，从而影响农产品的当期需求。中部地区和西部地区是我国农产品输出的主要区域，农村面积和农业人口相对较多，自给自足是这两个区域的典型特征，因而受农产品价格波动较小。这也可以依据各变量的波动幅度来加以分析，农业产出规模、农产品价格、农业从业人员和农业从业人员收入的差异度对比结果如图6-2所示。

图6-2给出的是三大区域不同指标的最大值与最小值的比值。依图6-2可见，我国三大区域的价格水平没有显著的差异，甚至出现东、中、西部的农产品价格指数依次上升的态势。同时可以发现，东部地区的农业产出、生产性服务业从业人员和从业人员的收入水平具有最大差异性，

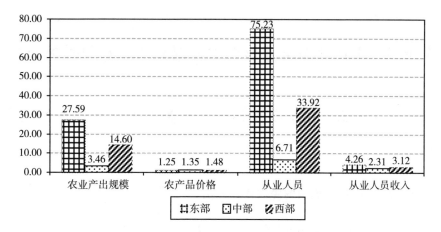

图6-2 各区域不同指标的差异度对比

其最大值与最小值的比值，分别是中部地区的 7.99 倍、11.21 倍和 1.84 倍，是西部地区的 1.89 倍、2.21 倍和 1.36 倍。显然，大幅波动的农业产出规模可由生产性服务业的发展来加以解释，但农产品价格指数的解释力度则相对要弱，这便可以解释中部和西部地区部分指标未能通过检验的原因。

对式（6.12）的动态面板回归结果进行稳健性检验，检验方法与前面一致，可得 AIDS 模型的稳健性检验结果如表6-6所示。基于表6-6的估计结果可以看出，三个模型的 wald 均在 0.01 水平下通过显著性检验，尽管东部地区的 AR（2）值略低，但接近于 0.05，sargan 统计量也表示可以接受原假设，可见不同区域 AIDS 的动态面板回归模型较好地通过了稳健性检验，基于式（6.12）所估计的表6-4中的结果具有较强的可信度。

表6-6 AIDS 模型的稳健性检验结果

地区	l. lndemand	l. l. lndemand	l. lnprice	lnlabour	lnwage	lnYCreal	Cons	wald	AR(2)	sargan
东部	0.7235 ***	0.2021 ***	0.5764 ***	0.0456 ***	0.3158 ***	-0.0140	-2.8824 ***	15861.88 ***	0.045	0.265
中部	-0.1263 **	-0.2644 ***	-0.0174	0.0216 *	0.0274 *	-0.2808 ***	3.7764 ***	2258.96 ***	0.707	0.052
西部	0.8110 ***	0.1514 ***	0.0141	0.0468 ***	0.2152 ***	-0.1798 **	-0.5493	156942.15 ***	0.052	0.334

注：* 表示在 0.1 的显著性水平下显著，** 表示在 0.05 的显著性水平下显著，*** 表示在 0.01 的显著性水平下显著；Wald、AR（2）和 sargan 检验对应的值均为 p 统计量。

6.3 生产性服务业影响农产品供求价格弹性的分析

6.3.1 生产性服务业影响农产品供求价格弹性的核算方法

1. 基于 Nerlove 模型的弹性核算方法

借鉴范垄基等（2012）的思想，结合第 6.1 节的内容，根据点弹性的基本原理，可得农产品产出供给的短期价格弹性可表示为：

$$S'_D = b'_3 \frac{\overline{P}}{\overline{A}} \tag{6.13}$$

$$S_D = b_3 \frac{\overline{P}}{\overline{A}} \tag{6.14}$$

式（6.13）和式（6.14）中，S_D 和 S'_D 分别表示未考虑和考虑了生产性服务业影响的农产品供给短期价格弹性，b_3 和 b'_3 分别为未考虑和考虑了生产性服务业影响的农产品价格估计系数，$\overline{P}$ 是根据历史资料算出的各区域的农产品价格平均值，$\overline{A}$ 是根据历史资料算出的各区域的农产品供给规模的平均值。

同理，未考虑和考虑了生产性服务业影响的农产品产出供给的长期价格弹性可分别表示为：$S_L = \alpha_1 \frac{\overline{P}}{\overline{A}}$，$S'_L = \alpha'_1 \frac{\overline{P}}{\overline{A}}$，其中，$\alpha_1 = \frac{b_3}{1 + b_2 - b_1}$，$\alpha'_1 = \frac{b'_3}{1 + b'_2 - b'_1}$

因而有：

$$S_L = \frac{b_3}{1 + b_2 - b_1} \frac{\overline{P}}{\overline{A}} \tag{6.15}$$

$$S'_L = \frac{b'_3}{1 + b'_2 - b'_1} \frac{\bar{P}}{\bar{A}} \tag{6.16}$$

2. 基于 AIDS 模型的弹性核算方法

借鉴董国新和陆文聪（2009）、徐秋艳和李秉龙（2015）等人的思想，基于式（6.12）可分别计算未考虑和考虑了生产性服务业影响的农产品消费支出弹性和需求价格弹性：

$$D_Z = 1 + \frac{b_3}{w_i} \tag{6.17}$$

$$D_J = \frac{b_2}{w_i} + w_i - 1 \tag{6.18}$$

$$D'_Z = 1 + \frac{b'_3}{w'_i} \tag{6.19}$$

$$D'_J = \frac{b'_2}{w'_i} + w'_i - 1 \tag{6.20}$$

式（6.17）~式（6.20）中，w_i 为第 i 个区域在全国的消费支出占比，$i = 1$，2，3 分别表示东部地区、中部地区和西部地区。同理，上标"'"表示考虑了生产性服务业影响后的相关变量。

6.3.2　生产性服务业影响农产品供求价格弹性的测算与分析

1. 生产性服务业影响农产品供给弹性的测算

研究生产性服务业影响农产品供给弹性问题，就是要在农产品自身供给弹性的基础上，分析考虑了生产性服务业之后农产品供给弹性的波动问题，因而需要分别估计考虑和不考虑生产性服务业的 Nerlove 模型。

考虑生产性服务业指标的 Nerlove 模型估计结果见表 6 - 2，不考虑生产性服务业指标的 Nerlove 模型还需要重新估计。采用与前面类似的方法，对不考虑生产性服务业指标的 Nerlove 模型进行动态面板回归估计，所得结果如表 6 - 7 所示。

表6-7　　　　不考虑生产性服务业影响的 Nerlove 模型估计结果

类别	东部	中部	西部
l. lnsupply	0. 8050 ***	0. 8079 ***	0. 8566 ***
l. l. lnsupply	0. 1688 ***	0. 1799 **	0. 1632 ***
l. lnprice	− 0. 1608 **	− 0. 0604	− 0. 0101
lnwage	0. 0723 **	0. 0309	0. 0048
wald	794254. 44 ***	379295. 17 ***	468200. 52 ***
AR（2）	0. 304	0. 201	0. 100
sargan	0. 187	0. 151	0. 403

注：＊表示在0.1的显著性水平下显著，＊＊表示在0.05的显著性水平下显著，＊＊＊表示在0.01的显著性水平下显著；Wald、AR（2）和 sargan 检验对应的值均为 p 统计量。

首先，分别依据历史资料计算东、中、西三个地区的 $\overline{P}/\overline{A}$ 值，分别为0.7984、1.4898和2.2116[1]；其次，结合表6-2和表6-7的估计结果，同时根据式（6.13）～式（6.16），可计算得到生产性服务业影响农产品供给弹性系数。所得结果具体如表6-8所示。

表6-8　　　　东部、中部和西部地区的农产品供给弹性

类别	东部	中部	西部
S_D	− 0. 2374	− 0. 548	− 0. 1389
S_D'	− 0. 1298	− 0. 0743	− 0. 0113
S_L	− 0. 5194	− 1. 791	− 0. 4208
S_L'	− 0. 3567	− 0. 1996	− 0. 0367

从表6-8可以看出，不管有没有考虑生产性服务业的影响，短期和长期的农产品供给价格弹性都为负数，且大部分的绝对量都小于1，这表明在我国农产品供给市场上，价格的波动会降低农产品供给的规模。中部地区在考虑了生产性服务业影响后的弹性是富有弹性的，这表明中部地区农产品供给规模受到价格波动的影响非常灵敏；而其他情况下，三大区域的农产品供给价格弹性都是缺乏弹性的，也就意味着农产品供给规模的波动

———————

① 考虑到动态面板模型的特征，本书选取表征农产品供给与需求的两个因变量的时间跨度为2008～2015年共8年，因而在计算弹性时，都考虑了8年的数据信息（计算农产品需求弹性时也一样）。

赶不上价格水平的波动。对比 S_D 和 S'_D，S_L 和 S'_L，可以发现，在考虑生产性服务业影响后，农产品供给价格弹性的绝对量均出现了上升，这意味着价格因素影响农产品供给规模的力度得到了较大程度上的提高，农产品供给确实也会受到生产性服务业的影响。与此同时，农产品的长期供给价格弹性的绝对值要高于短期供给价格弹性的绝对值，表明我国农产品价格对长期市场的供给更为明显。

出现这种生产性服务业提高农产品供给价格弹性的具体原因，是农产品供给与价格存在蛛网效应和牛鞭效应。在"互联网＋"为载体的电子商务背景下，信息传输与公开路径更加透明，信息消费服务得到进一步完善，传统的蛛网模型机理需要调整，这在降低牛鞭效应的同时，不断减少投机的可能。同时，现代物流发展也为农产品的运输提供了更多便利，更多替代产品的增加在扩大农产品市场范围的同时，也增加了贸易机会。

对比来看，在考虑生产性服务业影响后，中部地区农产品供给价格弹性的绝对值最大，东部次之，西部最小，表明中部区域农产品价格对农产品供给的影响最为明显。西部地区居民对农产品的需求大多处于自给自足的状态，其生产的农产品未进入市场，因而不受价格因素的制约，这在一定程度上降低了农产品的价格弹性。在东部地区，居民收入水平相对更高，恩格尔系数相对较低，居民对于日常消费品的需求不太敏感，因而即便农产品价格出现波动，也不会较大程度地影响农产品的供给规模。但在中部地区，城市居民收入水平要低于东部城市，同时也是劳动人口净外流的地区，因而一旦农产品价格出现波动，会诱使农民工和低收入家庭在外出打工和在家务农之间做出选择，由此影响农产品的供给趋势，并继而提高农产品的供给价格弹性。

2. 生产性服务业影响农产品需求弹性的测算

与上一部分内容一致，本部分也同时需要拟合考虑和不考虑生产性服务业的 AIDS 模型。其中，考虑了生产性服务业影响的 AIDS 模型的估计结果如表 6 - 5 所示，而不考虑生产性服务业指标的 AIDS 模型还需要重新估计。采用与前面类似的方法，所得具体结果如表 6 - 9 所示。

表 6 – 9　　　　　　　不考虑生产性服务业影响的 AIDS 模型估计结果

类别	东部	中部	西部
ln*demand*	0.9840 ***	0.9651 ***	0.9915 ***
ln*price*	– 0.0965 *	– 0.1468 **	– 0.1308
ln*wage*	– 0.0261	– 0.0671 *	– 0.1337 ***
ln*YCreal*	0.1083	0.2066 ***	0.2874 **
Wald	529415.49 ***	6.48e + 06 ***	418218.06 ***
AR（2）	0.309	0.066	0.107
Sargan	0.249	0.420	0.305

注：* 表示在 0.1 的显著性水平下显著，** 表示在 0.05 的显著性水平下显著，*** 表示在 0.01 的显著性水平下显著；Wald、AR（2）和 sargan 检验对应的值均为 p 统计量。

首先，计算东、中、西三大区域农产品消费支出在全国所占的比重分别为 0.4458、0.2278 和 0.3263；其次，根据式（6.17）～式(6.20)，以及表 6 – 5 和表 6 – 9 的估计结果，可计算得到生产性服务业影响农产品需求弹性系数，具体如表 6 – 10 所示。从测算结果来看，未加入生产性服务业变量时，三大区域的农产品消费支出弹性和价格弹性都比较稳健，且从绝对值来看，各区域的农产品消费支出弹性和价格弹性都要大于考虑生产性服务业影响的弹性，这表明生产性服务业在一定程度上降低了农产品的需求价格弹性。同时可以发现，未考虑生产性服务业影响时，三大区域农产品消费支出弹性和价格弹性的符号相反，这意味着农产品价格变化对农户购买农产品和市场上农产品的需求形成了反方向的冲击。其中，各区域的农产品消费支出弹性均为正数，且都要大于 1，说明是富有弹性的；而农产品需求价格弹性都为负数，这表明价格的上升会显著降低市场对农产品的需求。相对而言，在考虑了生产性服务业影响时，不同区域间的农产品需求价格弹性和消费支出弹性均表现得并不一致，这意味着生产性服务业的介入使得农产品的供求关系受价格影响后变得更为复杂。中部地区的消费支出弹性为负，其他地区为正；东部地区的价格弹性为正，其他地区为负。

表6－10 东部、中部和西部地区的农产品需求弹性

类别	东部	中部	西部
D_Z	0.7299	－0.48	0.6004
D_Z'	1.2429	1.9068	1.8807
D_J	0.5680	－0.7994	－0.4969
D_J'	－0.7706	－1.4165	－1.0745

进一步分析来看，在考虑了生产性服务业的影响时，东部和西部地区的农产品消费支出弹性为正数，而中部地区的该弹性为负数，三大区域该弹性的绝对值都较高，但均要小于1。这一结果表明，我国居民消费性支出中的农产品消费支出具有较强的灵活性。首先，随着居民生活水平的提高，越来越多的居民收入会在投资和储蓄习惯稳定的前提下进入消费市场，使得消费性支出规模得以增加，如图6－3所示。其次，基于农产品加工的新食品种类增加，吸引了越来越多的高收入群体和年轻消费者的消费，尤其是在收入水平相对更高的东部地区，消费性支出结构正在发生改变，由传统的农产品单一的消费方式变革为农产品消费、非农食品消费、衣着消费、医疗保健消费、娱乐文教消费和交通通信消费等多元消费方式，农产品的消费性支出得到增加。再次，现代信息和物流业的发展，使得农产品中介和销售商在农产品价格上调之前，做好囤货计划，增加对农产品的购买。最后，农户的市场意识在逐渐加强，许多农户会依据市场消

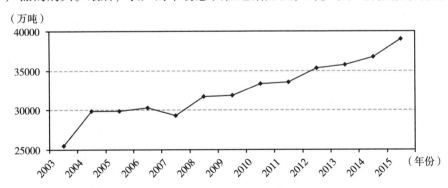

图6－3 2003～2015年以来的实际粮食需求量

注：实际粮食需求量的计算方法为：以国家统计局公布的2003～2015年的农村居民人均粮食产量为基础，通过乘以农村人口总数来得到来源于国内的粮食总需求量，然后加上进口的谷物及谷物粉进口数、稻谷和大米进口数以及大豆进口数，再扣减出口的谷物及谷物粉进口数、稻谷和大米进口数以及大豆进口数，得到开放条件下国内居民的粮食需求总量。

费特征种植农产品，并在市场上销售，从而拓宽市场上农产品的消费来源。在以上多元背景下，不同区域居民对农产品的需求会随着农产品市场结构、居民消费能力和消费习性等因素的波动而发生变化，农产品的消费支出弹性由此增加。

通常情况下，农产品价格弹性系数为负数，而在考虑了生产性服务业的影响后，本书发现中部和西部的农产品价格弹性均为负，而东部地区的该系数为正。这意味着东部地区农产品价格的上升会提升居民对农产品的需求。可能的原因是，在经济发达的东部地区，居民收入水平高，基于健康消费和消费习惯的惯性作用，居民不会因为农产品价格的上升而转变消费对象，反而还会增加对该种农产品的需求。就中部和西部地区来说，网络信息和现代物流的发展加速了农产品的传递与消费。居民在食品消费结构方面具有选择个性，市场上一些渔业产品和畜牧业产品的消费规模进一步增加，农产品价格上升会导致收入水平相对较低的居民转而选择价格相对低廉的替代农产品。

3. 生产性服务业影响农产品供求弹性的分析

为进一步刻画生产性服务业影响下的农产品供给弹性与农产品需求弹性的关系，将表6-8和表6-10的弹性数据进行对比，可更为清晰地观察样本范围内三大区域的农产品供求变化特征，如图6-4所示。

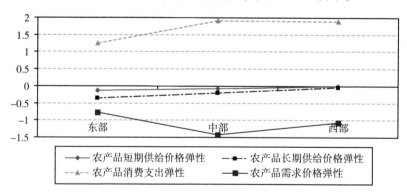

图 6 - 4 　农产品供给弹性与农产品需求弹性

对三大区域的农产品供求弹性进行比较可以发现：首先，在生产性服务业的作用下，农产品消费支出弹性绝对值最大的区域是东部，紧随其后

的是西部地区，中部地区最小。可能的原因是，东部地区农产品商贸市场
发达，产品品类丰富，居民消费的选择性和可达性强，加之东部居民购买
能力高，因此农产品价格波动对农产品消费支出的影响较大。其次，农产
品需求价格弹性绝对值最大的区域是中部地区，紧随其后的是东部地区，
西部地区最小。可能的原因是，西部地区居民收入水平相对较低，恩格尔
系数相对较高，对农产品的需求偏刚性，加之西部地区商贸服务业不发
达，农产品替代产品不多，居民消费的选择空间小，因此农产品价格变动
对农产品需求的影响不敏感。最后，不管是农产品短期供给价格弹性绝对
值还是农产品长期供给价格弹性绝对值，中部地区都是最高的，其次东部
地区，西部地区的供给价格弹性最小。这种结果说明在西部地区，农业也
是农户的主要收入来源，农户增收渠道单一，因此农产品价格的下跌并不
会显著影响这些地区的农产品供给，也就是说农产品供给受价格影响相对
最弱。

因为生产性服务业的影响，三大区域农产品需求价格弹性的绝对值均
要高于农产品短期供给价格弹性，但要低于农产品长期供给价格弹性，这
既说明居民对农产品的需求要大于短期供给，也符合我国作为一个农业大
国的基本特征。根据国家统计局公布的数据显示，近年来我国粮食进口总
额都要高于出口总额，采用与图 6－3 相同的方法，计算得出 2004～2015
年我国平均粮食进口数量是粮食出口数量的 33.8 倍，而在 2015 年更是高
达 131 倍，巨大的反差说明我国居民对粮食的消费需求要远大于供给。当
农产品价格出现波动时，农户对农产品的需求会在自给自足和外部市场购
买之间做出选择，农产品供给也会在对内供给和对外出口之间做出选择，
但由于我国居民对粮食的进口需求量要远大于出口供给，也就表现为农产
品需求价格弹性要高于农产品供给价格弹性。

比较来看，农产品长期供给价格弹性在三大区域间的差异度最大，中
部地区要高于西部地区 1.7002（绝对量），高于东部地区 1.5768（绝对
量）。相对而言，农产品需求弹性在各区域间的差异度最小。对比各区域
农产品消费支出弹性来看，东部地区仅高于中部地区 0.2499（绝对量），
高于西部地区 0.1295（绝对量）；对比各区域农产品需求价格弹性来看，
中部地区也只高于东部地区 0.2314（绝对量），高于西部地区 0.3025（绝

对量)。这种数据特征表明,生产性服务业所带来的电子商务和网络平台在区域间产生了不同的价格引导功能,市场范围的差异性也决定了不同地区农产品供求受价格影响存在不一样的敏感度。中部地区农户对农产品的供给受价格影响最为明显,其次是东部和西部地区。从对农产品的需求来看,东部的消费支出弹性绝对值最大,中部地区的需求价格弹性绝对值最大。这进一步验证了本书分区域研究农产品供求弹性的必要性。进一步研究发现,三大区域的农产品供给价格弹性和中部地区的农产品需求价格弹性都是负数,而中部地区农产品供给价格弹性(考虑了服务业的影响后)是富有弹性的。可见,现代服务业对农产品的影响,将更多地体现在中部居民对农产品的供给方面。

6.4 本章结论

基于 Nerlove 供给反应模型、几乎理想的需求系统模型(AIDS)分别研究生产性服务业发展对农产品供给和需求的影响。研究表明:生产性服务业发展对农产品供给存在正向的影响,其中,西部地区生产性服务业对农产品供给的作用力度最大,而东部地区次之,中部地区的作用最小。研究发现,不同区域的生产性服务业发展对农产品需求存在显著的正向影响,相对来说,西部地区生产性服务业的估计系数最大,接近东部和中部地区之和。

进一步测算生产性服务业发展对农产品供给价格弹性和需求价格弹性的影响。研究表明:在考虑生产性服务业影响后,农产品供给价格弹性的绝对量均出现了上升,农产品长期供给价格弹性的绝对值要高于短期供给价格弹性的绝对值;分区域来看,在考虑生产性服务业影响后,中部地区农产品供给价格弹性(无论是长期供给弹性还是短期供给弹性)的绝对值最大,东部次之,西部最小。研究发现:生产性服务业在一定程度上降低了农产品的消费支出弹性和需求价格弹性;分区域来看,中部地区的消费支出弹性为负,其他地区为正,三大区域该弹性的绝对值都较高,但均要小于1,最大的区域是东部,中部最小;中部和西部的农产品需求价格弹性均为负，而东部地区的该系数为正，绝对值最大的区域是中部地区，最小区域是西部。对比农产品供求两方面弹性表明，因为生产性服务业的嵌入，三大区域农产品需求价格弹性的绝对值均要高于农产品短期供给价格弹性，但要低于农产品长期供给价格弹性。因此，生产性服务业发展通过这种机理，是能影响到农产品价格波动的。

第7章

金融业发展影响农产品价格波动的实证研究

金融业是重要的生产性服务业。金融业发展对农产品价格形成及波动的影响是显而易见的。金融业发展通过资金支持、风险分摊、价格发现等方式直接作用于农户影响农业生产经营成本和农产品供给，通过消费信贷等方式直接作用于消费者影响农产品需求，通过货币流动性、国际金融等方式影响农产品价格。因此，金融业对农产品价格的影响是多渠道复合性的。本章基于向量自回归模型（VAR），实证研究了我国金融业发展对农产品价格波动的影响。

🔲 7.1 问题的提出

近年来，我国农产品价格呈现较大且显著的波幅。以大蒜批发价格为例，2010~2017 年经历了三次幅度较大的波动。2010 年 10 月的 12.14 元/千克跌至 2011 年 8 月的 3.9 元/千克，跌幅高达 67.87%；2011 年 8 月至 2013 年 6 月期间，最高价与最低价分别为 7.92 元/千克和 3.95 元/千克，价格涨跌高达一倍左右；2013 年 6 月至 2017 年 7 月期间，波动更加剧烈，其最高价与最低价分别为 17.45 元/千克和 4.06 元/千克，期间经历了断崖式的下跌。① 可见，虽然我国农产品交易市场不断趋向完善，农产品价格

---

① 全国农产品批发市场价格信息网，http://pfscnew.agri.gov.cn/.

异常波动仍然存在。

另外，随着我国现代农业的发展，农业发展对金融资金的需求更加迫切，金融服务助力现代农业发展成为热点。2017 年中央一号文件再次着眼于农业融资难，提出鼓励性的农村金融发展政策，并强调金融创新在农业领域的应用。根据人民银行 2017 年 8 月发布的《中国农村金融服务报告（2016）》，从 2007～2016 年，我国涉农贷款余额从 6.1 万亿元增长到 28.2 万亿元，占各项贷款的比重从 22% 提高至 26.5%。同时，我国农业保险保费收入从 2007 年的 51.8 亿元增长到 2016 年的 417.1 亿元，参保农户从 4981 万户次增长到 2.04 亿户次，承保农作物从 2.3 亿亩增加到 17.2 亿亩，分别增长了 7.1 倍、3.1 倍和 6.5 倍。① 可见，金融业与农业之间有了更加紧密的联系。本章试图从金融业视角出发，研究金融业发展对农产品价格波动的影响。

7.2　金融业发展影响农产品价格波动的机理

随着我国农业开放程度和农产品市场化程度的不断提高，金融业深度嵌入农业生产经营的各个环节，通过价格构成和供求均衡两方面机制影响农产品价格。但是具体来看，可以从微观、中观和宏观三个层次来分析金融业发展对农产品价格影响的具体路径。

从微观上看，金融业发展可以作用于农产品供求两方面的经济主体。从农产品供给方的主体来看，金融业尤其是农村金融的深化，有助于缓解农户预算约束，影响农户的农业生产决策，有利于其扩大农业生产规模，加大农业科技投入与农机设备更新。这样，既会提升农业生产的财务成本，又会提高生产效率，降低单位农产品生产成本，进而影响农产品定价。同时，这还会增加农产品供给，影响农产品价格波动。另外，金融业发展为从事农产品尤其是大宗农产品经营的中间商提供了投融资便利，游资炒

---

① 自 2008 年起，中国人民银行开始会同有关部门和机构编写《中国农村金融服务报告》仅逢双年出版，目前最新为 2016 年。

作将直接影响农产品供求并导致价格异常波动。从农产品需求方的主体来看，金融业的发展尤其是消费信贷业务的发展，在一定程度上会影响到农产品的即期消费和未来需求，从而影响农产品需求并引起农产品价格波动。

从中观视角来看，金融业尤其是农产品期货业、农业保险业等行业的发展，将直接作用、响应于农产品价格波动。期货市场具有价格发现和套期保值的功能。农产品期货价格有较强的时间连续性，它与若干间断时点的农产品现货价格进行比较，可以动态地反映农产品市场的供求关系。期货农业的发展，使得经营者、生产者（即农户）和金融机构可以合理地做出生产和投资决策，由此影响农产品价格波动幅度。农业保险可以为农户规避自然风险和市场风险，分摊由此导致的经济损失，进而影响到农业生产决策，影响农产品供给量和市场价格。尤其是，农产品目标价格与价格指数保险、农产品收益保险、农产品收入保险等保险产品的开发，有利于农户应对农产品价格不利波动、农业利润损失等情形，将反作用于下一期农产品价格形成与波动。

从宏观上看，金融业通过货币供应量、货币流动性、汇率等方面来影响农产品价格波动。首先，中央银行对货币供给量的调节，并通过与商业银行为代表的存款性金融机构建立纽带，基于乘数效应而引起货币供应量快速变化，导致通货膨胀或通货紧缩预期，进而影响农产品价格。美国经济学家弗兰克提出农产品价格"超调"理论模型，指出在受到货币供给冲击时，农产品价格调整速度比工业产品价格调整速度要更快，幅度更大。其次，金融业发展丰富了资金流动的渠道和路径，增加了资金流动的规模和效率，由此大大提高了货币在市场上的流动性。货币流通速度和周转频率一旦加快，将增加产品流通的中间费用，并通过通货膨胀机制对农产品价格产生正向影响（王森和蔡维娜，2016）。最后，金融业发展通过汇率的变化，影响到农产品进出口贸易，进而影响到国内农产品价格变化。其实，农产品市场价格的变化，又会反作用于汇率市场，进而形成一个循环影响机制。美国经济学家多恩布施（Dornbusch，1976）提出了基于黏性价格的汇率超调模型，指出由于商品市场具有价格黏性特征，价格调整速度慢；而汇率市场的价格调整速度快，几乎是即刻完成的。这样，当市场受到外部冲击时，商品市场和货币市场的价格调整速度存在很大差异，汇率将做出过度调整，其预期变动偏离了在价格完全弹性情况下调整到位后的购买力平价汇率，导致在短期内不可能实现购买力平价。

7.3　研究假说与实证模型

7.3.1　研究假说

金融业发展在微观、中观、宏观上都具有对农产品价格的影响路径，因此，这种影响是复合性系统性的。基于影响机理分析和前人先验研究，为了简化研究的需要，这里提出两个研究假说。

假说一：金融业发展是我国农产品价格变动的显著原因。银行业和保险业等金融业的发展与我国农产品价格波动之间存在显著的互动关系，而且其作用方向为正向影响，或是具有滞后期的促进作用。

假说二：金融业同我国农产品价格之间存在高度整合关系。这种关系不仅体现在金融业发展对农产品价格有影响，而且呈上升趋势。

7.3.2　基于 VAR 的实证模型

VAR 模型即向量自回归模型，是由西姆斯（Sims）在 1980 年提出。该模型用所有当期变量对所有变量的若干滞后变量进行回归，借以估计联合内生变量的动态关系。采用 VAR 模型研究金融业发展与农产品价格的动态关系，试图找出金融业如何影响农产品价格以及对农产品价格有多大的影响。

基本思路分为六步：第一步，对我国的农产品生产者价格指数、金融从业人员数、涉农贷款额、涉农保险保费额等进行单位根检验（ADF），判断每组时间序列数据是否稳定，以避免对不平稳的时间序列建立回归模型而产生伪回归问题；第二步，利用赤池信息准则（AIC）和施瓦茨（SC）准则来判定模型的最大滞后阶数；第三步，进行协整检验，检验每组时间序列数据是否存在协整关系，若存在协整关系，则变量间可能存在长期的线性均衡关系；第四步，格兰杰因果检验，判定金融业各个控制变

量与农产品价格之间是否构成格兰杰意义上的因果关系；第五步，检验
VAR 模型的稳健性；第六步，进行脉冲响应分析和方差分解分析，探究各
因素对农产品价格的影响方向与程度。

本章构建的金融业发展影响农产品价格的 VAR 模型如下：

$$AP_t = \sum_{i=1}^{P} \Phi_i AP_{t-i} + \Psi_t F_t + \mu_t \qquad (7.1)$$

式（7.1）中，AP_t 表示农产品价格指数，F_t 表示外生变量，包括银
行业的代理指标涉农贷款额（AL）、金融业发展情况的代理指标金融从业
人员（FE）和保险业的代理指标农业保险保费总额（AI），μ_t 为随机扰动
项，t 为时间变量，P 为滞后阶数，Φ_i 和 Ψ_t 为待估计的系数矩阵。

7.4　变量与数据来源

7.4.1　变量选取

金融业是指经营金融商品的特殊行业，它包括银行业、保险业、信托
业、期货和租赁业等。本章没有选取期货市场的数据是因为中国的期货行业
从 1990 年 10 月郑州粮食批发市场开始，年度数据没有达到 30 年。构建 VAR
模型至少需要 30 年以上的数据，所以本章选取了银行业、保险业及总体金
融发展情况为变量。其中银行业采用涉农贷款额（AL）作为代理指标，保险
业采用农业保险保费总额（AI）作为代理指标、金融发展情况采用全国金融从
业人员数（FE）作为代理指标。由于金融业对农产品价格的影响，主要体现在
产前环节，所以农产品价格采用农产品生产者价格指数（AP）来衡量。

7.4.2　数据来源与处理

构建 VAR 模型时，如果样本容量较小，就会出现多数参数估计精度较
差的问题。因而本章选取了我国 1985～2015 年共 31 年的宏观经济数据。①

―――――――――

① 本章由于数据的可得性，仅更新至 2015 年。

其中，银行业的代理指标 AL 和金融业发展情况代理指标 FE 数据都来自《中国金融年鉴》，保险业的代理指标 AI 数据来自《中国统计年鉴》，农产品价格指标 AP 以 1985 为基期（1985 = 100），数据来自《中国统计摘要 2018》。为了削弱时间序列中可能存在的异方差和数据波动的影响，对所有数据都进行了对数处理，分别表示为 LAP、LAI、LAL、LFE。这里的数据处理及模型拟合都使用 Eviews9.0 软件。

🔲 7.5　计量结果与分析

7.5.1　时间序列平稳性检验 （ADF 检验）

由于采用非平稳序列进行 VAR 建模易导致伪回归问题，这里分别对 LAP、LAI、LAL、LFE 四个序列进行 ADF 检验，以检验其序列的平稳性。检验结果（表 7 – 1）显示，LAP、LAI、LAL 和 LFE 四个序列均未通过平稳性检验。由于 VAR 模型要求同阶单整，因而对四个序列数据进行一阶差分处理，结果发现 D(1)LAP、D(1)LAL、D(1)LAI、D(1)LFE 在 5% 的显著水平下均是平稳序列。

表 7 – 1　　　　　　　　　　单位根检验

变量	ADF 统计量	检验统计 (c,t,n)	Prob 值	1% 临界值	5% 临界值	10% 临界值	结论
LAP	– 1.640108	(0,0,1)	0.4500	– 3.679322	– 2.967767	– 2.622989	平稳
D(1)LAP	– 2.996700	(c,0,0)	0.0470 **	– 3.679322	– 2.967767	– 2.622989	平稳
LAL	– 0.715390	(c,0,t)	0.8274	– 3.679322	– 2.967767	– 2.622989	不平稳
D(1)LAL	– 7.889472	(c,0,0)	0.0000 ***	– 3.679322	– 2.967767	– 2.622989	平稳
LAI	1.811431	(0,0,0)	0.9806	– 2.644302	– 1.952473	– 1.610211	不平稳
D(1)LAI	– 3.559095	(0,0,0)	0.0009 ***	– 2.647120	– 1.952910	– 1.610010	平稳
LFE	– 1.975175	(c,t,n)	0.5907	– 4.296729	– 3.568379	– 3.218382	不平稳
D(1)LFE	– 4.527010	(c,t,0)	0.0060 ***	– 4.309824	– 3.574244	– 3.221728	平稳

注：检验类型中的 c 和 t 表示带有常数项和趋势项，N 表示综合考虑了 AIC、SC 选择的滞后期，D 表示一阶差分，* 表示通过 10% 的显著水平，** 表示通过 5% 的显著水平，*** 表示通过 1% 的显著水平。

7.5.2 滞后阶数的确定

合适的滞后参数是模型有效的前提。自变量的最大滞后阶数过小，残差可能出现自相关，还会导致参数估计非一致问题。但是，滞后阶数也不能过大，否则自由度显著降低，进而影响模型的有效性。一般采用两种确定最大滞后阶数的方法。一是用赤池信息准则（AIC）和施瓦茨（SC）准则，通过建立 VAR 模型，在增加滞后阶数的过程中 AIC 和 SC 值最小的滞后阶数即最优选择。二是用似然比统计量 LR 选择最大滞后阶数。这里选用前者进行检验。如表 7 - 2 所示，结果表明滞后阶数应该选择 2 阶，也即应该建立 VAR（2）模型。

表 7 - 2 模型滞后阶数判断

Lag	LogL	AIC	SC
0	- 44. 32809	3. 117942	3. 302972
1	78. 47981	- 3. 898654	- 2. 764522
2	101. 1634	- 4. 494025 *	- 2. 996692 *
3	112. 9863	- 4. 356167	- 1. 882073

注：* 表示按照该准则应该选择的滞后阶数。

7.5.3 协整检验

协整检验可以检验非平稳时间序列的线性组合是否存在稳定均衡关系，从而避免出现伪回归问题。协整检验的方法有两种：一是 Johansen 检验；二是 EG 协整检验。由于用到了 4 个变量，Johansen 检验在效果上和功能性上要优于 EG 协整检验，故而采用了 Johansen 检验。检验结果显示，在 5% 显著性水平下存在两个协整方程（见表 7 - 3），说明涉农贷款总额、涉农保险额、金融业发展状况与农产品价格具有长期的协整关系。

表 7 - 3		Johansen 迹检验结果		
协整关系	特征值	迹统计量	0.05 的临界值	P 值
没有协整关系	0.901598	95.42152	47.85613	0.0000
最多一个协整	0.594238	32.81675	29.79707	0.0218
最多两个协整	0.229257	8.463038	15.49471	0.4173
最多三个协整	0.051663	1.432231	3.841466	0.2314

7.5.4　格兰杰因果检验

格兰杰因果关系的检验式是回归式，因此要求受检变量是平稳的，对非平稳的变量的要求存在协整关系，以避免伪回归问题。这里对农产品价格、涉农贷款总额、涉农保险额、金融业发展状况四个变量进行了 Johansen 检验，结果表明存在长期协整关系。但是涉农贷款总额、涉农保险额、金融业发展状况的变化能否引起农产品价格变化，还需要通过格兰杰因果关系检验。检验结果显示（见表 7-4）：涉农贷款总额、涉农保险额、金融业发展状况在 5% 的显著水平下是农产品价格变动的格兰杰原因。同时也说明涉农贷款总额、涉农保险额、金融业发展状况的变化会引起农产品价格的变化。

表 7 - 4		格兰杰因果检验结果	
原假设	F 统计量	P 值	结论
LAP 不是 LAL 的格兰杰原因	1.87358	0.1754	接受
LAL 不是 LAP 的格兰杰原因	4.62880	0.0199	拒绝
LAP 不是 LAI 的格兰杰原因	0.71996	0.4970	接受
LAI 不是 LAP 的格兰杰原因	4.41862	0.0232	拒绝
LAP 不是 LFE 的格兰杰原因	2.41337	0.1109	接受
LFE 不是 LAP 的格兰杰原因	10.8305	0.0004	拒绝

7.5.5　AR 模型稳定性检验

在确定了变量之间具有长期协整关系之后，利用 AR 检验方法判断 VAR 模型的稳定性。因为若模型不稳定，向量脉冲响应函数的标准误差将不再是有效的。如果 AR 特征方程的特征根倒数的绝对值小于 1，则模型是稳定的。检验结果显示，模型具有稳定性（见图 7-1）。

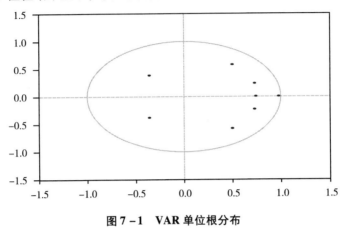

图 7-1　VAR 单位根分布

7.5.6　脉冲响应分析

VAR 模型可以应用脉冲响应分析法，分析模型中残差项一个标准误差的冲击对因变量变动的影响。图 7-2、图 7-3、图 7-4 分别是金融发展情况对农产品价格的动态影响、农业保险额对农产品价格的动态影响、涉农贷款额对农产品价格的动态影响的脉冲响应图。在图中，横轴表示冲击作用的滞后年数，纵轴表示脉冲响应水平，实线表示农产品价格对相关变量冲击的反应，虚线表示正负两倍标准差偏离带。

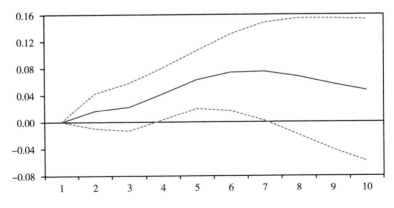

图 7-2　金融发展对农产品价格动态影响的脉冲响应

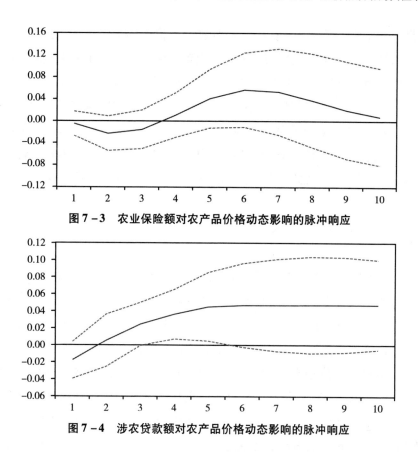

图 7 - 3 农业保险额对农产品价格动态影响的脉冲响应

图 7 - 4 涉农贷款额对农产品价格动态影响的脉冲响应

基于脉冲响应结果，可以发现三个重要结论。第一，金融发展状况对农产品价格的动态影响。图 7 - 2 显示，当第 1 期受到金融业发展情况一个正冲击后，农产品价格在第二期达到正效应的 1.6%，并在第 7 期达到了正效应的最大值 7.5%。表明若当期金融发展情况提高，会导致农产品价格上涨，并在第 7 年金融业发展情况对农产品价格上涨的作用效果达到最大。第二，农业保险额对农产品价格的动态影响。图 7 - 3 显示，当第 1 期受到农业保险额一个负冲击后，农产品价格小幅下降，在第 2 期达到负向效应最大值，为 - 2.3%，之后趋向上升，并在第 6 期达到正向效应最大。这表明农业保险额上涨在前两年会引起农产品价格下降，从第 4 年开始，产生正向效应，为 1.1%，也就是从第 4 年开始，农业保险保额上涨会导致农产品价格上涨。在第 6 期达到正效应的最大值 5.7%，然后开始回落。农业保险额对农产品价格的变化十分敏感，存在明显的滞后期，并且影响效果十分显著。第三，涉农贷款额对农产品价格的动态影响。图7－4显示，当第1期受到涉农贷款额的一个正向冲击，在第6期取得正向效应的最大值，为4.7%，说明涉农贷款的上涨会导致农产品价格的上涨。

综上所述，金融业发展情况对农产品价格的冲击效应相对于其他因素来说较大一些，其正向效应达到了7.5%，说明金融业发展对于提高农产品价格有着显著的正向作用。涉农贷款额和农业保险额对农产品价格的影响都有较长的滞后期，说明贷款和保险对农产品价格的影响需要一定时间才能显现。

7.5.7　方差分解

与脉冲响应分析相比，方差分解能够定量地把握变量之间的影响关系，能将系统的均方误差分解成各个变量冲击所做的贡献，是一种描述系统动态性的方法。农产品价格的方差分析结果（见表7－5）表明：前6期农产品价格主要受到自身价格变动的影响，其最高贡献度可达90.7%；其次受到金融业发展情况的影响，从基期开始，金融业发展情况占农产品价格变化的贡献率随时间推移逐渐提高，最高可达40.1%，在第7期首次超过农产品价格自身成为影响农产品价格变化的主要原因；农业保险额对农产品价格变化的贡献率开始逐年提高，在第7期达到最大值17.6%，并开始回落；涉农贷款额除了第2期贡献率有所回落之外，在第3期开始随着时间推移贡献率逐年上涨，第10期达到22.3%。

表7－5　　　　　　　　　　　方差分解

时期	S. E.	LAI	LAL	LAP	LFE
1	0.368558	0.616481	8.638313	90.74521	0.000000
2	0.603264	7.011291	4.452612	85.05602	3.480077
3	0.809113	8.187044	9.996140	73.74251	8.074310
4	0.947441	6.791672	17.17318	56.79818	19.23698
5	1.071118	11.10115	18.48327	42.42374	27.99184
6	1.177855	15.81378	17.66747	33.91123	32.60752
7	1.262927	17.65225	17.74972	28.58364	36.01439
8	1.327582	17.38053	18.87210	25.33273	38.41464
9	1.373107	16.32664	20.54900	23.38219	39.74217
10	1.405504	15.28098	22.37162	22.15061	40.19680

7.6　本章结论

本章研究得到以下结论：第一，银行业、保险业及总体金融发展情况与农产品价格之间存在长期稳定的均衡关系，这说明金融业同我国农产品价格之间存在高度整合关系；第二，银行业、保险业及总体金融发展情况都是农产品价格波动的格兰杰原因，反之不成立；第三，金融业发展对农产品价格的变化具有较大影响，且存在滞后现象；第四，从目前的实证结果来看，金融业发展对农产品价格是正向效应，即金融业推动了农产品价格上涨；第五，农业保险对农产品价格的贡献率在第 7 期达到最大值后开始回落，说明农业保费对农产品生产成本的效应在下降，农业保险优惠政策取得了一定的成果。

从金融业发展着手，可以为稳定农产品价格提供了一条新的思路。首先，政府需要加强对农业普惠性金融服务的支持力度。具体来说，就是要扩展普惠性金融服务的业务内容和扩大普惠性金融的普及范围。其次，继续完善中央财政对农业保险保费的补贴制度，对特殊地区和特殊产品给予更高的补贴额度。再次，完善期货市场服务，通过加快期货市场发展进程，增加期货交易农产品的种类。最后，在金融业快速发展的趋势下，政府不但要关注农产品供需变化，还应该密切关注宏观经济对农产品市场的影响，加大宏观调控的力度。

第8章

商贸服务业发展影响农产品
价格波动的实证研究

商贸服务业通常被视为消费性服务业部门。但从其涉农的业务内容来看，商贸服务业嵌入农业产前和产中环节可以为农业生产者提供农业生产资料的流通服务，嵌入农业产后环节可以为农产品加工企业提供原料供应。从这个意义上看，商贸服务业也可以作为生产性服务业部门。撇开这种产业门类划分不谈，商贸服务业对农产品价格的影响是不言而喻的。它既可以通过流通成本影响价格构成，又能通过流通渠道影响供求均衡，最终影响农产品价格。本章基于向量自回归模型（VAR），实证研究了商贸服务业发展对农产品价格波动的影响。

8.1 问题的提出

农产品价格是国家重大民生问题。近年来，我国农产品价格波动频繁。自2005～2016年，我国农产品批发价格指数呈现持续上涨且上下波动的态势。其中出现了两个波幅较大的阶段：一是2007年11月至2008年11月，价格指数从121上升至141并又回落到120，该阶段的峰值为2008年2月的141；二是2015年11月至2016年6月，价格指数从158上升至186并接着回落到160，该阶段的峰值为2016年2月的186。考察同期的几种主要粮食作物的价格走势，根据《中国农产品价格调查年鉴》的数据，小麦、玉米、大豆、粳米等粮食作物的批发价格都呈持续上涨趋势。其中，大豆价格出现了一次暴涨暴跌现象，从 2006 年 11 月的 3.5 元/千克，陡然上升到 2008 年 6 月的 6.1 元/千克，而后又迅速回落至 2009 年 2 月的 4.8 元/千克。

农产品价格是与商贸服务业发展密切相关的。一方面，农业生产资料供应有赖于完善的商贸服务体系。没有完善的商贸流通渠道，城市工业品无法及时下乡，农户难以及时采购到所需的农业生产资料。而且，如果农资供应链条过长，会抬高农资价格，最终将体现在农产品成本与价格之中。另一方面，农产品销售有赖于完善的商贸服务体系。缺乏必要的商贸流通渠道，农产品无法进城，会出现滞销问题。2018 年初，乌鲁木齐永丰镇土豆滞销，广西田阳大批西红柿滞销，云南丘北县千亩辣椒滞销，这类现象每年都有出现。而且，农产品流通链条过长，中间环节溢价过高，导致零售价格会显著提高。因此，研究商贸服务业发展对农产品价格波动的影响，具有重要的理论价值和现实意义。

8.2 商贸服务业发展影响农产品价格波动的机理

商贸服务业是指为商品流通提供服务的产业，通常包括批发业、零售业、住宿与餐饮业等行业部门。商贸服务业发展通过价格构成和供求均衡两方面机理影响农产品价格及其波动。

从价格构成的视角来看，商贸服务业发展能改变农产品的生产及流通成本和农户内部管理费用，进而影响农产品价格。设想在一个没有任何商贸流通服务部门的经济体中，农户需要独立完成所有商贸活动如购置农业生产资料、销售运输农产品等，这势必会增加其内部的生产管理费用。商贸服务业的发展，使农户外包这部分服务成为可能。一方面，农户潜在的内部管理费用被降低，同时农业生产经营的分工进一步深化，生产经营效率提升，降低了单位农产品的生产成本和流通费用，进而降低农产品价格。另一方面，农户外购商贸服务是需要付费的，既新增了流通成本，又增加了农产品生产经营的迂回程度，市场交易成本也随之提高，进而会抬高农产品价格。因此，从价格构成来看，商贸服务业发展对农产品价格的影响方向，取决于内部管理费用及单位生产流通成本的降低幅度和市场交易成本提高幅度之大小比较。

从供求均衡的视角来看，商贸服务业发展能有效调节农产品供求价格弹性，进而影响农产品价格。一方面，商贸服务业的发展，尤其是"农超对接"、农产品电子商务等商贸模式的创新，能减少农产品供求双方的信息不对称，实现供求信息的精准对接和适时共享。这样，既放松了农户幼稚预期约束，减小农产品价格的蛛网波动，同时又能使农户更及时、准确地获取市场需求信息，提高供给反映能力，且有助于增加农产品的供给渠道，减少中间商囤积居奇的可能性，进而提高农产品供给价格弹性。另一方面，商贸服务业的充分发展，尤其是批发市场、零售市场、社区便利店、连锁超市、会员仓储式超市等市场载体的建设，能增加消费者的购买可达性、便利性和选择性。这样，同一种农产品在同一时段同一市场出现不同质量的替代品增多，消费者选择多样性增强，从而提高农产品需求价格弹性。因此从供求均衡来看，商贸服务业发展对农产品价格的影响方向，取决于供给价格弹性和需求价格弹性变动幅度之大小比较。

8.3 研究假说与实证模型

8.3.1 研究假说

基于影响机理的分析以及先验研究，本书提出如下研究假说。

研究假说一：商贸服务业发展是我国农产品价格变动的显著原因。批发零售业等农产品销售相关度高的商贸服务业的发展，与我国农产品价格波动之间存在长期均衡关系。

研究假说二：商贸服务业同我国农产品价格之间存在高度整合关系。这种关系不仅体现在商贸服务业对农产品价格有影响，而且从长远来看，表现为商贸服务业对农产品价格的影响程度呈现上升趋势。

8.3.2 基于 VAR 的实证模型

构建商贸服务业发展影响农产品价格的 VAR 模型如下：

$$AP_t = \sum_{i=1}^{P} \Phi_i AP_{t-i} + \Psi_t F_t + \mu_t \qquad (8.1)$$

其中，AP_t 表示农产品价格指数，F_t 表示外生变量，包括批发零售业全社会固定资产投资总额（PL）和社会消费品零售总额（RS），μ_t 为随机扰动项，t 为时间变量，P 为滞后阶数，Φ_i 和 Ψ_t 为待估计的系数矩阵。

8.4 变量与数据来源

　　一般而言，商贸服务业包括批发零售业、住宿和餐饮业等。考虑到数据可得性，这里以社会消费品零售总额、批发零售业全社会固定资产投资总额两个指标作为衡量商贸服务业发展水平的代理指标，选取农产品生产价格指数作为衡量农产品价格水平的指标。

　　本章选取我国 1985～2017 年共 33 年的宏观经济数据作为样本。其中，农产品生产价格指数（AP）以 1985 年为基期（1985 = 100），数据来源于《中国统计摘要 2018》；批发零售业全社会固定资产投资总额数据来源于《中国固定资产投资统计年鉴》，其中 1999～2001 年数据缺失，故而利用 1985～1998 年数据运用平滑指数估计法补充；社会消费品零售总额数据来源于《中国统计摘要 2018》。此外，由于时间序列数据一般会存在异方差，故先对变量进行对数化处理，使数据趋势线性化，变换后分别记为 LAP、LPL、LRS。全部数据处理和模型拟合都运用 Eviews9.0 软件实现。

8.5 计量结果与分析

8.5.1 时间序列平稳性检验（ADF 检验）

　　对时间序列进行单位根检验，判断时间序列的平稳性，有利于避免伪回归问题的产生。并且，当存在多个解释变量时，只有各解释变量原序列平稳或者具有小于或等于解释变量个数的单整阶数时，才能建立变量之间的协整关系，从而建立计量模型。因此，在用变量建立模型前，对农产品生产价格指数（AP）、批发零售业全社会固定资产投资总额（PL）、社会消费品零售总额（RS）三个时间序列的对数序列进行单位根检验，其结果如表 8 - 1 所示。

表 8 - 1　　　　　　　　　　　　单位根检验

变量	ADF 统计量	检验统计（c,t,n）	Prob 值	1% 临界值	5% 临界值	10% 临界值	结论
LAP	− 1.847136	(c,0,1)	0.3518	− 3.661661	− 2.960411	− 2.619160	不平稳
D(1)LAP	− 3.523784	(c,0,0)	0.0147 **	− 3.689194	− 2.971853	− 2.625121	平稳
LPL	− 0.075978	(c,0,0)	0.9438	− 3.653730	− 2.957110	− 2.617434	不平稳
D(1)LPL	− 4.058903	(c,0,0)	0.0037 ***	− 3.661661	− 2.960411	− 2.619160	平稳
LRS	− 0.195324	(c,0,3)	0.9285	− 3.679322	− 2.967767	− 2.622989	不平稳
D(1)LRS	− 5.018259	(c,0,2)	0.0005 ***	− 3.752946	− 2.998064	− 2.638752	平稳

注：检验类型中的 c 和 t 表示带有常数项和趋势项，N 表示综合考虑了 AIC、SC 选择的滞后期，D 表示一阶差分，* 表示通过了 10% 的显著水平，** 表示通过了 5% 的显著水平，*** 表示通过了 1% 的显著水平。

从检验结果看，农产品价格（AP）、批发零售业投资（PL）、社会消费品零售总额（RS）的对数序列存在单位根，为非平稳序列。但是，三个变量的一阶差分序列是单整序列，存在长期稳定关系，适合建立 VAR 模型，并做协整检验。

8.5.2　滞后阶数的确定

在运用 Johansen 检验法进行协整分析之前，需要确定 VAR 模型的滞后阶数。滞后阶数大小的不合理能直接导致残差的自相关、参数估计的非一致性、自由度等问题。在确定模型滞后阶数的过程中，一般采用两种方法：一是用赤池信息准则（AIC）和施瓦茨（SC）准则，通过建立 VAR 模型，选择 AIC 和 SC 值最小的滞后阶数；二是用似然比统计量 LR 选择最大滞后阶数。根据表 8 - 2 显示的结果，模型滞后期选择的 5 个评价统计量指标均认为建立 VAR（4）模型是合理的。

表 8 - 2　　　　　　　　　　　　　　**模型滞后期数判定**

Lag	LogL	LR	FPE	AIC	SC	HQ
0	- 21. 02045	NA	0. 001052	1. 656583	1. 798027	1. 700882
1	103. 0178	213. 859	3. 79E - 07	- 6. 277088	- 5. 71131	- 6. 099893
2	121. 7033	28. 35052 *	1. 99E - 07	- 6. 945058	- 5. 954947 *	- 6. 634968
3	133. 1985	15. 06256	1. 78E - 07	- 7. 117135	- 5. 702691	- 6. 674149
4	148. 487	16. 87015	1. 30e - 07 *	- 7. 550830 *	- 5. 712053	- 6. 974948 *

注：＊表示按照该准则应该选择的滞后阶数。

在确定滞后阶数并建立 VAR 模型后，通过对图 8 - 1 中 VAR 模型全部特征根的位置图分析，得出该 VAR 模型的全部特征根倒数均小于 1，即是一个平稳系统，模型具有稳定性。

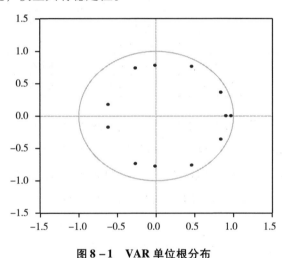

图 8 - 1　VAR 单位根分布

8.5.3　协整检验

为进一步分析农产品生产价格指数与商贸服务业发展之间是否存在长期的均衡关系，需要进行协整分析。这里采用 Johansen 检验法对农产品生产价格指数、批发零售业全社会固定资产投资总额、社会消费品零售总额三个变量进行协整检验，以检验三个变量之间是否存在长期均衡关系。采用最大特征根迹统计量（Trace Statistic）和 λ - max 统计量（Max - Eigen Statistic）来判断 Johansen 检验结果。从表 8 - 3 和表 8 - 4 可以看出：迹统

计量和 λ – max 统计量均大于5%的显著性水平下的临界值，即在95%的置信水平上拒绝了原假设，农产品价格、批发零售业投资额、社会消费品零售总额三个变量之间最多存在一个协整方程，这说明农产品价格、批发零售业投资、社会消费品零售总额之间存在长期的协整关系。

表8-3 **Johansen 迹检验结果**

协整关系	特征值	迹统计量	0.05 的临界值	P 值
没有协整关系	0.69643	49.86749	29.79707	0.0001
最多一个协整	0.355805	15.29534	15.49471	0.0536
最多两个协整	0.083939	2.542485	3.841466	0.1108

表8-4 **λ – max 统计量检验结果**

协整关系	特征值	迹统计量	0.05 的临界值	P 值
没有协整关系	0.69643	34.57215	21.13162	0.0004
最多一个协整	0.355805	12.75285	14.2646	0.0855
最多两个协整	0.083939	2.542485	3.841466	0.1108

基于协整关系构建 LAP、LPL 与 LRS 的协整模型，可得标准化后的协整向量为（1.000000， – 0.294870, 0.088025），故农产品价格（LAP）、批发零售业投资（LPL）、社会消费品零售总额（LRS）之间的协整方程为：

$$LAP = 0.294870LPL - 0.088025LRS \tag{8.2}$$
$$(0.07308) \quad (0.10121)$$

式（8.2）表明：批发零售业投资与农产品价格之间是同向变化的，社会消费品零售总额与农产品价格之间是反向变化的。这表明从长期关系来看，批发零售业投资每增加1%，引起农产品价格增加0.295%，而社会消费品零售总额每增加1%，引起农产品价格减少0.088%。

8.5.4 格兰杰因果检验

运用格兰杰因果检验，判定农产品价格（LAP）、批发零售业投资（LPL）、社会消费品零售总额（LRS）三个变量之间是否存在因果关系以及因果关系方向。从表8-5可知：在5%的显著性水平下，批发零售业投资是农产品价格的格兰杰原因,反之不成立。在5%的显著性水平下,社会消费品零售总额是农产品价格的格兰杰原因,反之不成立。在5%的显著性水平下,批发零售业投资与社会消费品零售总额互相不为因果关系,即批发零售业投资变动不会影响社会消费品零售总额的变动,且社会消费品零售总额变动也不会影响批发零售业投资变动。

表 8 - 5   格兰杰因果检验结果

原假设	样本量	F 统计量	P 值
LPL 不是 LAP 的格兰杰原因	29	4.51994	0.0092
LAP 不是 LPL 的格兰杰原因		0.32248	0.8596
LRS 不是 LAP 的格兰杰原因	29	8.16602	0.0004
LAP 不是 LRS 的格兰杰原因		0.11005	0.9776
LRS 不是 LPL 的格兰杰原因	29	0.94553	0.4583
LPL 不是 LRS 的格兰杰原因		1.981	0.1363

8.5.5 脉冲响应分析

利用脉冲响应函数来分析批发零售业投资、社会消费品零售总额这两个变量标准差冲击对农产品价格指数的影响程度。如图 8 - 2 和图 8 - 3 所示,其中横轴表示响应函数追踪期数(设定为 10 期),纵轴表示农产品价格指数的响应程度。可以得出以下结论:第一,批发零售业投资对农产品生产价格指数的冲击前六期都为正向影响,其中在第四期冲击效果达到最大正向效应 5.9%,之后逐渐减弱至第六期的 1.3%,在第七期转为负向影响,效应大小为 - 0.2%,随后又缓慢上升呈现小幅度波动,最终趋于平稳。这表明:当第一期的批发零售业全社会固定资产投资总额有所增加,将会刺激到农产品价格,使农产品价格上涨并持续四年,随后的 5~7 冲击效应随着时间的推移有所下降,但在第七年后有轻微反向影响,这是因为批发零售业全社会固定资产投资总额和农产品价格之间存在一定的滞后期。第二,在第一期受到正向冲击后,社会消费品零售总额对农产品生产价格指数的正向冲击持续到第三期,并达到正向最高效应 8.8%,随后的第四期至第六期内冲击效果下降,在第七期开始出现反弹现象,第九期达到 1. 25% 。这表明：当社会消费品零售总额上涨时，农产品价格在前三期将受到正向影响，导致农产品价格上涨，随后经过三年的滞后期又出现较为强烈的冲击效果，可见，社会消费品零售总额对农产品价格的影响较为显著。

通过以上分析可知：商贸服务业发展对农产品价格有着较为明显的影响，批发零售业全社会固定资产投资总额、社会消费品零售总额这两个指标对农产品价格产生的冲击都存在一定的滞后期，但相对而言，批发零售业全社会固定资产投资总额对农产品价格产生的冲击效果更为显著。

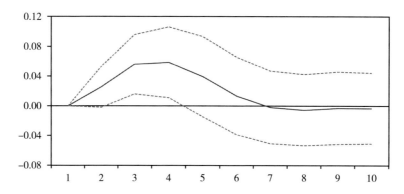

图 8 – 2　批发零售业投资对农产品价格指数影响的脉冲响应

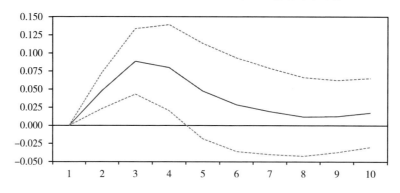

图 8 – 3　社会消费品零售总额对农产品价格指数影响的脉冲响应

8.5.6　方差分解

从方差分解表可知：农产品生产价格指数对其自身的影响最大，虽然呈现逐渐下降趋势，但贡献度仍达到70%以上（见表8-6）。这可能是由于农产品生产价格指数的当期价格与上一期价格之间存在一定的相关性，上一期价格对当期价格具有一定的参考意义，故上一期价格对当期价格具有显著影响。其次是批发零售业投资对农产品生产价格指数的影响，其贡献度由第二期的6%增加到了第四期的20%，但之后几期逐渐下降，最终波动趋于17%。社会消费品零售总额对农产品生产价格指数波动的贡献度最小，大致围绕在9%的水平小幅波动。

表8-6 方差分解表

时期	S. E.	LAP	LPL	LRS
1	0.056297	100.0000	0.000000	0.000000
2	0.100891	84.03269	6.324350	9.642959
3	0.143125	68.28066	18.39355	13.32578
4	0.186639	69.83328	20.66382	9.502896
5	0.213884	73.39733	19.11608	7.486593
6	0.219871	74.18354	18.45231	7.364150
7	0.221121	73.83996	18.25224	7.907808
8	0.222848	72.71656	18.03467	9.248769
9	0.225228	71.39259	17.67434	10.93307
10	0.226968	70.8081	17.42712	11.76478

8.6　本章结论

本章利用1985~2017年共33年的商贸服务业发展和农产品生产价格指数的时间序列，运用VAR模型，对我国商贸服务业发展影响农产品价格的长期动态关系进行实证研究。根据计量结果分析可知，我国农产品价格上涨与商贸服务业发展存在一定的相关性，具体表现在：批发零售业全社会固定资产投资总额、社会消费品零售总额这两个指标分别与农产品生产价格指数存在长期动态均衡关系，虽然存在一定的滞后期，但足以说明商贸服务业与农产品价格之间存在高度整合关系。另外，批发零售业投资额、社会消费品零售总额都单向地与农产品价格构成格兰杰因果关系，且从脉冲响应图与方差分解表来看，商贸服务业发展对农产品价格存在正向效应，这说明商贸服务业发展促进了农产品价格上涨。

本章研究的启示是：第一，要加大批发零售业固定资产的投资，尤其是要加大农业生产资料、农产品的商贸流通基础设施的建设投资。第二，构建以批发市场为核心的农产品供应链，有效地将农产品供应商、批发商、零售商整合，建立资源共享、信息化的内部结构，实现信息共享、利益共享以及风险共担。第三，提高农户的市场意识，创新农产品交易模式。强化农户的市场竞争意识以及流通意识，鼓励农户通过加入农产品直销、"农超对接""农社对接"等交易方式，借助互联网、物联网以及电子商务等渠道，使农产品互联网化，探索农产品现代流通方式，降低交易费用，减少流通环节。

第 9 章

物流服务业发展影响农产品 价格波动的实证研究

物流的主要功能是运输、仓储、配送、包装、搬运装卸、流通加工以及相关的信息处理等。物流服务业是重要的生产性服务行业。物流服务业嵌入农业生产经营的各个环节,直接作用于农业生产资料和农产品的仓储与位移等环节,在产生物流成本的同时提高了流通效率,影响单位产品生产成本和流通成本,又能节约流通时间增强供给反应能力,进而影响农产品价格形成与波动。本章基于向量自回归模型,实证研究物流服务业发展对农产品价格波动的影响。

9.1　问题的提出

2017 年,我国农产品市场运行总体平稳。据国家统计局公布,2017 年全年食品价格下降 1.4% ,是自 2003 年以来首次下降。虽然我国农产品批发价格总体上表现较为稳定,但是各个种类农产品价格波动依然明显。据农业部监测,2017 年全年"农产品批发价格 200 指数"均值为 100.14（2015 年为 100）,同比低 5.60 个点;其中"菜篮子"产品 200 指数为 99.91,同比低 6.65 个点。① 从 2018 年 5 月农产品价格来看,猪肉批发均

---

① 农业部通报 2017 年主要农产品市场运行情况,http://www.gov.cn/xinwen/2018 – 01/17/content_5257524.htm#1.

价为 15.95 元/千克，环比下降 3.5%，同比下降 23.7%；牛肉批发均价为 56.67 元/千克，环比下降 0.2%，同比上升 5.7%；羊肉批发均价为 54.59 元/千克，环比下降 0.2%，同比上升 18.0%；鸡蛋批发均价 7.79 元/千克，环比上升 3.6%，同比上升 54.0%；蔬菜批发均价为 2.92 元/千克，环比下降 7.9%，同比上升 19.5%。① 显然，不同农产品价格波动趋势和波动幅度均不同，鸡蛋、蔬菜等农产品价格的波幅还比较大。

物流服务业是流通产业中的重要组成部分。根据前瞻产业研究院发布的《物流行业市场前瞻与投资战略规划分析报告》数据显示，2018 年 1～5 月社会物流总费用高达 4.9 万亿元，同比增长 7.5%，比上年同期回落 1.9 个百分点；2018 年 1～5 月全国社会物流总额 105.3 万亿元，按可比价格计算，同比增长 7.1%，增速与 1～4 月持平，但比上年同期提高 0.2 个百分点，其中农产品物流总额增长 3.1%，提高 0.1 个百分点。农业物流业主要有农业生产资料物流和农产品物流两大部分，覆盖到农业产前、产中、产后各环节，既包括农资和农产品的运输，也包括分拣、加工、包装、仓储、装卸、分销、配送、信息、综合服务等内容。而且，农业物流业不仅仅是城乡区域物流和配送物流，还有省际物流和国际物流。农业物流服务体系的完善以及物流业的高度发达，可以提高农业生产资料和农产品的流通效率，降低流通成本，进而影响到农产品价格波动。本章对物流服务业发展影响农产品价格波动进行实证研究，探索物流服务业与农产品价格之间的关系。

9.2 物流服务业发展影响农产品价格波动的机理

物流服务业发展对农产品价格的影响，可以从价格构成和供求均衡两方面机理进行分析。

---

① 全国农产品批发市场价格信息网，http：//pfscnew.agri.gov.cn/fxbg/201806/t20180613_325379.htm.

从价格构成的视角来看，物流服务业发展对农产品价格波动的影响，取决于外购物流服务而导致的单位产品物流成本与内部管理成本降低程度和市场交易成本提高程度二者之间的比较。物流业发展不充分的情况下，农业生产资料采购与运输，以及农产品初加工、包装、仓储、运输、装卸、分销等服务，都需要农户自己内部完成，内部管理成本高，且物流效率低下，产品毁损率相对较高，单位产品物流成本高。但是，如果将这些物流服务外包给专业物流商，由于物流商具有专有资源优势，物流设施完善，物流技术先进，物流效率高，物流质量好，因此单位产品的物流成本会显著降低，而且内部管理成本也随之降低。另外，外包物流服务是需要付费的，而且增加了农业供应链的迂回程度，将显著提高市场交易成本，并最终体现在农产品价格之中。所以，物流服务业发展对农产品价格波动的影响方向，取决于这两种力量的比较。

从供求均衡的视角来看，物流服务业发展对农产品价格波动的影响，取决于外购物流服务导致的供给价格弹性提高程度和需求价格弹性提高程度的比较。物流的功能是空间位移和时间延续。以农产品物流为例，大宗鲜活农产品的冷链物流体系的建设发展，将会极大地缓解鲜活农产品位移的时空限制，提高物流效率和物流质量，减少物流过程中农产品损耗，进而提升农产品的有效供给能力，这样会显著提高供给价格弹性。另外，不同国家、不同农区、覆盖城乡的现代物流体系的建设，将在一定程度上打破农产品消费的地域性和季节性，提高消费者购买的可达性、多样性和选择性，这样也会提高农产品的需求价格弹性。所以，物流服务业发展对农产品价格波动的影响方向，取决于这两种力量的比较。

🔲 9.3　研究假说与实证模型

9.3.1　研究假说

基于影响机理分析和前人的先验研究，提出如下两个研究假说。

研究假说一：物流服务业的发展是我国农产品价格变动的显著原因。

物流服务业发展与我国农产品价格波动之间存在长期均衡关系，其影响方向为具有滞后期的正向影响。

　　研究假说二：物流服务业与我国农产品价格之间存在高度整合关系。这种关系不仅体现在物流服务业对农产品价格有影响，而且从长远来看，表现为物流服务业对农产品价格的影响程度呈现出上升趋势。

9.3.2　基于 VAR 的实证模型

　　本章构建的物流服务业发展影响农产品价格的 VAR 模型如下：

$$AP_t = \sum_{i=1}^{P} \Phi_i AP_{t-i} + \Psi_t F_t + \mu_t \tag{9.1}$$

其中，AP_t 表示农产品价格指数，F_t 表示外生变量，包括交通运输、仓储和邮政业全社会固定资产投资总额（JY）和货物周转量（CT），μ_t 为随机扰动项，t 为时间变量，P 为滞后阶数，Φ_i 和 Ψ_t 为待估计的系数矩阵。

9.4　变量与数据来源

　　一般而言，物流是物质从供应地向接受地的实体流动过程，包括运输、储存、装卸、搬运、包装、加工、配送、信息服务等多种功能。因此，物流服务业是一个综合性产业。考虑到数据的可获得性，本章采用交通运输、仓储和邮政业全社会固定资产投资总额和货物周转量作为衡量物流服务业发展情况的代理指标，选取农产品生产价格指数作为衡量农产品价格水平的指标。本章选取我国 1985～2017 年共 33 年的宏观经济数据为样本数据。其中，农产品生产价格指数（AP）以 1985 年为基期（1985 = 100），数据来源于《中国统计摘要 2018》；交通运输、仓储和邮政业全社会固定资产投资总额（JY）的数据来源于《中国固定资产投资统计年鉴》；货物周转量（CT）的数据来源于《中国农产品价格调查年鉴》。此外，时间序列数据可能存在异方差问题，故先对变量进行对数化处理，使数据趋势线性化，变换后分别记为 LAP、LJY、LCT。另外，全部数据处理和模型运算都运用 Eviews9.0 软件实现。

9.5 计量结果与分析

9.5.1 时间序列平稳性检验

对时间序列进行单位根检验，判断时间序列的平稳性，有利于避免伪回归问题的产生。并且，当存在多个解释变量时，只有多个解释变量原序列平稳或者具有小于或等于解释变量个数的单整阶数时，才能建立变量之间的协整关系，从而建立计量模型。因此，本章在用变量建立模型前，对农产品生产价格指数（AP）、交通运输、仓储和邮政业全社会固定资产投资总额（JY）、货物周转量（CT）三个时间序列的对数序列进行 ADF 单位根检验，其结果如表 9 – 1 所示。

表 9 – 1 单位根检验

变量	ADF 统计量	检验统计（c,t,n）	Prob 值	1% 临界值	5% 临界值	10% 临界值	结论
LAP	– 1.847136	(c,0,1)	0.3518	– 3.661661	– 2.960411	– 2.619160	不平稳
D(1)LAP	– 3.523784	(c,0,0)	0.0147 **	– 3.689194	– 2.971853	– 2.625121	平稳
LJY	– 0.974456	(c,0,0)	0.7498	– 3.661661	– 2.960411	– 2.619160	不平稳
D(1)LJY	– 3.823169 ***	(c,0,0)	0.0069	– 3.670170	– 2.963972	– 2.621007	平稳
LCT	0.036568	(0,0,0)	0.9552	– 3.653730	– 2.957110	– 2.617434	不平稳
D(1)LCT	– 3.878033 ***	(0,0,0)	0.0059	– 3.661661	– 2.960411	– 2.619160	平稳

注：检验类型中的 c 和 t 表示带有常数项和趋势项，n 表示综合考虑了 AIC、SC 选择的滞后期，D 表示一阶差分，* 表示在 10% 的显著水平上通过了 ADF 平稳性检验，** 表示在 5% 的显著水平上通过了 ADF 平稳性检验，*** 表示在 1% 的显著水平上通过了 ADF 平稳性检验。

从检验结果看，农产品价格（AP）、交通运输、仓储和邮政业投资（JY）、货物周转量（CT）的原始序列的 ADF 检验统计量均大于显著性水平 10% 的临界值，表明不能拒绝原假设，存在单位根，为非平稳序列。而对三个变量进行一阶差分后，其 ADF 检验值均小于 5% 的临界值，即三个变量的时间序列为一阶单整序列，记为 I（1）序列，存在长期稳定关系，适合建立 VAR 模型，并做协整检验。

9.5.2 滞后阶数的确定

在运用 Johansen 检验法进行协整分析之前，需要确定 VAR 模型的滞后阶数。本章采取的方法是依据 AIC 准则和 SC 准则来予以判断。根据表 9 - 2 显示的结果，模型滞后期选择的 5 个评价统计量指标均认为建立 VAR（4）模型是合理的。

表 9 - 2   模型滞后期数判定

滞后期	LogL	LR	FPE	AIC	SC	HQ
0	- 33. 68648	NA	2. 52E - 03	2. 530102	2. 671547	2. 574401
1	93. 53557	219. 3484	7. 29E - 07	- 5. 623142	- 5. 057365	- 5. 445948
2	109. 6917	24. 51272	4. 56E - 07	- 6. 116668	- 5. 126557 *	- 5. 806577
3	113. 5061	4. 998196	6. 92E - 07	- 5. 759041	- 4. 344597	- 5. 316055
4	134. 386	23. 03990 *	3. 43e - 07 *	- 6. 578345 *	- 4. 739568	- 6. 002463 *

注：* 表示按照该准则应该选择的滞后阶数。

在确定滞后阶数并建立 VAR 模型后，通过对图 9 - 1 中 VAR 模型全部特征根倒数的位置图分析，得出该 VAR 模型的全部特征根均小于 1，即是一个平稳系统，模型具有稳定性。

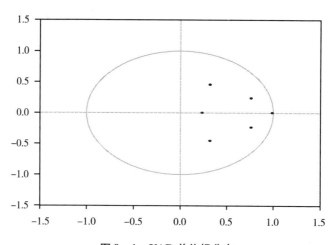

图 9 - 1   VAR 单位根分布

9.5.3 协整检验

为进一步分析农产品价格与物流服务业之间是否存在长期的均衡关系，须进行协整分析。本章采用 Johansen 检验法对农产品价格（AP）、交通运输、仓储和邮政业投资（JY）、货物周转量（CT）三个变量进行协整检验，以检验三个变量之间是否存在长期均衡关系。采用最大特征根迹统计量（Trace Statistic）和 λ – max 统计量（Max – Eigen Statistic）来判断 Johansen 检验结果。从表 9 – 3 和表 9 – 4 可以看出：迹统计量和 λ – max 统计量均大于 5% 的显著性水平下的临界值，即在 95% 的置信水平上拒绝了原假设，三个变量之间最多存在一个协整方程，这说明农产品价格（AP）、交通运输、仓储和邮政业投资（JY）、货物周转量（CT）之间存在长期的协整关系。

表 9 – 3　　　　　　　　最大特征根迹统计量检验结果

协整关系	特征值	迹统计量	0.05 的临界值	P 值
没有协整关系	0.793603	61.58618	29.79707	0
最多一个协整	0.411562	15.82545	15.49471	0.0446
最多两个协整	0.015303	0.447213	3.841466	0.5037

表 9 – 4　　　　　　　　λ – max 统计量检验结果

协整关系	特征值	迹统计量	0.05 的临界值	P 值
没有协整关系	0.793603	45.76073	21.13162	0
最多一个协整	0.411562	15.37824	14.2646	0.0332
最多两个协整	0.015303	0.447213	3.841466	0.5037

基于协整关系构建 LAP、LJY 与 LCT 的协整模型，可得标准化后的协整向量为（1.000000, – 0.125756, – 0.210138），故农产品价格（LAP）、交通运输、仓储和邮政业投资（LJY）、货物周转量（LCT）之间的协整方程为：

$$LAP = 0.125756LJY + 0.210138LCT$$
$$\quad (0.03863) \qquad (0.01762) \qquad\qquad (9.2)$$

式（9.2）表明：交通运输、仓储和邮政业投资（JY）、货物周转量（CT）与农产品价格（AP）之间是同向变化的。在长期关系上，交通运输、仓储和邮政业投资（JY）每增加1%，引起农产品价格（AP）增加0.126%，而货物周转量（CT）每增加1%，引起农产品价格（AP）增加0.210%。显然，与交通运输、仓储和邮政业投资相比，货物周转量对农产品价格的促进作用更为显著。

9.5.4 格兰杰因果检验

上述分析已经证明了农产品价格（AP）、交通运输、仓储和邮政业投资（JY）、货物周转量（CT）三者之间的协整性。进一步地，采用格兰杰因果检验法来判断三者之间是否存在因果关系及其方向。结果如表9-5所示。

表9-5 格兰杰因果检验结果

原假设	样本量	F 统计量	P 值
LJY 不是 LAP 的格兰杰原因	31	9.3731	0.0009
LAP 不是 LJY 的格兰杰原因		0.95427	0.3982
LCT 不是 LAP 的格兰杰原因	31	3.87992	0.0335
LAP 不是 LCT 的格兰杰原因		0.85771	0.4358
LCT 不是 LJY 的格兰杰原因	31	0.54799	0.5846
LJY 不是 LCT 的格兰杰原因		0.55253	0.5821

从表9-5可知：在5%的显著水平下，交通运输、仓储和邮政业投资是农产品价格的格兰杰原因，反之不成立。在5%的显著水平下，货物周转量是农产品价格的格兰杰原因，反之不成立。在5%的显著水平下，交通运输、仓储和邮政业投资与货物周转量互不为因果关系，即交通运输、仓储和邮政业投资的变动不会影响货物周转量的变动，且货物周转量的变动也不会影响交通运输、仓储和邮政业投资的变动。

9.5.5 脉冲响应分析

基于以上分析，本章利用脉冲响应函数来分析交通运输、仓储和邮政业投资和货物周转量两变量的标准差冲击对农产品生产价格指数的反映程度，如图9-2和图9-3所示的脉冲响应函数曲线。

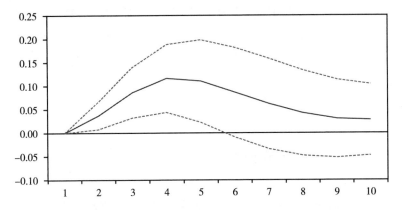

图9-2　交通运输、仓储和邮政业投资对农产品生产价格指数的脉冲响应

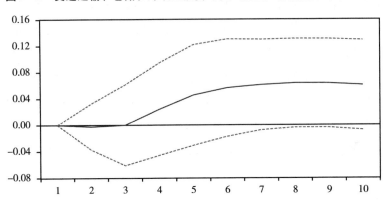

图9-3　货物周转量对农产品生产价格指数的脉冲响应

　　从脉冲响应图看出，物流服务业发展对农产品价格有着较为明显的影响，其中，交通运输、仓储和邮政业的全社会固定资产投资总额相对于货物周转量对农产品价格产生的冲击效果更为显著。具体来说，第一，交通运输、仓储和邮政业投资对农产品生产价格指数的冲击全期为正向影响。具体来说，在第一期受到一个正向冲击后，前四期的冲击效果越来越大，并在第四期达到最高正向效应11.6%，随后冲击开始逐渐减弱，从第九期开始冲击效果逐渐趋于稳定，其效果大致维持在3%。这表明：若当期外界增加在交通运输、仓储和邮政业的固定资产投资，那么上涨的交通运输、仓储和邮政业投资将对农产品价格变动产生刺激，且在三年内农产品价格上涨冲击效果逐年增加，第四年后，其刺激效果逐渐降低。第二，货物周转量对农产品生产价格指数的冲击前三期为影响不大，且前三期几乎不具有影响效应，到第四期转变为正向影响，随后冲击效果增大，而之后六至十期维持该冲击效果趋于稳定状态。这表明货物周转量的增加在前三年内可能引起农产品价格下降，从第四年开始，才会引起农产品价格上涨。可见，货物周转量变动对农产品价格的影响存在一个滞后期，并且影响效果较为显著。

9.5.6 方差分解分析

从方差分解表 9 - 6 可知：农产品生产价格指数对其自身的影响最大，虽然呈现逐渐下降趋势，但贡献度仍达到 26% 以上。这可能是由于农产品生产价格指数的当期价格与上一期价格之间存在一定的相关性，上一期价格对当期价格具有一定的参考意义，故上一期价格对当期价格具有显著影响。其次，受到交通运输、仓储和邮政业投资的影响，从第二期开始逐期增加，在第四期对农产品价格贡献率达到最高，为 59%，随后小幅下降，保持在 47% 以上。货物周转量对农产品价格波动的贡献率总体上较小，但依然呈现逐期增加趋势，从第二期的 0.01% 上升至第十期的 26%。

表 9 - 6 　　　　　　　　　　　方差分解

时期	S. E.	LAP	LJY	LCT
1	0.061087	100.0000	0.000000	0.000000
2	0.094337	85.31787	14.67059	0.011540
3	0.128463	53.03611	46.47896	0.484928
4	0.154788	36.58446	59.08364	4.331904
5	0.169404	30.79495	58.82655	10.37850
6	0.176756	28.48443	55.39499	16.12058
7	0.181249	27.20739	52.76126	20.03135
8	0.184669	26.48075	50.86639	22.65286
9	0.188101	26.20334	49.15588	24.64078
10	0.191713	26.21764	47.47501	26.30735

9.6　本章结论

　　本章利用 1985～2017 年的物流服务业和农产品价格相关指标的时间序列，运用 VAR 模型，对我国物流服务业发展影响农产品价格的长期动态关系进行实证分析。结果表明，我国农产品价格上涨与物流服务业发展之间存在相关性。具体来说，交通运输、仓储和邮政全社会固定资产投资、货物周转量与农产品价格之间存在长期动态均衡关系，也就是物流服务业与农产品价格之间存在高度整合关系。另外，交通运输、仓储和邮政全社会固定资产投资、货物周转量都是农产品价格波动的格兰杰原因，但反之不成立。从脉冲响应图分析与方差分解表来看，物流服务业的发展对农产品价格波动是正向效应，这说明物流行业发展导致了农产品价格的上涨。

　　本章研究有如下启示：第一，加大交通运输、仓储和邮政业公共基础设施的固定资产投资，完善物流基础设施和基本网络。第二，在大力发展物流服务业的同时，要加大对农业物流的支持力度。可以通过补贴的方式，支持物流服务企业开展涉农物流业务，并提供物流服务价格补贴，为外购物流服务的农户分摊成本，进而减少其对农产品价格的影响。第三，物流服务企业要熟悉涉农业务，注重技术创新，提高农产品物流效率，较大程度降低农产品物流成本。

第 *10* 章

服务业管理影响农产品价格的
国际经验研究

既然生产性服务业发展会影响农产品价格及其波动，那么，一个必然的逻辑是，可以通过对生产性服务业尤其是农业生产性服务业的管理来实现农产品价格调控。这是一种通过对中间产业管理而实现末端产品价格调控的思路，不同于一般的就价格调价格的做法。美国、日本、德国、荷兰四个国家农业高度发达，农业服务体系完善，在农产品价格调控方面也有很多可供借鉴的经验。本章对这四个国家在服务业管理与农产品价格调控方面的经验进行国际比较研究。

10.1　美国调控农产品价格的经验

美国农业发展历史悠久，自然资源丰富。人少地多和规模化经营是美国的基本农情。美国农业以家庭农场为主体，集约化、机械化和信息化程度高，农业区域专业化特征明显，建有完善的农业社会化服务体系，农业生产方式和生产力水平都居于世界前列，是世界上最大的农产品出口国。美国政府一直以来重视对农业的宏观调控，在农产品价格调控上有很多做法。

10.1.1　对农产品价格进行直接干预的具体做法

美国政府对农产品价格进行直接干预的做法由来已久。这里以 2014 年
2 月美国《食物、农场及就业法案》正式生效作为时间节点，对 2014 年农
业法案之前的时期和 2014 年农业法案之后的时期两个阶段进行分析。

2014 年农业法案之前的时期。在第一次世界大战期间，美国政府实施
了主要农产品最低销售价格制度，消除农场主在战争期间对农产品价格暴
跌的担忧。1933 年进入罗斯福新政时期，美国政府实施了农产品价格支持
政策，确定主要农产品的平价和产量。在市价达到或高于平价时，农场主
可以出售农产品；当市价低于平价时，农场主可以将剩余农产品作为抵押
物获得政府贷款，也可以出售农产品而领取差价补贴。第二次世界大战时
期，美国通过斯蒂格尔修正案，要求凡是战争需要扩大生产的所有农产品
一律实行价格支持，并要求非主要农产品的价格支持保持在平价的 85% 以
上水平；后又出台紧急价格控制法，规定在战后两年内，主要农产品支持
价格维持在平价 90% 的水平上。进入 1973 年，美国政府放弃了价格支持，
让农产品价格由市场供求来确定，当市场价格与目标价格有差距时，政府
将补贴农民损失。自 1977 年起，美国对谷物等农产品预先规定"释放价
格"和"号令价格"。当市场价格低于释放价格时，农民不能随便出售；
当市场价格高于释放价格而低于号令价格时，农民必须在一定时间内出售
其农产品，并归还无追索权贷款。[①] 1985 年，联邦政府颁布了《粮食安全
法》；1996 年，又颁布了《联邦农业完善和改革法》。此后，美国宣布不
再根据农产品价格提供补贴，而是直接为农民提供现金补贴，并且计划逐
渐减少补贴金额。然而，政府实际支付的农业现金补贴额远远大于计划
数。2002 年布什政府再次将农业补贴和农产品价格变动挂钩，计划在 2002 ~
2011 的 10 年间，向农业提供 1900 亿美元的巨额补贴。

2014 年农业法案之后的时期。2014 年 2 月，美国国会通过了《食物、

---

① 杜楠等. 美国农业现代化历程及其对中国的启示研究 [M]. 北京：中国农业科学技术出
版社，2017.

农场及就业法案》，并由总统签署生效，这是美国第 17 部农业法。该法案放弃了以高补贴为主的农业支持保护思路，逐步取消直接干预，调控手段趋于市场化。法案名义上取消了直接支付、反周期补贴、平均作物收入选择补贴，保留营销援助贷款项目，同时新设了价格损失保障和农业风险保障。其中，价格损失保障主要是针对小麦等农作物制定的，补偿农民由于价格下跌造成的损失。另外，2014 年法案取消了乳制品价格支持项目和乳品收入损失合同项目，以乳制品利润保障项目和乳制品捐赠项目替代。具体来说，当牛奶价格和饲料成本之差低于某目标水平的时候，启动乳制品利润保护项目；在捐赠项目下，当牛奶价格与饲料价格之差低于最低保障利润时，美国农业部将以市场价格购买乳制品，捐赠给营养项目，支援低收入家庭。[①] 另外，美国政府还通过休耕计划、政府吞吐等措施，来调节农产品供求进而调控农产品价格。2016 年特朗普当选美国总统后，尤其是 2018 年中美贸易战以来，美国农产品出口受到极大的影响，农产品出口价格暴跌，美国农业部宣布向受贸易关税影响的农民提供 120 亿美元的现金紧急援助计划。

10.1.2 服务业管理影响农产品价格的具体做法

美国农业服务体系由公共服务体系、合作社服务体系和私人公司服务体系三大部分组成，覆盖农业生产经营的各个环节。公共服务体系由农业部下属相关部门以及各州立大学农学院、农业试验站等单位组成，为农户提供农业科技、金融及信息服务等。美国农业合作社主要有供销合作社、信贷合作社和服务合作社三种类型。农业服务公司是美国农业服务的重要主体，既有专门从事土壤管理、农机服务、农产品检验检测与认证、农田灌溉等某一方面服务的专业服务公司，也有从事农资供应、田间作业、病虫害防治、农产品销售、金融信贷、财税审计、技术指导、政策咨询等多项服务的综合服务公司。从区域分布来看，美国远西区域、洛基山区域、

---

① 杜楠等. 美国农业现代化历程及其对中国的启示研究［M］. 北京：中国农业科学技术出版社，2017.

平原区域农业服务业的发展相对较好。加利福尼亚州是美国农业服务业个人收入和就业人口规模最大，增长速度较快的州，佛罗里达州、得克萨斯州、华盛顿州的农业服务业收入及就业规模也比较高。

美国政府注重通过对农业服务业的产业管理来影响农产品价格。这些措施不仅有促进产业发展的效果，还对农产品供求与价格产生了重要的调节作用。

在农业流通服务方面，美国政府高度重视农产品流通支撑体系的建设。美国农产品流通的显著特征是流通链条短，批发市场的作用日益减弱，以连锁经营超市为主导的产地直销模式是最重要的流通模式。第一，重视流通基础设施建设。依托四通八达的综合交通网络，美国在农产品主产区建立了大量的产地批发市场，在交通节点附近设立有大量的销地批发市场，甚至一些农产品收购站、仓库和加工厂都建有专门的铁路线。而且，农产品流通的机械化水平高，每个大型农场都有储存、包装、分拣的机器设备，可移动式胶带输送机、低运载量斗式提升机等先进设备应用广泛。第二，加强农产品物流产业的发展。美国农产品物流技术发达，建有以信息技术为核心，以储运技术、冷链技术、包装加工技术等为支撑的现代化物流装备技术体系。尤其是，美国重视冷链物流发展，拥有 20 多万辆保温汽车，冷藏运输率高达 80% ~ 90%。① 而且，大力推行农产品流通工具和检测体系的标准化工作，降低流通损耗。第三，农产品流通各环节均有相关机构负责管理监督。在整个农产品的流通过程中，美国农业部有机认证（USDA）负责质量安全的管理，美国食品药品监督管理局（FDA）负责消费环节的监管，各个部门各司其职，严惩有问题的生产商或经销商。第四，农产品流通法律与政策体系健全。农产品生产、加工、包装、配送、装卸、搬运等各个环节都有相应的法律法规。例如，《商品交易法案》详细规范了农产品流通的各个环节；冷链协会颁布的《冷链质量标准》针对从事储存、运输、处理易腐货物的物流企业的运营质量、可靠性以及熟练程度进行衡量和认证。

---

① 杜楠等．美国农业现代化历程及其对中国的启示研究［M］．北京：中国农业科学技术出版社，2017.

在农业金融服务方面，加大对农业保险业和期货业的支持力度。第一，政府对农业保险保费提供较高比例的补贴。1980 年，美国颁布了《联邦农作物保险法》，首次引入了非国有商业保险公司，并增加了对农业保险保费的补贴比例。此后，农业保险快速发展，1990 年美国境内所有县均已被覆盖。1994 年，美国又颁布了《农作物保险改革法》，进一步提高了农业保险保费补贴比例，并对未参加农作物保险的农户不再提供农业贷款和农产品价格保护等政府福利，实施了强制性农业保险。2000 年，又颁发了《农业风险保护法》，再次提高了保费补贴比例，降低农户投保成本。目前，美国农业险种主要有多种风险农作物保险、平均产量保险、收入保险、冰雹险等，既有以产量为基础的保险产品，通常可以保障 50%～75% 的产量和 55%～100% 的价格；也有以收入为基础的保险产品，当收入低至一定水平时，保险公司将对其进行赔付。[①] 而且，美国农业保险涵盖的农产品品种极其丰富，可以参加保险的作物多达 100 多种。第二，鼓励农场主开展期权交易。美国芝加哥期货交易所（CBOT）是全球最具影响力的农产品期货交易市场，主导着全世界主要农产品的期货交易发展趋势。从1993 年开始，美国政府就鼓励农场主进入芝加哥期权市场交易，鼓励农民购买玉米、大豆和小麦的看跌期权，以保护农户因农产品现价波动而带来的损失。财政部每年要拨款给农场主上千万美元用于其支付期权的权利金。美国银行在决定是否给农户提供贷款时，都将其是否在期货市场进行套期保值业务作为其安全性的重要考量指标。2014 年，美国《农业法》取消了对农场主的直接补贴、反周期补贴等支持措施，并要求美国农业部下属的农场服务局（FSA）积极引导中小农场主直接参与期货交易，以期来规避风险，减小农产品价格出现异常波动而带来的损失。

在农业信息服务业方面，高度发达的农业信息化水平为农业生产经营提供了条件。第一，农业信息网络健全。2000 年，美国农业委员会专门为农业部拨款 14 亿美元，主要投资于农业部牵头研发的农业信息网络。至2017 年，美国已开发出的农业信息网络系统近 2000 个，是世界农业信息网络最多的国家。据统计，美国约有 300 个信息服务系统可为农户提供农

---

① 中国保险协会 http：//www. isc - org. cn/hwsc/1684. jhtml.

业信息，美国农业部约有 10 万人专门从事农业信息统计工作，对各地农场种植作物的相关数据进行采集和长期跟踪，并由政府定期向社会发布。①第二，从农业信息化组织结构来看，联邦政府、各州、各县政府都高度重视对农业信息工作的组织管理。美国形成了以农业部及其所属的国家农业统计局、农业市场服务局和海外农业局等机构为主的信息收集、分析和发布体系，各涉农组织各司其职，相互补充。例如，美国农业市场服务局致力于美国及海外农产品交易、农业价格等信息收集、整理和监测。这种信息监测及预测机制，成为美国获取国际农产品市场行情的一种重要工具。第三，为农业信息化高速发展提供法律保障。2014 年农业法案专门设"农业信息化"一栏，并计划在未来 5 年投入 14 亿美元用于支持农业信息化的升级改造，如提高农村宽带电信项目的入网率，再如农村商务开发赠款项目培训农民使用互联网从事商业等。② 第四，农业信息网络的应用程度高。根据农业网站 Directag. com 的调查，美国有 85％的农民上网，16％的农民从事网上交易，农产品网络贸易量占全国电子商务交易总量的 8％，在各行业中列第五位。③

10.2　日本调控农产品价格的经验

日本的基本农情与我国相似，是人多地少、土地分散、小规模经营的小农经济。但是日本自明治维新后，大力推进农业领域改革，加强政府扶持与调控，改良和推广土地节约型技术，充分发挥农协作用，开展农村"一村一品"运动，发展地方特色农业，实现了农业现代化，创造了许多值得学习借鉴的经验。经过多年的发展，日本形成了完善的农产品价格调控机制。

---

①③　杜楠等. 美国农业现代化历程及其对中国的启示研究［M］. 北京：中国农业科学技术出版社，2017.

②　中农富通 http：//www. yyjsfw. com/index. php？m = content&c = index&a = show&catid = 30&id = 498.

10.2.1 对农产品价格进行直接干预的具体做法

日本政府对大米、猪肉，以及蔬菜水果等农产品的价格调控，主要是采取购销监管、储备调节、设定上下限价格、价格补贴、建立价格风险基金、设立价格稳定基金等直接干预的方式。

放开基本储备以外的大米购销，形成科学合理的大米价格形成机制。在农产品收购、批发、销售等环节中，日本政府进行了非常严格的监管，最典型的农产品是大米。根据日本政府的规定，为了保证大米的供应量能够满足国内的自给自足，由农林水产省主管实施大米的购销计划，严格限制私营商贩对大米进行收购、储存和销售。根据政府确定的价格，日本农协统一向农户收购大米，并上交给粮食厅或销售给大米批发商。在1995年，日本出台了《粮食法》修正案，该法通过肯定市场调节价格机制的作用，取消了政府关于大米生产以及流通领域的直接管理，主要负责制定整个流通计划和实施该计划。并且，各级农协允许越级销售，不再进行逐级收购，即各级农协可以直接将自由流通的大米卖给任何一级的上级组织、批发商，甚至直接向零售商销售，这一改变有效加快了"政府粮管"向"农协粮管"的进程。2004年通过的《粮食法》修正案，基本上放开了储备以外的大米购买和销售，由市场供求决定大米价格。

实施政府储备调节、政府指导猪肉回购、冷藏补贴、政府对生产者直接补贴等制度，控制猪肉价格异常波动。第一，日本政府通过设定猪肉价格上下限来规避猪肉价格大幅度波动。当出现猪肉市场价格低于政府规定的下限价格情况时，政府会大力从批发市场购入猪肉继而增加储备量，当面临猪肉市场价格超出政府规定的上限价格情况时，政府会果断抛售相应的储备猪肉，或采取依法减免猪肉进口税等方式，来增加市场上猪肉的供给，达到稳定农产品价格目的。当然，日本政府猪肉储备量并不多，在面临猪肉市场价格大幅度上涨时，通常采用增加猪肉进口量的方法调控猪肉价格。第二，当批发价格较低时，政府对参与回购及冷藏的各类企业发放补贴。日本政府会结合农户的养殖成本确定相应的基准价格。当出现批发价格低于设定的基准价格情况时，政府会指导生产者团体以及猪肉加工行业协会进行猪肉的冷藏保存，从而有效控制猪肉的供给量，政府在加工费、运输费等成本和损失上进行相应的补贴。此外，虽然政府参与回购猪肉的数量有限，但通过回购措施会对市场买卖双方传递相应的信号，影响他们的心理活动继而影响其经济活动，达到稳定猪肉价格的目的。① 第三，建立猪肉价格风险基金。当出现猪肉市场价格低于设定的基准价格情况时，日本政府会从风险基金中给相应的农户提供差额高达80%的补贴。

实施价格稳定基金制度，控制蔬菜、鸡蛋、加工水果等农产品的价格在一定程度上的波动。这类基金主要由政府、农业协会以及生产者共同出资成立，其中中央财政出资占比达60%以上，当这些农产品的市场价格低于政府规定的最低价格时，价格的差额将由价格稳定基金进行支付。②

10.2.2　服务业管理影响农产品价格的具体做法

日本的农业社会化服务体系发达，主要是依托组织庞大且功能齐全的农协系统。日本农协不仅是合作经济组织，还是行政辅助机构和政治压力团体，实际上已经是日本最大的农业垄断利益集团。日本农协主要职能有指导事业、经济事业、信用事业、保险和医疗保健事业等，其中除了医疗事业外，其他的职能均属于农业生产性服务范畴。具体来说，农协可以为农户提供农业生产资料和物资的采购、农业金融、农业保险、生产指导、技术支持、农业管理（农业生产托管）、农副产品销售等服务，几乎涵盖了农业产前、产中、产后所有环节的各类服务。尽管如此，农协的收入主要还是来自金融与保险，其他方面的收入并不高。当然，除了农协的农业服务系统外，日本也有比较健全的农业公共服务体系，主要提供市场流通、技术推广、农业信息等方面的公共服务。

---

① 2009年10月，日本猪肉价格下跌至388日元/千克，且连续三个月低于400日元/千克的下限价格。在日本政府指导下，生产者团体和肉食加工企业从批发市场收购1604吨猪肉进行冷藏保存。次月猪肉价格回到450日元/千克的正常水平。日本政府支出了38.5亿日元的补贴。

② 张立中，潘建伟. 农产品价格波动与调控机制研究［M］. 北京：人民日报出版社，2016.

日本政府在实施农产品价格直接干预的同时，高度重视发展农业流通、农业金融、农业信息服务等行业，并通过交易监管、市场设施建设、强制保险、保费补贴等产业管理措施实现对农产品价格的调控。

在农业流通服务方面，批发市场要求采用拍卖和投标为主的交易方式，有利于价格形成公开公正。日本农产品流通具有批量小、流通频率高等特点，主要是以批发市场为主导的流通模式。第一，农协的深入介入。日本的农产品一般要经过农民—农协—批发市场—零售终端—消费者的一个流通过程。日本农协是民办官助性质的群众性组织，在全国范围内建立有错综复杂的组织网络体系。它所设立的农产品流通体系覆盖全国100%的范围。日本有近九成的农产品由农协负责供应和销售。而且，农协在农产品检测、包装及存储等各个环节的直接介入大大降低了农产品滞销或损坏的风险。第二，加强农产品批发市场的建设。日本的农产品批发市场有中央批发市场和地方批发市场，一般都是建设在交通枢纽附近，并且建有专门的保温、冷藏、分拣、包装、输送等配套设施，不仅承担商品集散地的功能，而且还具有生产、加工、销售、价格形成、结算、服务、信息于一体的综合性功能。尽管日本农产品的流通环节多，流通成本相对较高，但是日本《批发市场法》规定，农产品交易以拍卖、投标为主要方式，因此形成的价格公开、公正。

在农业金融服务方面，由政府主导的农业金融体系在维护农产品价格的稳定发挥了重要作用。第一，提供了稳定的融资途径。日本成立了专门的农业金融机构为农业生产全过程提供资金帮助，如农林渔业金融公库。它主要提供相对优惠且期限较长的贷款给那些在日本合作金融机构中难以获得筹资的农业从业者。日本的合作金融组织主要依附于农协，而农协是属于半官方性质的机构，因此日本的农业合作金融体系具有较为浓厚的官办性质。农林中央金库是农协中具有最高等级的机构，主要负责日本全部金融系统内的资金融通、调剂以及清算等业务，类似于日本合作金融体系中的总行职能。农林中央金库的资金能够满足农协系统的融资需求，也会对与农协有业务关联的大型企业提供贷款。第二，健全的农业保险体系。日本政府在那些对农民收入影响较大且生产数量超过规定数额的农产品和事关国家发展的作物实施了强制性保险。但是，政府会根据费率的高低实施差别的保费补贴。一般而言，费率与补贴成正比。[①] 另外还有政府领导的农业机关承担共济组合份额以外的全部再保险。

在农业信息服务领域，日本建有健全的农业市场信息服务系统，为农产品价格的科学形成提供了基础。第一，政府搭建了两个完善的农业市场信息服务系统，即农产品中央批发市场联合会主导的农产品市场销售服务信息系统和日本农协主导的关于各种农产品产量及价格行情走势预测信息系统。前者涵盖了国内 85 个中央批发市场、564 个地区批发市场和海关，系统用户可以查询每天、每月、每年度各种农产品的销售数据。后者囊括了全国 1800 个综合农业组合，系统用户可以了解各种农产品产量和价格行情。[②] 依托这两个系统，农户可以及时掌握国内外农产品市场行情，从而对自己的生产决策、科学定价及销售方案进行相应调整。第二，发挥批发市场等民间机构在信息发布方面的作用。日本的农产品批发市场是经营性法人，政府制定法律要求批发市场适时、动态地发布各种农产品的销售及进货数量和价格信息。

🔲 10.3　德国调控农产品价格的经验

德国农业以中小家庭农场为主，农业从业者专业水平高，农业机械化和信息化程度非常高，精细农业、有机农业、数字化农业发展迅速，生产效率非常高，农产品自给率高，是世界上第三大农产品出口国。德国实行欧盟共同农业政策（CAP），在农产品价格调控方面有许多好的做法。

10.3.1　对农产品价格进行直接干预的具体做法

包括德国在内的欧盟，主要通过对重要农产品的产量限制、价格补

---

① 国研网 http：//www. drcnet. com. cn/www/TrainInterview/TrainInterviewDetail. aspx? interviewid = 144.

② 何迪. 美国、日本、德国农业信息化发展比较与经验借鉴［J］. 世界农业，2017（3）：164 - 170.

贴、休耕补贴以及质量标准等手段来进行农业宏观调控。这里以价格补贴为例。20 世纪 50 年代初期，德国农产品供给不足，农产品价格高于国际价格，德国政府有意识地维持高价格来刺激生产。在整个德国农产品过剩时，为了稳定农产品价格，政府采取干预价格进行收购的办法，对农产品出口给予价格补贴，而进口农产品征收高关税政策，即所谓的"门槛价格"。80 年代中期以后，农产品生产过剩，政府采用了限产定额、超产部分价格不保的办法。德国政府在 20 世纪 90 年代初就颁布《托管法》和《农业适应法》等一系列支持农业发展的法律法规。通过立法，德国对一系列农产品规定最低和最高保证价格。在欧盟实施农产品统一价格之后，未列入统一价格的个别农产品仍然实施联邦政府的保证价格措施。

10.3.2　服务业管理影响农产品价格的具体做法

在德国，农业服务的经营主体主要有三类：一是联邦政府农业部和各州农业部负责农业教育培训与咨询的机构及其下设的各类服务站；二是独立于农业部但得到各级政府资助的农林业协会；三是各类农民合作组织。目前，农林业协会是农业服务的主力军。德国农林业协会是农民和农业企业按照自助、自愿、自负责和自我管理的原则建立起来的非政府、非营利组织，但是它又得到各级政府资助。农林业协会的主要服务内容有法律服务、缴税服务、预算平衡、职业技术再教育、新品种种植及指导、计算机教育、社会和市场信息咨询、动物家禽养殖指导、农作物栽培种植等方面。

德国政府高度重视农业生产性服务业的发展，加大这些领域的公共设施建设投入和要素支持力度，对农产品价格调控产生了积极作用。

农业流通服务方面，快捷且完善的农产品流通管理体系为农产品价格的基本稳定创造了条件。第一，从基础设施来看，建设物流基础设施网络。利用通过税收和土地置换所获的资金，在公路、铁路、港口等物流运输基础设施上大力投资兴建。在不断建设物流基础设施的同时，完善物流发展规划，从而建立合理便捷的农产品配送系统与物流网点。第二，促进农业生产组织规模化发展，使其在农产品物流发展中起到至关重要的作用。德国平均种植面积仅 40.4 公顷，其生产规模小的特点使得大部分农业企业不能直接在农产品流通领域进行销售。[①] 为促进农业合作社的发展，德国在 1969 年颁布《农业生产适应市场需求法》，鼓励其作为农产品进入流通领域的载体，从而取得规模效益。德国政府对新成立的农业合作社给予大量财政支持，如在五年内可享受创业资助，七年内可享受投资资助等。

农业金融服务方面，政府主导的农业金融体系的高效运转模式为维持农产品价格基本稳定夯实了基础。第一，从农村信贷支持来看，虽然农村的生产总值较低，仅为全国生产总值的 1%，但其贷款占金融机构贷款总额的 2.5%。[②] 欧盟及德国联邦政府在农村信贷方面持有积极鼓励的态度，对参与农村信贷活动的金融机构实行利息补贴。补贴范围非常广泛，不仅针对农村的水利设施、土地改良和房屋建筑等基础设施建设，还包括生态农业、环境保护、旅游等基础设施的建设。政府的一系列优惠政策实施效果非常明显，为农民的生产经营活动提供了相对稳定的资金来源。第二，从政策性金融体系来看，德国农村和农业发展所需金融融资主要依靠德国农业抵押银行。德国政府为德国农业抵押银行提供信用担保，农业土地税为其提供资金来源。第三，从农业信用保险体系来看，德国采用政府支持、自愿互助合作经营的保险模式。德国的保险体系中以小型互助合作保险为主，且开办的农业保险险种有限，组织仅靠成员承担损失份额，故政府以发放补贴、再保险等方式予以大量的金融资金扶持。但是，在德国，政府保险不仅针对农产品，还针对从事农业生产的农民，如德国政府会高额补贴农业保险事业，主要用于补贴农场主以后的养老保险。

农业信息服务方面，德国非常重视农业信息化的建设，为农产品价格的基本稳定提供了条件。德国是欧盟国家中最大的经济体，德国农业以及农产品电子商务具有高度信息化、专业化和全程化三个特征，而这些特征使得德国涉农信息服务处于世界领先地位。第一，德国政府注重农业信息化的法律保障工作建设。政府颁布的《信息服务法》《电信法》等相关法

---

① 新浪网，http：//finance. sina. com. cn/roll/20050706/1327181731. shtml.

② 和讯网，http：//bank. hexun. com/2014 - 01 - 10/161334985. html.

律法规，对各级农业协会以及农场主在信息化进程中的权利和义务做了相当明确的规定。针对电子信息的各个方面，德国均颁布了对应的政策。针对电子商务和信息服务，德国政府制定并颁发了《电子商务及信息交易准则》；针对网络远程销售、电子交易类型，颁发和制定《远程销售法》《网络及其他电子交易特别规定》；针对电子商务中的安全与隐私问题，制定《个人信息保护及电子文件法》。这一系列的法律文件都有力保障了农业信息化发展，有利于规范和促进农业信息化的健康有序发展。第二，德国农业信息化程度在欧洲堪称典范，德国非常重视信息化中的专业化水平。为营造农业信息化的专业性特征，德国政府在各个农业院校开设信息化课程普及农业计算机技术，重视农业信息化发展中的政策落实和农业数据库的基础设施建设。

10.4 荷兰调控农产品价格的经验

荷兰国土面积和耕地面积小，自然资源条件不优越，农业就业人口比重低，但是荷兰以家庭农场为主体，通过资金密集的现代农业科技投入，大力发展设施农业，推进集约化、规模化和专业化生产，发展成为仅次于美国的全球第二大农业出口国，创造了世界农业的奇迹。荷兰在农产品价格调控方面既有欧盟共同农业政策的举措，也有自己国家的特点。

10.4.1 对农产品价格进行直接干预的具体做法

作为欧盟的成员国之一，荷兰农产品价格支持政策主要执行欧盟农产品价格支持政策。欧盟制定了以目标价格、干预价格和出口补贴等为主要内容的价格支持政策，以维持农产品市场的价格稳定。第一，当农产品市场价格高于农产品目标价格或低于农产品干预价格时，欧盟采取抛售储存产品或购进剩余产品、对生产经营者资金补贴以及调整进出口关税等的措施，使农产品市场价格基本维持在目标价格之下以及干预价格之上。第二，建立"农业指导和保护基金"，从而保证各国农产品价格支持政策有效实施。主要分为农业指导基金和农业保证基金两个部分，分别负责间接和直接地为欧盟成员国农产品价格提供资金支持。第三，荷兰政府对支柱性产业——乳业提供政策和资金支持，不仅包括制定鲜奶和乳品的基本定价、饲料等原材料低价供应等，还负责提供在技术研究、教育培训、示范推广、市场开发和国际交流中所需的大额资金。

10.4.2　服务业管理影响农产品价格的具体做法

除了金融、科教、信息等部门提供的公共服务和准公共服务外，荷兰的农业服务体系主要是以家庭农场主联合建立的合作社为经营主体的。荷兰家庭农场自有土地程度高，依靠土地租赁的农场数不多。而且，家庭农场的生产管理主要依靠家庭内部成员，雇工比重小。合作社是家庭农场主以自愿自发方式组建的商业自治组织，旨在确保家庭农场的经济利益。荷兰的合作社按照其功能可以划分为农资供应类合作社、农产品销售类合作社、农产品加工类合作社、农场信贷服务合作社、农业生产服务合作社。其中，农业生产服务合作社就是为家庭农场提供病虫害防治、农机服务、技术指导与咨询等服务业务的。

荷兰政府重视对合作社的支持，同时对农业流通、农业金融、农业信息、农业科技等领域实施各种管理措施，既促进了这些生产性服务行业健康发展，又能促进农业发展和农产品价格稳定。

在农业流通服务领域，科学的拍卖交易制度和完善的农产品物流网络为农产品价格形成与稳定创造了条件。在荷兰，家庭农场主加入某个合作社，生产的农产品主要是通过拍卖市场进行销售的。拍卖场在农产品流通过程中发挥着极为重要的作用，不仅作为农产品集散地将总供给和总需求进行匹配销售，形成公平公正的近乎完全竞争环境下的农产品价格，而且还承担产品分拣、包装、冷藏、销售管理、市场促销、信息服务、资金决算、物流服务等现代功能。在这种交易框架下，家庭农场只负责生产农产品，不会直接销售农产品，农场主之间没有市场竞争关系，更多的是一种合作生产的关系。荷兰的花卉和蔬菜主要是通过拍卖体系完成销售的，不仅流通效率高，而且流通成本低。另外，荷兰政府重视农业物流业的发展。2001 年，荷兰农业部和交通部提出"农业物流愿景"，旨在通过合理布局提高农业物流效率，实现可持续性发展。该文件提出了农产品物流的三个重点发展方向，分别为推动产业集群化、加强运输连通性和实现物流合理化。2002 年，荷兰中央和地方政府、农业和物流业企业以及学术和研究机构通过三方合作成立了用于扶持示范性项目、开发新型物流工具和向企业提供技术咨询的"农业物流平台"，政府在其中主要发挥提供战略指导、基础设施保障和资金支持的作用，企业和研究机构负责合作完成具体项目的规划和执行。截至 2012 年底，该"农业物流平台"共支持了 22 个项目。2012 年，该平台发展趋于成熟，荷兰经济部决定将其改成"农业物流网络"机制，并停止对其进行资金投入，但继续给予政策支持。① 另外，荷兰航运、航空货运业基础设施完善，拥有鹿特丹港、阿姆斯特丹港等世界性的重要港口，以及航线发达的阿姆斯特丹·斯希波尔飞机场。便利的交通设施提高了农产品流通效率。

在农业金融服务方面，普惠的农村金融体系极大地降低了家庭农场的融资成本。第一，强有力的农业贷款机构。荷兰合作银行是专门为农业提供贷款的金融机构，为荷兰家庭农场主提供高达 90% 的农业贷款，而且该银行的金融交易主要是农业相关行业，如农业机械和食品工业等。② 另外，荷兰家庭农场主联合建立的信用合作社主要是为家庭农场提供融资服务。家庭农场主不仅可以从合作社获得商业信用融资，而且可以获得合作社的现金分红、债券利息等。第二，农业贷款担保基金。荷兰早在 1951 年就设立农业贷款担保基金，最初的目的是帮助家庭农场主获得合作银行的授信。进入 20 世纪 90 年代以来，该基金的作用有所扩大，开始用于为家庭农场改善生产条件、更新农机设备提供贷款担保。2017 年，荷兰的农业担保基金规模高达 1 亿欧元，农业担保贷款额达 5 亿欧元，占到每年农业投资的 10%，每笔贷款担保一般在 5 万 ~ 250 万欧元。③ 第三，农业发展和改组基金。荷兰政府在 1963 年出资设立了农业发展和改组基金。最初，该基金的目的是帮助家庭农场制定开发方案、优化经营结构、购买农机设备

---

① 中华人民共和国商务部 http：//nl. mofcom. gov. cn/article/ztdy/201411/20141100803014. shtml.
② 搜狐网，http：//www. sohu. com/a/223256092_475921.
③ 上海农业，http：//www. shac. gov. cn/kjxn/hwzc/hwzc/201512/t20151221_1601694. html.

等。进入 20 世纪 90 年代以来，该基金通过提供贷款贴息的方式，帮助家庭农场增强市场竞争力。

在农业信息服务领域，高效的信息链为农产品价格的基本稳定创造条件。荷兰政府把"链战略行动计划"作为国家重点建设项目，成立了如链网、链裙和信息通信技术研究中心（KLICT）、农业产业链竞争能力中心（ACC）等一系列研究机构。这些研究机构具有完善的管理体系，并积累了大量的智力资本，主要为农业发展提供信息支持。这种高效的农业信息化模式，不仅能让农民及时了解最新市场行情，做出相应农业生产调整，而且这在一定程度上避免了农产品大面积过剩或严重短缺的现象，进而减少了农产品价格的异常波动。另外，政府也可以通过这些平台发布一些农业政策，对农产品价格进行宏观调控。

在农业科技服务方面，科研、推广与教育三位一体的创新传播体系为家庭农场分摊了技术应用成本。首先，农业科学研究院、研究站及地区研究中心、荷兰瓦赫宁根大学等研究机构是农业科研创新的主要机构。特别指出的是，除了荷兰政府的财政投入之外，家庭农场和农业企业也会对农业科研进行投资。一些民间企业会与瓦赫宁根大学等研究机构建立合作科研机制，一旦研发出新的技术，机械设备厂商就会将其商品化，家庭农场在引进时，一些农业技术咨询公司或民间农业试验场会提供相应的技术服务。其次，农业推广站、社会经济推广协会、农业技术咨询公司、民间农业试验场等机构，通过教育、示范、技术指导、咨询等形式，将最新的农业技术成果和商品化后的技术成果，推广传播给家庭农场，并为其提供技术服务。最后，各类教育机构为农业从业者提供了教育培训的机会。

10.5　服务业管理影响农产品价格的国际经验及启示

10.5.1　当前我国农产品价格调控的主要做法

20 世纪 90 年代以来，我国加大了粮食、棉花流通体制改革，逐步放开了食糖、油料、生猪等农产品购销市场，同时加大了农产品价格调控力度。"十二五"以来，我国按照分品种施策的思路，实施了大量直接和间接的农产品价格调控手段。目前，我国基本形成了以促进农业生产稳定和保证消费价格合理为主要目标，以价格异常波动为主要调控区域，根据不同品种不同时期的供求变化而相机调整，以生产补贴、储备吞吐、目标价格、进出口调节为直接手段，以流通体系建设为主要间接手段的调控思路。

本书课题组深入研究了2012~2019年的中央1号文件相关论述，发现我国农产品价格调控有如下七个特点。第一，农产品市场调控或完善农产品价格形成机制，一直是中央农业政策的重点。2012~2017年各年的文件都对此做了专题论述，论述篇幅长达1~2自然段。但是，2018年的文件没有做专题论述，仅仅在"完善农业支持保护制度"中论述到要"深化农产品收储制度和价格形成机制改革"，论述篇幅也大大减少。2019年文件也没有专题论述，仅在"完善农业支持保护制度"中提及要"按照更好发挥市场机制作用取向，完善稻谷和小麦最低收购价政策。"第二，执行小麦、稻谷最低收购价格制度。这一办法是2012年提出，2013年提出要继续提高最低收购价，到2017年各年文件都提出要完善并执行这一制度，2019年又提出要完善。第三，玉米、大豆、油菜籽、棉花、食糖等临时收储政策。这一政策是2012年提出要适时启动，到2015年各年的文件都有提出。自2016年后的各年，文件开始提出要加强中央储备粮管理体制改革，合理确定科学的粮食储备规模。尤其是，2016年文件提出要推进玉米收储制度改革，建立玉米生产者补贴制度；2017年文件提出要加快消化玉米等库存；2018年文件提出要加快消化政策性粮食库存。第四，生猪市场价格调控预案的完善，以及粮棉油糖进口转储办法的优化，先后在2012年、2013年的文件中提及，但其后各年的文件再无相关论述。第五，农产品目标价格补贴制度是2014年文件提出的。该文件提出要遵循市场定价原则，探索农产品价格形成机制与政府补贴脱钩，并启动了东北和内蒙古大豆、新疆棉花的目标价格补贴试点。其后到2017年，各年文件均提出要调整试点做法和总结经验。第六，重视农产品流通环节的施策。比如免除蔬菜批发和零售环节增值税，开展农产品进项税额核定扣除试点。比如清理和降低农产品批发市场、城市社区菜市场、乡镇集贸市场和超市的收费等政策。如建立重要商品商贸企业代储办法。第七，高度重视农产品流通市场体系建设。例如，实施"北粮南运""南菜北运""西果东送"、万村千乡市场工程、新农村现代流通网络工程。比如启动农村流通信息化提升工程，实施特色农产品产区预冷工程，开展降低农产品物流成本行动，推进农村互联网提速降费，实施"快递下乡"工程，开展电子商务进农村综合示范。

　　另外，我国已经开始重视农业服务环节的成本入价问题。为了促进农业生产性服务业的发展，也是为了分摊农户的服务外包成本，我国实施了一些支持或补贴措施。如采取政府购买服务等方式，支持具有资质的经营性服务组织从事农业公益性服务。例如，开展农业生产全程社会化服务机制创新试点，重点支持为农户提供代耕代收、统防统治、烘干储藏等服务。例如，加大中央、省级财政对主要粮食作物保险的保费补贴力度，将主要粮食作物制种保险纳入中央财政保费补贴目录。例如，加大对粮棉油糖和饲草料生产全程机械化所需机具的补贴力度。再比如，支持扩大农产品价格指数保险试点。

10.5.2　国际经验对我国农产品价格调控的启示

　　美国、德国、日本、荷兰四个国家在农产品价格调控方面的诸多做法，尽管均是从各国自身的国情农情出发制定的，但也有一些共同的、规律性的经验。这些经验对我国农产品价格调控有重要启示。

　　第一，重视市场定价基本规律，但从来不反对使用政府干预手段，但是政府干预出现了由直接干预向间接调控的思路转变。从历史的角度来看，农产品价格调控一直以来就是各国农业政策的核心内容与目标，尽管主张由市场供求来自由定价，但是为了确保农产品的必要供给，政府从来没有放弃使用过干预手段。美国、德国、日本和荷兰均是如此。即使是市场经济高度发达的美国，在很长一段时间也使用了农产品最低售价、农产品价格差价补贴等价格支持类的直接干预手段。直到 2014 年农业法案的颁布，才逐步放弃直接干预，而转向采取一些间接干预手段，比如价格损失保障、农业风险保障等。但是很显然，美国这种面向生产者的补贴的思路没有根本变化。

第二，重视农产品流通服务尤其是冷链物流服务的发展。无论是美国以连锁经营超市为主导的产地直销模式，或是日本以批发市场为主导的流通模式，还是荷兰以拍卖场为主导的流通模式，所有国家都高度重视农产品流通服务业的发展，尤其是重视冷链物流体系的建设。政府对批发市场、拍卖场等的选址与建设，对物流设施建设、物流标准化等方面，对流通环节的分部门管理和法律保障，都给予了足够的重视和支持。重视农产品流通服务的一个重要目的，就是提高农产品流通效率，降低农产品流通成本，避免其对价格的异常影响。

第三，投标拍卖是大宗农产品价格形成的可行机制。日本和荷兰的经验都证实了这一点。日本农产品是以批发市场为主导的流通模式，相对美国的产地直销模式而言，日本农产品流通环节多，流通成本高，价格应该趋高。但是，日本规定农产品交易以拍卖和投标为主要方式，这就为价格形成的公平公正创造了条件。荷兰更是如此，拍卖场在花卉、蔬菜等农产品流通模式中发挥了极为重要的作用。而且，荷兰的拍卖场已经不是简单的拍卖交易，而是综合了农产品集散、分拣、包装、展示、销售、储藏、物流、结算、信息服务等多种功能于一体的现代化综合性机构。拍卖有利于供求匹配，有利于形成科学的价格。

第四，高度重视农业信息服务的发展。四个发达国家都有类似的做法，尤其是日本和美国。日本政府搭建了农产品中央批发市场联合会主导的农产品市场销售服务信息系统和日本农协主导的农产品产量及价格行情走势预测信息系统。依托这两个系统，日本农户可以随时查阅不同时间不同农产品的实时生产、销售数据以及价格行情。这将为农户预测市场、调整生产决策，避免幼稚预期及农产品蛛网价格波动提供了条件。美国农业信息网络应用程度高，有相当大比例的农场主从事网上交易，农产品网络贸易量占全国电子商务交易总量的比重逐年提高。高度发达的农业信息服务是农产品电商等现代流通模式创新的前提。

第五，注重对农业中间服务的嵌入支持和农户费用分摊。例如，美国政府对农业保险保费提供较高比例的补贴，降低农户投保成本，甚至规定未参加农作物保险的农户不再提供农业贷款和农产品价格保护等政府福利。例如，美国政府鼓励农场主进入芝加哥期权市场购买玉米、大豆和小麦的看跌期权，财政部每年要拨款给农场主上千万美元用于其支付期权的权利金，以保护农户因农产品价格波动而带来损失。例如，2014 年，美国农业法案启动了农村商务开发赠款项目，旨在培训农民使用互联网从事商业交易活动。例如，德国对参与农村信贷活动的金融机构实行利息补贴，并对新设立的农业合作社提供财政支持等。例如，荷兰鼓励各类合作社从事农业生产性服务活动等。

10.6　本章结论

　　本章对美国、日本、德国、荷兰四个发达国家的农产品价格调控尤其是通过服务业管理影响农产品价格的经验进行了比较分析。这四个国家的国情和农情均有所不同，但都是农业高度发达国家，都创造了举世瞩目的成绩和经验。在农产品价格调控方面，这四个国家有一些共同的经验：一是重视市场定价基本规律，但从来不反对使用政府干预手段，但是政府干预出现了由直接干预向间接调控的思路转变；二是重视农产品流通服务尤其是冷链物流服务的发展；三是投标拍卖是大宗农产品价格形成的可行机制；四是高度重视农业信息服务的发展；五是注重对农业中间服务的嵌入支持和农户费用分摊。这些经验同样适用于我国农产品价格调控，尤其是通过服务业管理来影响农产品价格的正常波动。

第 *11* 章

发展生产性服务业调控农产品
价格的对策建议

11.1 支持农业生产性服务业经营主体进行
技术创新提高生产率

按鲍莫尔模型的逻辑，服务商只有通过技术创新提高生产率，相对价格上涨效应才不显著，服务业"成本病"问题及其价格影响才会减缓甚至避免。目前，由于我国农业部门自身的生产率低下，服务商的生产率才具有比较优势。但实际上，与美国的农业服务私人公司、日本的农协、德国的农林业协会、荷兰的合作社相比起来，我国农业生产性服务业发展水平非常低下，经营主体实力弱小，技术相对落后，生产率差距还很大。因此，要鼓励支持农业服务合作社、农业服务企业等经营主体通过兼并和重组做大做强，提高产业组织水平。在此基础上，鼓励这些服务商加大科技投入，加强土地节约型技术和劳动替代型技术创新，因地制宜地推进机械化、集约化、信息化、标准化工作，同时建立专业顾问团队，提升从业人员科技素质，进而大幅度提高生产率。

要通过价格补贴、贷款贴息、税费优惠等措施推进服务商"四化"。首先，推进机械化。加大农机购置补贴工作力度，鼓励合作社和服务企业进行技术装备改造与升级，成批量购置用于耕地、育秧、栽插、灌溉、施肥、病虫害防治、收割、干燥等生产环节的各类作业机械，实现全程服务机械化。其次，推进集约化。合作社和服务企业要加大引进测土配方施肥、土壤有机质提升、农作物品种改良等土地节约型技术，实现农田土壤的集约科学管理。再次，推进信息化。服务商要广泛深入地应用现代信息技术，提升数字化和智能化水平。在种植业领域，积极推广应用遥感监测、病虫害远程诊断、水稻智能催芽、农机精准作业等技术。在养殖业领域，广泛应用精准饲喂、发情监测、自动挤奶、水体监控、饵料自动投喂等技术。同时，要加强信息技术在农产品供应链管理上的应用，促进农业商业模式的创新，大力发展基于互联网的第三方平台商和集成服务商。最后，推进标准化。政府部门要加强农业生产性服务各领域和各环节的标准化工作，建立农业生产性服务标准化体系，加强标准的宣贯工作。

11.2　实施基于服务业规制的分环节、分区域价格调控

由于生产性服务变量的影响，农产品需求价格弹性的绝对值高于农产品短期供给价格弹性，但低于农产品长期供给价格弹性，而且东中西不同区域之间的弹性差异较大。这说明，建立基于中间投入服务的分环节、分区域的农产品价格调控思路，可以收到较好的调控效果。

分环节调控是指实施农业产前、产中、产后不同环节的服务业规制与价格调控。因为，产前、产中两个环节的服务投入对农产品供给和供给价格弹性更为敏感，而产后环节的服务投入对农产品需求和需求价格弹性更有作用。具体来说，供给侧的价格调控要加强农资供应、农业信贷等产前环节服务业规制，以及田间作业外包、农机服务、农技服务等产中环节服务业规制，而且供给侧对长期价格调控比短期价格调控更有效果。需求侧的价格调控刚好相反，要加强农产品商贸流通、市场信息、仓储物流、电子商务等产后环节的生产性服务业规制。

分区域调控是指东中西不同区域实施不同的价格调控思路。考虑到东部地区的消费支出弹性最大，因此，东部地区要通过对产后环节服务业的规制，加强需求侧调控。考虑到中部地区的农产品需求价格弹性和供给价

格弹性均最大，因此，中部地区既可以实施产后环节服务业的规制，也可以实施产前、产中环节的服务业规制。但相对来说，由于长期供给价格弹性最大，因此中部地区供给侧调控会更有效果。考虑到西部地区消费支出弹性相对于其他弹性较大，因此，西部地区侧重通过产后环节服务业的规制来调控。

服务业规制是指针对某些服务行业存在的自然垄断、信息不对称、外部性和社会公平等问题，政府通过制定和执行一定的法规与政策，对服务业经济主体及其行为所做的规范和限制措施。为农业生产经营提供中间投入的某些服务业，如信息服务、金融业、商贸服务业等，本身就存在自然垄断或信息偏在的问题，需要政府对其进行规制。一些农业服务行业如土地托管、代耕代种等生产环节外包业，特定区域内服务商少，呈现区域垄断性市场结构，极易出现不利于农户的服务定价行为，这就更需要引入政府的规制手段。一般来说，经济性规制的手段包括进入规制、退出规制、价格规制、数量规制、质量规制、设备规制等。应用这些手段，对农业中间投入服务业进行规制，能起到农产品价格调控的效果。比如，当需要平抑农产品价格上涨趋势以保护消费者福利时，通过对中间投入服务业的正向规制，降低服务成本与定价，进而起到减缓农产品价格上涨压力的效果。

根据前述的价格调控思路，重点做好农业商贸、金融保险、生产环节外包、信息服务、物流服务、电子商务等行业的政府规制工作。总体来看，可以分为两大类规制思路：一是对于信息服务业、金融业等垄断性行业，由于具有规模经济、范围经济和网络性等特征，考虑到其成本函数的特点，垄断企业提供服务更有技术效率，因此，既需要政府在行业准入上采取特许经营权、发放牌照等手段来维持企业的垄断地位，更需要政府采取价格上限、价格补贴等手段对其服务价格或者资费进行规制。二是对于农业商贸、生产环节外包、物流服务、电子商务等竞争性行业，由于我国这些行业总体处于发展初期，存在市场主体少和产业组织水平低并存的特点，因此，政府要采取放宽准入、提高收益率、财政补助、贷款贴息、税收优惠等手段，培育市场主体，增加服务供给。同时，也要采取一定的价格规制措施，分摊农户的服务外包成本。另外，由于农业是国民经济基础性行业，也是弱质产业，因此政府要对嵌入农业的所有服务行业，实施必要的质量规制和设备规制手段，避免由于服务质量低下导致耽误农时影响农业生产、农产品质量低下等一些误农伤农问题。比如，对农机服务业，需要规定农机设备的规格与标准体系，建立关键设备的公开登记和审核制度，对有关设备的折旧更新或技术改造要实施强制规定。对代耕代种、土地托管等生产环节外包业，要制定服务产品的质量标准和质量规范制度，推进服务过程的标准化。

11.3　加大对农业生产性服务业的支持和农户外包费用补贴

建立促进农业生产性服务业发展的支持政策体系。现阶段，农业生产性服务业尚处于发展初期，需要大力培育和扶持。一方面，要培育做大服务经营主体。要继续做好农技推广、动植物疫病防控、农产品质量监管等领域的公共服务机构，继续支持农民专业合作社、专业技术协会等合作经济组织开展涉农服务，重点支持和鼓励农业龙头企业和城市工商企业开展经营性涉农生产性服务业务。要支持鼓励农业服务合作社兼并重组，引导农业服务合作社加速向服务业企业转型，大力发展第三方平台商和集成服务商，支持农业产业化联合体、农业共营制、现代农业综合体等区域服务体系的发展。另一方面，从市场准入、信贷支持、财政补贴、税费减免、用地扶持、公共平台建设、政府购买等多个方面，制定出台促进农业生产性服务业发展的优惠政策，实现服务商和农户之间的激励相容。要适时加强农业生产性服务市场的监管，关注产业组织形态的演变，避免出现服务价格垄断伤农的现象，确保实现惠农的初衷。

以补贴的方式加大对农业生产者外包服务的费用分摊。这里主要是指服务外包费用补贴，在具体的补贴方案中，以服务提供商为补贴对象，以服务外包费用减免为补贴形式，以农业生产者为最终受益对象。这样做既能确保服务供应商的经营利润，又能降低农业生产者的服务外包成本，鼓励其外购专业化服务，还能适度控制农产品溢价。目前，我国已实施的相关补贴政策有水稻生产环节作业外包补贴、主要粮食作物保险保费补贴等，建议提高补贴标准，扩大试点区域范围和农产品品种范围，采取招投标方式遴选优质服务供应商，优化补贴方案。另外，建议进一步扩展服务外包费用的补贴领域，扩大到农业物流、农产品期货、农业电子商务、农业市场信息服务等服务领域。

11.4 加强对农业金融、农业商贸、农业物流等敏感行业的管理

农业金融、农业商贸、农业物流等行业的发展，与农产品价格波动均存在单向格兰杰因果关系，且影响效应为正。为此，可以加强对这些典型敏感行业发展的管理，进而达到有效调控农产品价格的目的。

在农业金融领域，重点关注农业信贷、农业保险、农产品期货三大方面。要通过信贷政策调整，加强对农业信贷规模的管理。尤其要发展农业普惠性金融服务，扩大普惠性金融服务的业务内容和普及范围。要继续完善中央财政对农业保险保费的补贴制度，对特殊地区和特殊产品给予更高的补贴额度。要加快发展农业期货市场，增加农产品期货交易的种类，鼓励合作社、农业龙头企业等新型农业经营主体进行期货交易，实现套期保值。

在农业商贸领域，既要关注农产品商贸流通领域的发展，也要重视农业生产资料商贸流通领域的发展。在现阶段，要加大对农村批发与零售业固定资产的投资力度，加强县域批发市场、零售市场等流通基础设施建设。要加快推进农村电子商务发展，搭建以县为单位的电商综合服务网络平台，推动形成基于电商平台的农产品进城与农业生产资料下乡双向畅通流动的新格局。要提升农村商贸发展层级，鼓励连锁经营等现代流通方式进入农村市场，同时，加大发展涉农直销、"农超对接"等流通模式，减少流通环节，降低流通成本。加快发展农资供应、农产品销售等领域的专业合作经济组织，提高农民组织化程度。

在农业物流领域，要重点抓好物流基础设施、基础能力、基础保障工作。现阶段，要加大农村交通运输、仓储与邮政业基础设施建设的投资力度，提高农村道路建设等级标准，提高农村物流网络与城乡综合交通运输

体系的匹配度，破解农村物流"最后一公里"问题。要鼓励物流企业开展涉农业务，支持这些企业技术创新和改造升级，提升农业物流技术装备的自动化、信息化程度，重点支持这些企业加强冷藏冷链物流能力建设，进而全面提升农业物流的基础能力。最后，要加强农业物流各环节标准化工作，加强农业物流相关的立法保障工作。

11.5　探索基于信息平台和投标拍卖方式的农产品价格形成机制

构建基于供应链信息平台的农产品价格形成机制。农产品价格形成与传导的基本路径是农产品供应链。在农产品供应链管理中，由于信息不对称、供应链条过长等问题，放大了农产品价格波动性。引入信息服务，搭建全国重要农产品价格综合信息平台，实现农资供应商、农户、合作社、物流商、批发商、零售商、消费者等多方行为主体在同一平台上的信息交互共享，定期发布各类供求信息、平均价格、价格指数、分析预测、政策法规、市场行情等信息，这样有利于从价格构成和供求均衡两方面机理来调控农产品价格波动。在此基础上，可以建成全国统一的大宗农产品交易平台，形成农产品交易中心、结算中心、信息中心、定价中心、资源配置中心，推动农产品价格与国际接轨，并影响世界价格。

构建基于投标拍卖方式的大宗农产品价格形成机制。借鉴学习日本、荷兰等国家的先进经验，大力发展农产品拍卖业务。要鼓励拍卖企业开展涉农业务，创新基于信息平台的农产品拍卖经营方式，构建与新型农业经营主体、合作社、农业经纪人或批发市场等相关主体的合作机制，实现拍卖资源的有效稳定供给。大力发展农业生产和营销等领域的专业合作经济组织，提高农民组织化程度。要加大对农产品拍卖市场建设的支持力度，建设一批集农产品集散、分拣、包装、储藏、会展、拍卖、物流、结算、信息服务等多种功能于一体的现代化拍卖市场。要加强农产品初加工、装卸、分拣、包装、仓储等领域的标准化工作，提高农产品拍卖效率。要加强对农产品批发和拍卖业务的立法工作。

11.6 一些农业公益性服务可以采取政府购买的方式提供

强化农技推广、供销社、邮政等现有农业服务网络体系的公益性服务功能。首先，要提升基层农业技术推广机构的公益性服务职能。整合政府涉农部门和涉农资源，增加乡镇农技站的经费投入，充实一线科技人员队伍，完善农技服务的设施条件，突出其公益属性，使其更好地为小农户提供公益性农技服务。探索依托农技推广体系开展公益性的农产品质量检验检测服务。其次，要深入推进供销合作社尤其是基层社的改革，强化其合作经济组织属性，依托联结城乡的网络优势，做好农业生产资料和农产品的流通服务这一主业，显著提升农业流通服务水平，在此基础上再拓展农技推广、土地托管、统防统治等其他服务。最后，要发挥邮政体系作为国家战略性基础设施的功能，利用邮政的农村网络优势，促进邮政快递业更好地服务于农业生产。支持邮政快递企业建设县级邮政处理中心和快件中转集散中心，打造农村现代寄递物流网和农产品冷链物流网络，提升农村寄递物流效率。依托县乡邮政网点打造农村综合服务平台，鼓励邮政企业拓展代理收费、金融、网购等涉农服务。

同时，一些农业公益性服务采取政府购买的提供模式。有一些涉农服务，如农村综合信息服务、农村"最后一公里"物流设施、病虫害统防统治、农业面源污染治理、农业云租赁、外来有害生物入侵防治等，基础性、网络性和公益性强，采取政府向服务商购买服务的方式是比较可行的。要创新政府扶持方式，通过政府订购、定向委托、以奖代补、贷款担保、招投标等方式，支持具有一定资质的服务供应商从事可量化、易监管、受益广的农业公益性服务。将服务商参与公益性服务纳入政府采购体系，增加投入预算，明确政府购买服务的具体程序、购买标准、规范协议、验收方式、结算支付、监管体系与方式等一系列操作规范。2015 年我国启动的政府向经营性服务组织购买农业公益性服务的试点工作，要总结试点经验，扩大试点范围，加强农业公共服务供给能力。

附录

农产品生产成本与收益调查问卷（面向农户）
（农产品：<u>水稻</u>）

一、农户家庭的基本情况

户主性别 1＝男；2＝女		婚姻状况 1＝已婚；2＝未婚		文化程度 （年）		生产方式 1＝常规；2＝外包	
耕地面积（亩）		家庭成员数量		家庭务农劳动力数		年外雇劳动力数	

二、农产品投入情况

1. 水稻生产的直接物资支出

费用项目	数量指标	金额指标（元/亩）
种子费		
化肥及农家肥费		
农药费		
农膜费		
机械作业费		
燃料动力费		
工具材料费		
灌溉费		
固定资产折旧		
销售费		
管理费		
其他（＿＿＿＿）		
小计		

2. 水稻生产的服务费用支出

费用项目	数量指标	金额指标（元/亩）
保险费		
技术推广费		
田间管理费		

续表

费用项目	数量指标	金额指标（元/亩）
农资供应费		
集中育秧费		
机耕费		
机插费		
机收费		
专业统防统治费		
粮食烘干费		
雇工费用		
其他（_____）		
小计		

三、家庭用工折价

家庭务农人数	务农总工时（天/亩）	当地小工费用（元/天）	总费用（元/亩）

四、政府对水稻生产环节外包的补贴（如无外包或无补贴的情况，请做第五题）

补贴项目	是否补贴（1＝是；2＝否）	补贴金额（元/亩）
技术推广费		
田间管理费		
农资供应费		
集中育秧费		
机耕费		
机插费		
机收费		
专业统防统治费		
粮食烘干费		
其他（_____）		
小计		

五、水稻收益

农产品	品种	种植面积（亩）	亩产量（千克）	销售单价（元/千克）
稻谷				

农产品流通成本与收益调查（面向中间商）
（农产品：<u>茄子、圆白菜</u>）

一、商户基本情况

商户类型（1＝农业经纪人；2＝产地批发商；3＝销地批发商；4＝销地零售商；5＝物流商；6＝其他）		企业（商户）名称	
所属流通模式（1＝常规供应链；2＝农超对接模式）		店面经营面积（平方米）	
企业经营地址			

二、采购成本

费用项目	茄子（元/千克）	圆白菜（元/千克）
购买价格		
经纪人代理费（商户类型为1时，不填）		
其他（＿＿＿＿）		
小计		

三、市场管理费用

费用项目	市场管理费（元/月）	销售量（千克）	单位费用（元/千克）
茄子			
圆白菜			

四、运营费用（请按销售量进行折算）

费用项目	茄子（元/千克）	圆白菜（元/千克）
装卸车费		
工人住宿费		
工人伙食费		
工人工资		
损耗费用		
仓储费用		
包装材料费		
初加工费用		
店面基本费用（水电气网等）		
其他（＿＿＿＿）		
小计		

五、物流费用

费用项目	茄子（元/千克）	圆白菜（元/千克）
油费		
司机工资		
餐饮费		
住宿费		
车辆维修费		
保险费		
其他（_____）		
小计		

六、销售收入

指标类型	销售量（千克）	销售价格（元/千克）	销售收入（元）
茄子			
圆白菜			

参 考 文 献

［1］蔡荣，蔡书凯.农业生产环节外包实证研究——基于安徽省水稻主产区的调查［J］.农业技术经济，2014（4）：34－42.

［2］曹峥林，王钊.中国农业服务外包的演进逻辑与未来取向［J］.宏观经济研究，2018（11）：116－127.

［3］陈丹妮.货币政策、通胀压力与农产品价格［J］.中国软科学，2014（7）：185－192.

［4］陈姣.浅析日本农产品价格政策及其对中国的启示［J］.经济与管理，2008（5）：43－48.

［5］陈三林.荷兰农业产业化的发展回顾与未来展望［J］.世界农业，2017（7）：151－155.

［6］陈通，李思聪.中外农产品冷链物流体系比较［J］.北京农学院学报，2013，28（2）：73－75.

［7］陈永平.农产品价格稳定与物流成本控制的关系［J］.价格理论与实践，2011（12）：79－80.

［8］陈宇峰，薛萧繁，徐振宇.国际油价波动对国内农产品价格的冲击传导机制：基于LSTAR模型［J］.中国农村经济，2012（9）：74－87.

［9］程国强，胡冰川，徐雪高.新一轮农产品价格上涨的影响分析［J］.管理世界，2008（1）：57－62＋81＋187－188.

［10］储诚炜.世界知名涉农大学农科教统筹服务农业现代化的实践探索与比较借鉴［J］.世界农业，2014（9）：41－43＋87.

［11］代瑞熙，包利民，徐智琳.2014年美国农业法商品计划改革及启示［J］.世界农业，2015（4）：21－24＋39.

［12］党辉，来燕，严军花.美国农产品物流模式及成功发展经验

[J]. 世界农业, 2014 (4): 161 – 164.

[13] 丁守海. 国际粮价波动对我国粮价的影响分析 [J]. 经济科学, 2009 (2): 60 – 71.

[14] 董国新, 陆文聪. 中国居民食品消费的 AIDS 模型分析——以西部城镇地区为例 [J]. 统计与信息论坛, 2009, 24 (9): 76 – 80.

[15] 董涛. 发达国家和地区农产品价格形成机制及其特点 [J]. 世界农业, 2015 (10): 69 – 72.

[16] 董秀良, 帅雯君, 赵智丽. 石油价格变动对我国粮食价格影响的实证研究 [J]. 中国软科学, 2014 (10): 129 – 143.

[17] 杜两省, 周彬, 段鹏飞. 农产品价格上涨和通货膨胀的互动机制及共同原因 [J]. 经济理论与经济管理, 2012 (6): 23 – 33.

[18] 杜楠, 吕翔, 朱晓禧. 美国农业现代化历程及其对中国的启示研究 [M]. 北京: 中国农业科学技术出版社, 2017.

[19] 范垄基, 穆月英, 付文革, 陈阜. 基于 Nerlove 模型的我国不同粮食作物的供给反应 [J]. 农业技术经济, 2012 (12): 4 – 11.

[20] 方言, 张亦弛. 美国棉花保险政策最新进展及其对中国农业保险制度的借鉴 [J]. 中国农村经济, 2017 (5): 88 – 96.

[21] 冯文丽, 林宝清. 美日两国农业保险模式的比较及我国的选择 [J]. 中国金融, 2002 (12): 45 – 47.

[22] 付莲莲, 邓群钊, 周利平, 翁异静. 基于 ISM 的农产品价格波动的影响因素分析 [J]. 软科学, 2014 (4): 112 – 116.

[23] 付莲莲, 邓群钊, 周利平, 翁异静. 农业科技投入对农产品价格的动态效应——基于 VAR 模型的实证研究 [J]. 广东农业科学, 2013, 40 (12): 211 – 215.

[24] 付莲莲, 黄斌, 方桂英, 朱丽, 曾春华. 结构突变视角下农产品价格波动的影响因素分析 [J]. 农业现代化研究, 2015, 36 (6): 981 – 987.

[25] 付晓亮. 荷兰 "链战略行动计划" 的基本特征、可取经验及对中国农业产业化的启示 [J]. 世界农业, 2017 (11): 213 – 217.

[26] 格鲁伯, 沃克. 服务业的增长: 原因与影响 [M]. 上海: 三联

书店，1993.

[27] 顾国达，方晨靓. 中国农产品价格波动特征分析——基于国际市场因素影响下的局面转移模型 [J]. 中国农村经济，2010 (6)：67-76.

[28] 韩喜艳，李锁平. 稳定农产品价格：基于补贴流通的思路 [J]. 中国流通经济，2012，26 (7)：62-66.

[29] 韩一军，徐锐钊. 2014 美国农业法改革及启示 [J]. 农业经济问题，2015，36 (4)：101-109.

[30] 何迪. 美国、日本、德国农业信息化发展比较与经验借鉴 [J]. 世界农业，2017 (3)：164-170.

[31] 胡冰川，徐枫，董晓霞. 国际农产品价格波动因素分析——基于时间序列的经济计量模型 [J]. 中国农村经济，2009 (7)：86-95.

[32] 胡冰川. 消费价格指数、农产品价格与货币政策——基于2001~2009 年的经验数据 [J]. 中国农村经济，2010 (12)：37-45.

[33] 胡铭. 我国生产性服务业与农业协同发展效应研究 [J]. 农业经济问题，2013，34 (12)：25-30+110.

[34] 胡小桃. 德国科技创新的政策体制分析 [J]. 湖湘论坛，2014，27 (3)：97-101.

[35] 胡新艳，罗必良. 新一轮农地确权与促进流转：粤赣证据 [J]. 改革，2016 (4)：85-94.

[36] 胡卓红，申世军. 当前农产品价格上涨中的流通成本研究 [J]. 价格理论与实践，2008 (8)：27-29.

[37] 黄季焜，杨军，仇焕广，徐志刚. 本轮粮食价格的大起大落：主要原因及未来走势 [J]. 管理世界，2009 (1)：72-78.

[38] 黄俊. 对我国农业科技创新体系建设若干问题的思考——美国农业科技创新体系的启发与借鉴 [J]. 农业科技管理，2011，30 (3)：1-3+19.

[39] 黄少军. 服务业与经济增长 [M]. 北京：经济科学出版社，2000.

[40] 黄守坤. 国际大宗商品对我国农产品价格的波动溢出 [J]. 宏观经济研究，2015 (7)：88-95.

［41］黄泽颖，王济民．法荷日韩农产品加工财政支持政策的启示［J］．世界农业，2014（9）：63－66.

［42］姜长云．发展农业生产性服务业的模式、启示与政策建议——对山东省平度市发展高端特色品牌农业的调查与思考［J］．宏观经济研究，2011（3）：14－20.

［43］姜长云．关于发展农业生产性服务业的思考［J］．农业经济问题，2016，37（5）：8－15＋110.

［44］康书生，鲍静海，李巧莎．外国农业发展的金融支持——经验及启示［J］．国际金融研究，2006（7）：11－17.

［45］孔繁涛，朱孟帅，韩书庆，刘佳佳，秦波，张建华．国内外农业信息化比较研究［J］．世界农业，2016（10）：10－18.

［46］孔维升，麻吉亮，薛桂霞．我国农业生产成本与农产品价格的内生性分析——基于 PVAR 模型［J］．中国食物与营养，2015，21（9）：44－48.

［47］赖明勇，龚秀松．湖南农产品价格研究报告［M］．湖南大学出版社，2014.

［48］雷德雨，张孝德．美国、日本农村金融支持农业现代化的经验和启示［J］．农村金融研究，2016（5）：50－54.

［49］李炳坤，张九汉，鹿生伟，叶宋民．荷兰、法国农业产业化经营与农业宏观管理［J］．中国农村经济，2000（1）：75－82.

［50］李丹，黄海平．我国农产品价格波动影响因素的实证检验［J］．统计与决策，2017（20）：137－140.

［51］李广众，吕继伟，薛漫天．石油价格对初级产品价格的影响研究［J］．国际贸易问题，2008（7）：9－15＋21.

［52］李国祥．2003 年以来中国农产品价格上涨分析［J］．中国农村经济，2011（2）：11－21.

［53］李国祥．全球农产品价格上涨及其对中国农产品价格的影响［J］．农业展望，2008（7）：32－35.

［54］李慧中．服务特征的经济学分析［M］．上海：复旦大学出版社，2016：69－70＋78－82.

［55］李建英，李柳颖．荷兰家庭农场产业链融资对我国的启示［J］．武汉金融，2016（1）：41－43．

［56］李健华．芬兰、冰岛、荷兰农业补贴政策的基本情况及特点［J］．世界农业，2012（10）：65－69．

［57］李瑾，郭美荣．互联网环境下农业服务业的创新发展［J］．华南农业大学学报（社会科学版），2018（2）：11－21．

［58］李京栋，李先德．中国小宗农产品价格波动的金融化因素分析——基于大蒜和绿豆价格数据的实证研究［J］．农业技术经济，2018（8）：98－111．

［59］李敬辉，范志勇．利率调整和通货膨胀预期对大宗商品价格波动的影响——基于中国市场粮价和通货膨胀关系的经验研究［J］．经济研究，2005（6）：61－68．

［60］李靖．欧盟农产品价格支持政策经验与启示［J］．河南农业，2016（15）：52－54．

［61］李靓，穆月英，赵亮．国际原油价格、货币政策与农产品价格［J］．国际金融研究，2017（3）：89－98．

［62］李天忠，丁涛．我国农产品期货价格对现货价格先行性的实证研究［J］．金融理论与实践，2006（10）：16－19．

［63］李晓俐，陈阳．德国农业、农村发展模式及对我国的启示［J］．农业展望，2010，6（3）：50－53．

［64］李志博，王寒笑，安玉发．大宗农产品销地价格波动影响因素的模糊综合评价——基于农产品批发市场经销商视角［J］．价格理论与实践，2013（4）：73－74．

［65］廖杉杉．国外农产品价格调控的经验及其对我国的启示［J］．广东农业科学，2013，40（12）：219－222．

［66］林雪梅．德国农业法律政策的特点、经验及启示［J］．社会科学战线，2012（12）：232－234．

［67］刘汉成，夏亚华．现阶段农产品价格波动的实证分析与政策建议［J］．生态经济，2011（7）：117－120．

［68］刘荣茂，常宇琛．通货膨胀对我国农产品价格的影响研究［J］．

价格月刊，2016（4）：18-21.

[69] 刘瑞兰. 当前猪肉价格形势调查分析及相关工作建议——贵州省生猪生产、流通、销售各环节价格情况调查报告 [J]. 价格理论与实践，2007（s1）：74-75.

[70] 刘文涛. 发展农产品物流的国际经验及启示 [J]. 农业经济，2011（9）：82-84.

[71] 刘晓雪，徐振宇. 全球视角下粮食价格上涨的原因探析 [J]. 粮食问题研究，2008（5）：4-7.

[72] 刘艺卓. 汇率变动对中国农产品价格的传递效应 [J]. 中国农村经济，2010（1）：19-27.

[73] 刘奕，夏杰长. 以服务业促进农业现代化：思路之辨与路径选择 [J]. 宏观经济研究，2014（5）：11-18+28.

[74] 刘哲. 小宗农产品价格波动机制与影响因素仿真研究——以大蒜产品为例 [J]. 价格理论与实践，2018（1）：94-97.

[75] 卢锋，彭凯翔. 中国粮价与通货膨胀关系（1987—1999）[J]. 经济学季刊，2002（3）：821-836.

[76] 卢锋. 当代服务外包的经济学观察：产品内分工的分析视角 [J]. 世界经济，2007（8）：22-35.

[77] 芦千文，姜长云. 农业生产性服务业发展模式和产业属性 [J]. 江淮论坛，2017（2）：44-49+77.

[78] 罗必良. 论服务规模经营——从纵向分工到横向分工及连片专业化 [J]. 中国农村经济，2017（11）：2-16.

[79] 罗必良. 农地流转的市场逻辑——"产权强度-禀赋效应-交易装置"的分析线索及案例研究 [J]. 南方经济，2014，32（5）：1-24.

[80] 罗必良. 农地确权、交易含义与农业经营方式转型——科斯定理拓展与案例研究 [J]. 中国农村经济，2016（11）：2-16.

[81] 罗锋，牛宝俊. 国际农产品价格波动对国内农产品价格的传递效应——基于 VAR 模型的实证研究 [J]. 国际贸易问题，2009（6）：16-22.

[82] 罗锋. 外部冲击对我国农产品价格波动的影响——基于 SVAR 模型的实证研究 [J]. 农业技术经济，2011（10）：4-11.

[83] 罗光强. 中国农产品价格波动与调控机制研究 [M]. 经济科学出版社, 2014.

[84] 吕春生, 王道龙, 王秀芬. 国外农业保险发展及对我国的启示 [J]. 农业经济问题, 2009 (2): 99 – 102.

[85] 吕惠明, 蒋晓燕. 我国大宗农产品价格波动的金融化因素探析——基于 SVAR 模型的实证研究 [J]. 农业技术经济, 2013 (2): 51 – 58.

[86] 马克思, 恩格斯. 马克思恩格斯全集: 第 26 卷 (1) [M]. 北京: 人民出版社, 1956: 149 + 160 – 161.

[87] 马克思, 恩格斯. 马克思恩格斯全集: 第 46 卷 (上) [M]. 北京: 人民出版社, 1975: 149 + 464.

[88] 马莉. 美国农业再保险法律制度及其对中国的启示 [J]. 世界农业, 2016 (2): 78 – 81 + 90.

[89] 马龙, 刘澜飚. 货币供给冲击是影响我国农产品价格上涨的重要原因吗 [J]. 经济学动态, 2010 (9): 15 – 20.

[90] 马梦晨. 农业支持政策促进农民增收的国际经验与启示 [J]. 经济研究导刊, 2014 (5): 67 – 68.

[91] 马铁成. 美国农业发展新战略分析 [J]. 世界农业, 2016 (9): 105 – 109.

[92] 马轶群, 任媛, 关慧. 国际农产品价格对我国农产品价格影响的阈值效应分析 [J]. 经济问题探索, 2017 (9): 98 – 105.

[93] 苗珊珊. 突发事件信息冲击对猪肉价格波动的影响 [J]. 管理评论, 2018 (9): 246 – 255.

[94] 牟爱州. 美国、日本农产品价格调控机制分析及经验借鉴 [J]. 世界农业, 2016 (5): 110 – 114 + 158.

[95] 倪景涛, 李建军. 荷兰现代农业发展的成功经验及其对我国的启示 [J]. 学术论坛, 2005 (10): 80 – 83.

[96] 潘建伟, 张立中, 胡天石. 基于流通视角的农产品价格传导机制研究 [J]. 农业技术经济, 2018 (6): 106 – 115.

[97] 潘婷. 发达国家农业产业化金融支持的经验分析 [J]. 世界农业, 2015 (10): 73 – 77.

［98］庞贞燕，刘磊．期货市场能够稳定农产品价格波动吗——基于离散小波变换和 GARCH 模型的实证研究［J］．金融研究，2013（11）：126－139.

［99］彭新宇，程琳．商贸服务业发展对农产品价格波动影响的实证研究［J］．财经理论与实践，2016（2）：106－111.

［100］彭新宇，樊海利．国际原油价格对我国大宗农产品价格的影响研究［J］．宏观经济研究，2019（1）：101－111＋126.

［101］彭新宇，冯迪．我国农业最终产品价格构成的实证研究：基于全球价值链的视角［J］．农业技术经济，2016（6）：97－105.

［102］彭新宇，李孟民．现代服务业影响农产品价格的机理研究［J］．农业经济问题，2017（10）：78－83.

［103］彭新宇，万兴．哈尔·瓦里安对信息经济学的学术贡献［J］．经济学动态，2017（8）：147－160.

［104］彭新宇．农业服务规摸经营的利益机制：基于产业组织视角的分析［J］．农业经济问题，2019（9）：74－84.

［105］仇焕广，黄季焜．全球生物能源发展及对农产品价格的影响［J］．世界环境，2008（4）：19－21.

［106］齐洪华，郭晶．日本农产品价格支持政策评析及借鉴［J］．价格理论与实践，2011（10）：45－46.

［107］秦臻，倪艳．人民币汇率对农产品价格传递机制不对称性研究［J］．农业技术经济，2013（1）：58－67.

［108］施先亮．我国农产品物流发展趋势与对策［J］．中国流通经济，2015，29（7）：25－29.

［109］石敏俊，王妍，朱杏珍．能源价格波动与粮食价格波动对城乡经济关系的影响——基于城乡投入产出模型［J］．中国农村经济，2009（5）：4－13.

［110］税尚楠．世界农产品价格波动的新态势：动因和趋势探讨［J］．农业经济问题，2008（6）：14－19＋110.

［111］宋洪远，翟雪玲，曹慧，彭超，姜楠，谭智心，季佳媛．农产品价格波动、机理分析与市场调控［J］．农业技术经济，2012（10）：4－13.

[112] 宋晓薇. 国际市场因素对中国农产品价格影响的实证研究——基于 VEC 模型和脉冲响应函数分析 [J]. 价格月刊, 2013 (11): 16-20.

[113] 宋则. 充分发挥商贸流通业稳定物价的功能作用 [J]. 中国流通经济, 2011 (9): 11-15.

[114] 苏应蓉. 全球农产品价格波动中金融化因素探析 [J]. 农业经济问题, 2011, 32 (6): 89-95+112.

[115] 孙伟仁, 徐珉钰, 张平. 渠道势力、流通效率与农产品价格波动——基于中国 2008-2016 年省级面板数据的实证分析 [J]. 农村经济, 2019 (4): 95-102.

[116] 孙希芳, 牟春胜. 通货膨胀、真实利率与农户粮食库存1980~2003 年中国农户存粮行为的实证分析 [J]. 中国农村观察, 2004 (6): 23-33+80.

[117] 王阿娜. 浮动汇率制下农产品价格波动分析 [J]. 农业经济问题, 2012, 33 (5): 95-100.

[118] 王程, 李梦薇. 生鲜农产品批发市场服务功能和流通模式——基于四川案例 [J]. 农村经济, 2014 (9).

[119] 王冲, 陈旭. 农产品价格上涨的原因与流通改革的思路探讨 [J]. 中国软科学, 2012 (4): 11-17.

[120] 王慧敏, 吴强. 国家政策对农产品价格波动的影响分析——以棉花为例 [J]. 经济问题, 2009, 357 (5): 83-85.

[121] 王进, 冯梦雨. 农产品价格与通货膨胀的动态关系与溢出效应研究 [J]. 统计与信息论坛, 2015, 30 (3): 37-45.

[122] 王锐, 陈倬. "十一五" 期间我国农产品价格波动的影响因素分析——基于协整和向量自回归模型的实证研究 [J]. 财经论丛, 2011 (3): 8-13.

[123] 王睿. 中美农产品物流业发展的差异及启示解析 [J]. 农业经济, 2015 (7): 109-111.

[124] 王森, 蔡维娜. 货币流动性对中国农产品价格的影响——基于随机波动的 TVP-VAR 模型的实证分析 [J]. 经济问题, 2016 (2): 36-43.

[125] 王少芬, 赵昕东. 国际农产品价格波动对国内农产品价格的影

响分析 [J]. 宏观经济研究，2012 (9)：81 - 86.

[126] 王小宁. 农产品价格上涨与通货膨胀的关系 [J]. 价格理论与实践，2010 (10)：7 - 8.

[127] 王孝松，谢申祥. 国际农产品价格如何影响了中国农产品价格？[J]. 经济研究，2012 (3)：141 - 153.

[128] 王耀中，贺辉，陈思聪. 国际大宗农产品定价机制影响中国农产品价格的传导机理研究 [J]. 财经理论与实践，2018，39 (2)：41 - 50.

[129] 王晔. 德国农村合作金融对我国农村金融改革的启示 [J]. 江苏农村经济，2013 (2)：69 - 70.

[130] 魏勇军，彭新宇. 农村商贸流通体系建设对零售商满意度的影响：基于湖南省 6 县市调查数据的研究 [J]. 湖南社会科学，2013 (5)：159 - 162.

[131] 魏振香，徐菲. 生产成本与农产品价格变化关系分析 [J]. 价格理论与实践，2013 (5)：77 - 78.

[132] 吴文彬，肖卫东. 农产品价格变动的主要特点、影响因素与政策建议 [J]. 价格月刊，2013 (2)：12 - 15.

[133] 吴兴华. 德国农产品电子商务发展实践及对中国的启示 [J]. 世界农业，2017 (8)：192 - 198.

[134] 席强敏，陈曦，李国平. 中国城市生产性服务业模式选择研究——以工业效率提升为导向 [J]. 中国工业经济，2015 (2)：18 - 30.

[135] 肖皓，刘姝，杨翠红. 农产品价格上涨的供给因素分析：基于成本传导能力的视角 [J]. 农业技术经济，2014 (6)：80 - 91.

[136] 肖卫东，杜志雄. 家庭农场发展的荷兰样本：经营特征与制度实践 [J]. 中国农村经济，2015 (2)：83 - 96.

[137] 肖小勇，章胜勇. 原油价格与农产品价格的溢出效应研究 [J]. 农业技术经济，2016 (1)：90 - 97.

[138] 谢凤杰，吴东立，陈杰. 美国 2014 年新农业法案中农业保险政策改革及其启示 [J]. 农业经济问题，2016，37 (5)：102 - 109 + 112.

[139] 谢卫卫，罗光强. 货币政策冲击对农产品价格的影响 [J]. 华南农业大学学报（社会科学版），2017，16 (6)：84 - 95.

[140] 徐建炜, 姚洋. 国际分工新形态、金融市场发展与全球失衡 [J]. 世界经济, 2010 (3): 3-30.

[141] 徐健, 李哲. 价格高涨背景下的我国农产品流通成本解构研究——以大连市油菜市场为例 [J]. 财经问题研究, 2015 (6): 93-99.

[142] 徐秋艳, 李秉龙. 基于 AIDS 模型的中国农村居民消费结构分析 [J]. 统计与信息论坛, 2015, 30 (1): 71-75.

[143] 徐雪高, 靳兴初, 沈杰, 季牧青. 我国农产品价格波动的历史回顾及启示 [J]. 中国物价, 2008 (5): 22-25.

[144] 杨春华, 杨洁梅, 彭超. 美国 2014 农业法案的主要特点与启示 [J]. 农业经济问题, 2017, 38 (3): 105-109.

[145] 杨浩雄, 刘彤, 胡静. 物流对鲜活农产品价格影响研究 [J]. 价格理论与实践, 2014 (2): 112-114.

[146] 杨静, 赵军华. 近 10 年国际农产品市场价格分析及展望 [J]. 农业展望, 2017 (5): 4-8.

[147] 杨小凯, 黄有光. 专业化与经济组织: 一种新兴古典微观经济学框架 [M]. 北京: 经济科学出版社, 1999.

[148] 杨宇, 陆奇岸. 农业生产资料价格与农产品生产价格之间的关系研究 [J]. 统计与决策, 2010 (22): 107-109.

[149] 杨志海, 王雨濛, 张勇民. 粮食价格与石油价格的短期动态关系与长期均衡——基于 ARDL-ECM 模型的实证研究 [J]. 农业技术经济, 2012 (10): 31-39.

[150] 尹希果, 金碧, 谭志雄. 农业科技投入对农产品价格的影响分析 [J]. 价格理论与实践, 2003 (11): 31-32.

[151] 余瑶. 我国新型农业经营主体数量达 280 万个 [N]. 农民日报, 2017-03-08.

[152] 翟雪玲, 韩一军. 肉鸡产品价格形成、产业链成本构成及利润分配调查研究 [J]. 农业经济问题, 2008 (11): 20-25.

[153] 曾倩琳, 孙秋碧. 我国现代农业与物流业耦合关联的实证研究 [J]. 统计与决策, 2016 (8): 94-97.

[154] 张兵兵, 朱晶. 国际能源价格如何拨动了国内农产品价格波动

的弦？——基于 CF 滤波分析方法的经验分析 [J]．经济问题探索，2016 (11)：154 - 160.

[155] 张传会，张晓东，王爱国．美国农产品冷链物流的现状与分析 [J]．中国果菜，2015，35 (4)：7 - 11.

[156] 张俊华，花俊国，唐华仓，吴一平．经济政策不确定性与农产品价格波动 [J]．农业技术经济，2019 (5)：110 - 122.

[157] 张立华．"农超对接"流通模式对农产品价格的影响分析 [J]．价格理论与实践，2010 (8)：78 - 79.

[158] 张立中．农产品价格波动与调控机制研究 [M]．北京：人民日报出版社，2016.

[159] 张利庠，张喜才，陈姝彤．游资对农产品价格波动有影响吗——基于大蒜价格波动的案例研究 [J]．农业技术经济，2010 (12)：60 - 67.

[160] 张利庠，张喜才．外部冲击对我国农产品价格波动的影响研究——基于农业产业链视角 [J]．管理世界，2011 (1)：71 - 81.

[161] 张梅．欧盟、美国和日本农产品物流追溯体系分析与比较 [J]．世界农业，2014 (4)：136 - 141.

[162] 张喜才，张利庠，张屹楠．我国蔬菜产业链各环节成本收益分析——基于山东、北京的调研 [J]．农业经济与管理，2011 (5)：78 - 90.

[163] 张有望，李崇光，宋长鸣．我国蔬菜产业链价格的非对称传递研究 [J]．价格理论与实践，2015 (11)：88 - 90.

[164] 张有望，李崇光．农产品价格波动中的金融化因素分析——以大豆、食糖为例 [J]．华中农业大学学报（社会科学版），2018 (5)：86 - 93.

[165] 农业部农村经济研究中心分析小组，张照新，翟雪玲，宋洪远，沈贵银，彭超，夏海龙．通货膨胀、农产品价格上涨与市场调控 [J]．农业技术经济，2011 (3)：4 - 12.

[166] 赵姜，吴敬学，杨巍，王志丹．我国鲜活农产品价格波动特征与调控政策建议 [J]．中国软科学，2013 (5)：56 - 63.

[167] 赵婧，王鹏璞，谢元媛，陈芳．德国农业生产服务体系的经验与借鉴 [J]．世界农业，2015 (4)：135 - 138.

[168] 赵留彦．通货膨胀预期与粮食价格动态 [J]．经济科学，2007 (6)：30 – 42.

[169] 赵亚丽，赵玻．农产品价格波动与流通关联性实证研究 [J]．邢台学院学报，2016，31 (3)：93 – 97.

[170] 赵长保，李伟毅．美国农业保险政策新动向及其启示 [J]．农业经济问题，2014，35 (6)：103 – 109.

[171] 郑燕，马骥．国际原油价格对中国粮食价格的动态冲击效应分析——基于 TVP – VAR 模型 [J]．经济问题探索，2018 (2)：94 – 102.

[172] 郑燕．人民币汇率对中国农产品进出口价格动态传递效应研究——基于 TVP – VAR 模型 [J]．国际商务：对外经济贸易大学学报，2018 (1)：23 – 37.

[173] 中国人民银行课题组．我国农产品价格上涨机制研究 [J]．经济学动态，2011 (3)：4 – 11.

[174] 周策，吴圣样．农产品价格波动原因探析——基于物流因素 [J]．农村金融研究，2013 (6)：53 – 56.

[175] 周明华．中国农产品价格波动：供需因素还是货币因素？[J]．财经问题研究，2014 (8)：125 – 129.

[176] 周祥军．信息冲击与果蔬类农产品价格波动关系的实证研究 [J]．沈阳大学学报（社会科学版），2014 (12)：762 – 766.

[177] 朱坤萍，史秉强，李艳军．美国政府在农产品物流发展中的职能作用 [J]．中国商贸，2011 (3)：130 – 131.

[178] 朱丽萍．农产品流通创新与稳定"菜篮子"价格 [J]．价格理论与实践，2011 (6)：34 – 35.

[179] 朱信凯，韩磊，曾晨晨．信息与农产品价格波动：基于 EGARCH 模型的分析 [J]．管理世界，2012 (11)：57 – 66 + 187 – 188.

[180] Alston, J. M., M. A. Andersen, J. S. James and P. G. Pardey. Persistence Pays: U. S. Agricultural Productivity Growth and the Benefits from Public R&D Spending [M]. New York: Springer, 2010.

[181] Anderson, T. W., C. Hsiao. Estimation of Dynamic Models with Error components [J]. Journal of the American Statistical Association, 1981,

76 (375)：598 - 606.

[182] Arellano, M., S. Bond. Some Tests of Specification for Panel Data： Monte Carlo Evidence and an Application to Employment Equations [J]. Review of Economic Studies, 1991, 58 (2)：277 - 297.

[183] Awokuse, T. O. Export - led growth and the Japanese e - conomy： Evidence from VAR and Directed Acyclic Graphs [J]. Applied Economics Letters, 2005, 12 (14)：849 - 858.

[184] Babcock, B. A. The Impact of US Biofuel Policies on Agricultural Price Levels and Volatility [R]. International Centre for Trade and Sustainable Development, Issue Paper No. 35, June, 2011.

[185] Baek, J., W. W. Koo. Analyzing Factors Affecting U.S. Food Price Inflation [J]. Canadian Journal of Agricultural Economics, 2010, 58 (3)：303 - 320.

[186] Bailliu, J., A. Dib, T. Kano and L. Schembri. Multilateral Adjustment and Exchange Rate Dynamics： The Case of Three Commodity Currencies [R]. Bank of Canada Working Paper, July, 2007.

[187] Banse, M., H. V. Meijl, A. Tabeau and G. Woltjer. Will EU Biofuel Policies Affect Global Agricultural Markets [J]. European Review of Agricultural Economics, 2008, 35 (2)：117 - 141.

[188] Bayyurt, N., S. Yilmaz. The Impacts of Governance and Education on Agricultural Efficiency： An International Analysis [J]. Procedia - Social and Behavioral Sciences, 2012, 58：1158 - 1165.

[189] Benavides, G. Price Volatility Forecasts for Agricultural Commodities： an Application of Volatility Models, Option Implieds and Composite Approaches for Futures Prices of Corn and Wheat [J]. Journal of Management, Finance and Economics, 2009, 3 (2)：40 - 59.

[190] Blundell, R., S. Bond. Initial Conditions and Moment Restrictions in Dynamic Panel Data Models [J]. Journal of Econometrics, 1998, 87 (1)：115 - 143.

[191] Browning, H. C., J. Singelmann. The Emergence of a Service Soci-

ety [R]. Springfield: National Technical Information Service, 1975: 45 – 70.

[192] Chandio, A. A., Y. Jiang. Determinants of Credit Constraints: Evidence from Sindh, Pakistan [J]. Emerging Markets Finance and Trade, 2018, 54 (15): 3401 – 3410.

[193] Ciaian, P., D. A. Kancs. Interdependencies in the Energy-bioenergy-food Price Systems: A Cointegration Analysis [J]. Resource and Energy Economics, 2011, 33 (1): 326 – 348.

[194] Coelli, T. J., D. S. P. Rao. Total Factor Productivity Growth in Agriculture: A Malmquist Index Analysis of 93 Countries, 1980 – 2000 [J]. Agricultural Economics, 2005, 32 (s1): 115 – 134.

[195] Colbran, N. The Financialisation of Agricultural Commodity Futures Trading and its Impact on the 2006 – 2008 Global Food Crisis [R]. University of New South Wales Faculty of Law Research Series No. 14, 2011.

[196] Dawe, D. Lost in Transmission [J]. Rice Today, 2008, 7 (3): 13 – 15.

[197] Dornbusch, R. Expectations and Exchange Rate Dynamics [J]. Journal of Political Economy, 1976, 84 (6): 1161 – 1176.

[198] Easwaran, R. S., P. Ramasundaram. Whether Commodity Futures Market in Agriculture is Efficient in Price Discovery? An Econometric Analysis [J]. Agricultural Economics Research Review, 2008, 21 (Conference Number): 337 – 344.

[199] Elahi, E., M. Abid, L. Zhang, S. U. Haq and J. G. M. Sahito. Agricultural Advisory and Financial Services: Farm Level Access, Outreach and Impact in a Mixed Cropping District of Punjab, Pakistan [J]. Land Use Policy, 2018, 71: 249 – 260.

[200] Enciso, S. R. A., T. Fellmann, I. P. Dominguez and F. Santini, Abolishing Biofuel Policies: Possible Impacts on Agricultural Price Levels, Price Variability and Global Food Security [J]. Food Policy, 2016, 61: 9 – 26.

[201] Etienne, X. L. Three Essays on Bubbles in Agricultural Futures Markets [D]. University of Illinois at Urbana – Champaign, 2013.

［202］Findlay, C. , A. Watson. Food Security and Economic Reform: The Challenges Facing China's Grain Marketing System. Palgrave Macmillan, 1999.

［203］Fowowe, Babajide. Do Oil Prices Drive Agricultural Commodity Prices? Evidence from South Africa ［J］. Energy, 2016, 104（C）: 149 –157.

［204］Goe, W. R. Factors Associated with the Development of Nonmetropolitan Growth Nodes in Producer Services Industries, 1980 –1990 ［J］. Rural Sociology, 2002, 67（3）: 416 –441.

［205］Gohin, A. , D. Treguer. On the Stabilization Effects of Biofuels: Relative Contributions of Policy Instruments and Market Forces ［J］. Journal of Agricultural and Resource Economics, 2010, 35（1）: 1 –15.

［206］Gohin, A. , F. Chantret. The Long – run Impact of Energy Prices on World Agriculture Markets: the Role of Macro – economic Linkages ［J］. Energy policy, 2010, 38（1）: 333 –339.

［207］Greenfield, H. I. Manpower and the Growth of Producer Services ［M］. Columbia University Press, 1966.

［208］Harri, A. , L. Nalley and D. Hudson. The Relationship Between Oil, Exchange Rates and Commodity Prices ［J］. Journal of Agricultural and Applied Economics, 2009, 41（2）: 501 –510.

［209］Kaltalioglu, M. , U. Soytas. Price Transmission Between World Food, Agricultual Raw material, and Oil Prices ［C］. GBATA International Conference Proceedings, Prague, 7 –11 July 2009, 596 –603.

［210］Khandker, S. R. , G. B. Koolwal. How Has Microcredit Supported Agriculture? Evidence Using Panel Data from Bangladesh ［J］. Agricultural Economics, 2016, 47（2）: 157 –168.

［211］Khundrakpam J. K. , D. Das. Monetary Policy and Food Prices in India ［R］. Reserve Bank of India, August, 2011.

［212］Koirala, K. H. , A. K. Mishra, J. M. D'Antoni, and J. E. Mehlhorn. Energy Prices and Agricultural Commodity Prices: Testing Correlation Using Copulas Method ［J］. Energy, 2015, 8（1）: 430 –436.

[213] Kwon, D. - H. , W. W. Koo. Interdependence of Macro and Agricultural Economics: How Sensitive Is the Relationship? [J]. American Journal of Agricultural Economics, 2009, 91 (5): 1194 - 1200.

[214] Marshall, A. Principles of Economics [M]. London: Macmillan, 1890.

[215] Minten, B. , T. Reardon and R. Sutradhar. Food Prices and Modern Retail: The Case of Delhi [J]. World Development, 2010, 38 (12): 1775 - 1787.

[216] Mitra, S. , J. - M. Boussard. A Nonlinear Cobweb Model of Agricultural Commodity Price Fluctuations [R]. Department of Economics of Fordham University, 2008.

[217] Mokotjo, W. , T. Kalusopa. Evaluation of the Agricultural Information Service (AIS) in Lesotho [J]. International Journal of Information Management: The Journal for Information Professionals Archive, 2010, 30 (4): 350 - 356.

[218] Moser, C. M. , C. B. Barrett. The disappointing adoption dynamics of a yield - increasing, low external - input technology: the case of SRI in Madagascar [J]. Agricultural Systems, 2003, 76 (3): 1085 - 1100.

[219] Nazlioglu, S. World Oil and Agricultural Commodity Prices: Evidence from Nonlinear Causality [J]. Energy policy, 2011, 39 (5): 2935 - 2943.

[220] Nazlioglu, S. , C. Erdem and U. Soytas. Volatility Spillover Between Oil and Agricultural Commodity Markets [J]. Energy Economics, 2013, 36 (C): 658 - 665.

[221] Nazlioglu, S. , U. Soytas. World Oil Prices and Agricultural Commodity Prices: Evidence from an Emerging Market [J]. Energy Economics, 2011, 33 (3): 488 - 496.

[222] Nerlove, M. Estimates of the Elasticities of Supply of Selected Agricultural Commodities [J]. American Journal of Agricultural Economics, 1956, 38 (2): 496 - 509.

[223] Nerlove, M., K. L. Bachman. The Analysis of Changes in Agricultural Supply: Problems and Approaches [J]. American Journal of Agricultural Economics, 1960, 42 (3): 531 – 554.

[224] Paris, A. On the Link between Oil and Agricultural Commodity Prices: Do Biofuels Matter? [J]. International Economics, 2018, 155 (10): 48 – 60.

[225] Rahman, J., T. Zhao. Export Performance in Europe: What Do We Know from Supply Links? [R]. International Monetary Fund, Working Paper No. 13/62, 2013.

[226] Reinert, K. A. Rural Non – farm Development: A Trade – theoretic View [J]. International Trade and Economic Development, April, 1998.

[227] Rena, R., M. Y. Teweldemedhin. The Effect of the South African Monetary Changes on the Namibian Economy: Case Study on Beef Industry [J]. Review of General Management, 2010, 11 (1): 23 – 35.

[228] Roache, S. K. What Explains the Rise in Food Price Volatility? [R]. International Monetary Fund Working Paper, May, 2010.

[229] Robles, L., M. Torero and J. von Braun. When Speculation Matters [R]. International Food Policy Research Institute, No. 57, 2009.

[230] Saghaian, S. H., M. R. Reed, and M. A. Marchant. Monetary Impacts and Overshooting of Agricultural Prices in an Open Economy [J]. American Journal of Agricultural Economics, 2002, 84 (1): 90 – 103.

[231] Sanders, D. R., S. H. Irwin. A Speculative Bubble in Commodity Futures Prices? Cross-sectional Evidence [J]. Agricultural Economics, 2010, 41 (1): 25 – 32.

[232] Serra, T., D. Zilberman, J. M. Gil and B. Goodwin. Nonlinearities in the U. S. Corn – ethanol – oil – gasoline Price System [J]. Agricultural Economics, 2011, 42 (1): 35 – 45.

[233] Timmer, C. P. Rice Price Formation in the Short Run and the Long Run: The Role of Market Structure in Explaining Volatility [R]. Center for Global Development Working Paper 172, May 2009.

[234] Trostle, R. Global Agricultural Supply and Demand: Factors Contributing to the Recent Increase in Food Commodity Prices [R]. Economic Research Service of USDA, July 2008.

[235] Tyner, W. E. The Integration of Energy and Agricultural Markets [C]. Paper Presented at the 27th International Association of Agricultural Economics Conference, Beijing, August 16 – 22, 2009.

[236] Ubilava, D. , M. Holt. Forecasting Corn Prices in the Ethanol Era [R]. West Lafayette: Department of Agricultural Economics, Purdue University, 2010.

[237] Ugwoke, B. Promoting Nigerian Agriculture through Library and Information Services [J]. International Journal of Information Management, 2013, 33 (3): 564 – 566.

[238] von Braun, J. The World Food Situation: New Driving Forces and Required Actions [R]. Food Policy Report, International Food Policy Research Institute, Washington D. C. , 2007.

[239] von Braun, J. , M. Torero. Implementing Physical and Virtual Food Reserves to Protect the Poor and Prevent Market Failure [R]. International Food Policy Research Institute, Policy Brief 10, Washington, D. C. , 2009.

[240] Wang, S. L. , L. McPhail. Impacts of Energy Shocks on US Agricultural Productivity Growth and Commodity Prices—A Structural VAR Analysis [J]. Energy Economics, 2014, 46 (C): 435 – 444.

[241] Wilmsmeier, G. , R. J. Sanchez. The Relevance of International Transport Costs on Food Prices: Endogenous and Exogenous Effects [J]. Research in Transportation Economics, 2009, 25 (1): 56 – 66.

[242] Xu, J. – F. , P. Liao. Crop Insurance, Premium Subsidy and Agricultural Output [J]. Journal of Integrative Agriculture, 2014, 13 (11): 2537 – 2545.

[243] Yi, W. The Shock Effect Study on the Impact of Financial Policies and Fiscal Expenditures on the Agricultural Products'Prices in China [J]. Canadian Social Science, 2015, 11 (2): 141 – 145.

［244］Zhang, Q. , M. Reed. Examining the Impact of the World Crude Oil Price on China's Agricultural Commodity Prices: the Case of Corn, Soybean, and Pork ［C］. Paper presented at the Southern Agricultural Economic Association Annual Meetings, Dallas, Texas, February 2 – 6, 2008.

后　记

　　本书是我主持的国家社科基金青年项目"生产性服务业影响农产品价格的机理及对策研究"（12CJL038）的最终研究成果。项目获准结项时，我受国家留学基金委面上项目资助，正在美国西弗吉尼亚大学访学。借此机会，专门就美国的农业生产经营与农产品价格做了一些调查研究工作，产生了许多新的思考。为此，我对项目结题成果做了进一步的修改、补充和完善，形成了这本书稿。

　　我一直热衷于"三农"议题的研究工作。这既缘于我生于农村、长于农村而天生的浓厚的乡土情怀，又受益于自己多年在农林类高校和科研院所求学的经历，还得益于自己曾经在农业农村部国际合作司欧洲处借调工作的心得。攻读硕士学位时，我关注农业小部门化时期的农业工业化议题。攻读博士学位时，我研究规模化畜禽养殖污染防治的沼气技术采纳行为及绿色补贴议题。参加工作后的这十来年，一直在研究农村三次产业融合问题，主持完成的教育部人文社科研究项目和国家社科基金项目都是农业经济与管理领域的选题。把论文写在祖国大地上、田野间，一直是我的学术追求。我也一直将其作为自己的学术使命。

　　实际上，本书关注的农产品价格议题，一直以来就是国内外学界的研究热点，现有海量的研究文献。但是从嵌入农业生产经营各环节的生产性服务的视角的研究成果却很少，仅有的一些文献只是从农产品供应链角度探讨了流通环节溢价问题。这显然是不够的。本书尝试在这方面做一些探索性工作，希望起到抛砖引玉的效果。但是由于自身学术水平的限制，也由于时间精力的关系，书中可能还有许多不足之处。书中提出的一些观点，难免会有认识上的局限性；采用的一些方法模型，难免会有考虑不周之处。这些都恳请专家批评指正，我将在后续的研究工作中进一步完善。

生产性服务业发展影响农产品价格的理论与实证研究 ◀

　　本书是我学术生涯中公开出版的第一本专著。在此，我要特别感谢父母的养育之恩，感谢妻儿、岳父岳母、妹妹妹夫等亲人的宽容、理解和支持。父亲在我刚参加工作的第二年就突然离世，子欲养而亲不待的遗憾、愧疚和痛楚，是我对事业孜孜不倦追求的动力。我要郑重感谢我的硕导湖南师范大学刘茂松教授、博导现任农业农村部农业贸易促进中心主任张陆彪研究员、博士后合作导师湖南大学王耀中教授，感谢他们的栽培再造之恩。还要感谢美国西弗吉尼亚大学 Etienne Xiaoli 博士给我提供的赴美访学机会，让我有时间沉下心来整理书稿。作为国家社科基金项目的结题成果，我要感谢参与了项目研究工作的长沙理工大学冯迪博士，还有我指导的五位硕士研究生程琳、李孟民、樊海利、彭莹芳、张娜。他们在数据采集与整理、计量分析等方面做了大量的基础性工作。

　　本书能够顺利完成并出版，还要感谢中国社会科学院李仁贵研究员、中国农业科学院李玉勤研究员、吕新业研究员、高雷研究员、农业农村部乡村产业发展司赵英杰处长、农业农村部农村经济研究中心陈艳丽副处长、中国常驻联合国粮农机构代表处徐玉波博士、湖南农业大学曾福生教授、匡远配教授、长沙理工大学叶泽教授、谈传生教授、陈银娥教授、王宏教授、王治教授、梁向东教授、谢朝华副教授、尹筑嘉副教授、陈洁博士等前辈、同事和朋友们。同时也要感谢经济科学出版社齐伟娜编审和责任编辑杨梅老师细致入微的工作。

长沙理工大学 彭新宇

2019 年 7 月

· 236 ·

图书在版编目（CIP）数据

生产性服务业发展影响农产品价格的理论与实证研究／
彭新宇著 . —北京：经济科学出版社，2019. 11
ISBN 978 - 7 - 5218 - 1054 - 7

Ⅰ. ①生…　Ⅱ. ①彭…　Ⅲ. ①服务业 - 产业发展 -
影响 - 农产品价格 - 研究　Ⅳ. ①F304. 2

中国版本图书馆 CIP 数据核字（2019）第 237153 号

责任编辑：齐伟娜　杨　梅
责任校对：李　建
责任印制：李　鹏　范　艳

生产性服务业发展影响农产品价格的理论与实证研究
彭新宇　著
经济科学出版社出版、发行　新华书店经销
社址：北京市海淀区阜成路甲 28 号　邮编：100142
总编部电话：010 - 88191217　发行部电话：010 - 88191540
网址：www. esp. com. cn
电子邮箱：esp@ esp. com. cn
天猫网店：经济科学出版社旗舰店
网址：http://jjkxcbs. tmall. com
北京季蜂印刷有限公司印装
710 × 1000　16 开　15. 5 印张　230000 字
2019 年 12 月第 1 版　2019 年 12 月第 1 次印刷
ISBN 978 - 7 - 5218 - 1054 - 7　定价：62. 00 元
（图书出现印装问题，本社负责调换。电话：010 - 88191510）
（版权所有　侵权必究　打击盗版　举报热线：010 - 88191661
QQ：2242791300　营销中心电话：010 - 88191537
电子邮箱：dbts@ esp. com. cn）